독자의 1초를 아껴주는 정성!

세상이 아무리 바쁘게 돌아가더라도
책까지 아무렇게나 빨리 만들 수는 없습니다.
인스턴트 식품 같은 책보다는
오래 익힌 술이나 장맛이 밴 책을 만들고 싶습니다.

길벗이지톡은 독자여러분이 우리를 믿는다고 할 때 가장 행복합니다.
나를 아껴주는 어학도서, 길벗이지톡의 책을 만나보십시오.

독자의 1초를 아껴주는 정성을 만나보십시오.

미리 책을 읽고 따라해본 2만 베타테스터 여러분과
무따기 체험단, 길벗스쿨 엄마 2% 기획단,
시나공 평가단, 토익 배틀, 대학생 기자단까지!
믿을 수 있는 책을 함께 만들어주신 독자 여러분께 감사드립니다.

———————

(주)도서출판길벗 www.gilbut.co.kr
길벗이지톡 www.eztok.co.kr
길벗스쿨 www.gilbutschool.co.kr

외우지 않는 편안함

동사 X 전치사 도감

길벗
이지:톡

외우지 않는 편안함

동사 x 전치사 도감

초판 1쇄 발행 2024년 8월 11일

초판 4쇄 발행 2024년 12월 24일

지은이 · 권은희

발행인 · 이종원

발행처 · (주)도서출판 길벗

브랜드 · 길벗이지톡

출판사 등록일 · 1990년 12월 24일

주소 · 서울시 마포구 월드컵로 10길 56(서교동)

대표 전화 · 02)332-0931 | **팩스** · 02)323-0586

홈페이지 · www.gilbut.co.kr | **이메일** · eztok@gilbut.co.kr

기획 및 책임 편집 · 고경환(kkh@gilbut.co.kr), 김대훈 | **디자인** · 스튜디오 수박 | **제작** · 이준호, 손일순, 이진혁

마케팅 · 장봉석, 최소영 | **유통혁신** · 한준희 | **영업관리** · 김명자, 심선숙 | **독자지원** · 윤정아

교정교열 · 임현경 | **전산편집** · 한효경 | **일러스트** · 최정을

녹음 및 편집 · 와이알미디어 | **CTP 출력 및 인쇄** · 예림인쇄 | **제본** · 경문제책

ISBN 979-11-407-0996-0 03740 (길벗 도서번호 301185)

정가 19,800원

독자의 1초까지 아껴주는 정성 길벗출판사

(주)도서출판 길벗 | IT교육서, IT단행본, 경제경영서, 어학&실용서, 인문교양서, 자녀교육서 www.gilbut.co.kr

길벗스쿨 | 국어학습, 수학학습, 어린이교양, 주니어 어학학습, 학습단행본 www.gilbutschool.co.kr

원어민은 어려운 단어를 자주 쓰지 않고
쉬운 동사와 전치사로 말합니다.

원어민이 쉬운 구동사로 말하는 이유

우리말은 하나의 개념이 발생하면 그에 적합한 단어를 만들어 사용합니다. 하지만 영어는 기본 단어의 개념을 다양한 뜻으로 활용하는 경향이 있습니다. 이런 경향은 특히 동사에서 강하게 나타납니다. 예를 들어 obtain(얻다), connect(연결하다), persuade(설득하다) 등 분화된 개념을 get이라는 기본 동사 하나로 표현하기도 합니다. 그래서 경찰이 사건을 '조사하다'라는 말을 할 때 investigate라는 의미로 '내부를 들여다본다'라는 뜻을 가진 look into를, '사라지다'라는 표현도 disappear의 의미로 go away를, '치우다'도 remove, discard의 의미로 put away를 더 많이 씁니다.

위에서 혹시 눈치채셨나요? 동사의 의미를 한 단계 더 확장하기 위해서 전치사와 함께 활용했죠. 전치사도 다양한 개념을 표현할 수 있기 때문입니다. 꼭 알아야 할 전치사는 30개 내외인데요. 어려운 단어를 많이 외우는 것보다 기본 동사와 전치사를 활용하여 다양한 의미를 만들어내는 방법을 익히는 것이 중요합니다.

기본 개념을 잡는 게 가장 중요한 동사와 전치사

그런데 네이티브가 이 모든 걸 외워서 사용할까요? 아닙니다. 네이티브는 각각의 기본 개념을 갖고, 상황에 맞게 적용하는 겁니다. 따라서 우리는 네이티브의 머릿속에 있는 기본 개념을 이해하고 활용하는 법을 익혀야 합니다.

예를 들어보죠. 보통 get off를 '차에서 내리다'라는 뜻으로만 암기합니다. 하지만 get off에는 자주 쓰이는 뜻만 해도 십여 개가 넘습니다. 이 모든 걸 외워서 적재적소에 써먹는 건 불가능하죠. 대신 기본 개념을 이해하면 충분히 유추할 수 있습니다.

보통 '얻다'라고 알고 있는 get은 '움직여서 얻거나 도달하다'라는 의미를 가지고 있습니다. off는 '뭔가에서 떨어져 나가는'이 기본 개념이죠. 따라서 get off의 기본 개념은 '움직여서 떨어지다, 움직여서 떨어뜨리다'가 됩니다. 그래서 누군가가 허락 없이 내 몸을 만지려고 할 때 '움직여서 떨어져라.'라는 뜻으로 Get off!라고 말하면 됩니다. 회사에서 퇴근하는 것도 '일에서 떨어져 나가 움직이는' 거니까 get off work라고 하면 됩니다. get off를 단순히 '차에서 내리다'라는 뜻으로만 외운다면, 이렇게 다양하게 쓰이는 get off의 뜻을 절대 이해할 수 없겠죠. 이제는 기본 개념을 이해하는 데 초점을 맞춰보세요. 그러면 어떤 상황에서도 그 뜻을 유추하고, 이해하고, 실제로도 말하고 쓸 수 있게 됩니다.

이제 외우려고 하지 말고 그림을 보고 이해하세요!

이 책에 실린 그림들은 단순한 상황 묘사가 아닙니다. 제가 오랜 기간 동안 수업을 통해 가장 적합한 그림을 구상해냈습니다. 각 의미와 느낌에 맞게 캐릭터를 세심하게 배치했고 화살표를 비롯한 여러 가지 기호를 이미지로 표기하여 본 의미를 정확하게 전달하려고 노력했습니다. 이렇게 각 전치사와 동사에 딱 맞는 그림을 반복적으로 사용해 그림만 봐도 영어를 유추하고, 머릿속에 저절로 상이 그려질 수 있도록 그림 작업에 심혈을 기울였습니다. 이 책이 독자분들의 영어실력에 조금이라도 도움이 된다면 좋겠습니다. 건투를 빕니다.

사랑하는 윤서, 윤민, 윤아에게 이 책을 바칩니다

2024년 봄
권은희

• 각 파트 구성 •

Part 1
자주 쓰는
전치사 제대로 알기

영어의 전치사는 많지 않습니다. 이 책에 제시된 30개면 충분합니다. 전치사는 기본 개념을 이해하고 느낌을 머릿속에 입력하는 게 가장 중요합니다.

Part 2
일상생활
기본 동사

하루에 먹는 밥 세끼처럼 하루도 안 쓸 수 없는 영어의 기본동사로 구성했습니다! 혼자서도 수십 개의 의미로 쓰이지만 전치사와 만나 가장 많은 변신을 하는 동사들입니다.

Part 3
구체적인
뜻의 동사

look(보고), give(주고), pull(당기고), break(깨다)처럼 구체적인 뜻의 동사들을 소개합니다. Part 2의 동사들보다 좀 더 뜻이 세부적이고 구체적인 동사입니다.

Part 4
까다로운
의미의 동사

집어내는 pick과 떨어뜨리는 drop, 걸고 매달리는 hang과 서고 세우는 stand처럼 의미상 연관이 되는 동사들을 쌍으로 묶어서 학습합니다.

• 오디오 •

1 이 책의 모든 예문은 구어체로 구성되어 있습니다. 따라서 전체 예문이 녹음된 오디오만 듣고 따라 말해도 영어회화까지 해결됩니다. QR 코드를 찍어도 바로 들을 수 있습니다.

2 우리말 해석까지 담아놓아 책 없이 오디오만으로 공부할 수 있습니다. 말하기 훈련용 mp3 (우리말 → 영어 3번 반복 → Test (우리말을 듣고 영어로 말해 보세요.))와 영문만 반복해 듣고 싶은 학습자를 위해 영문만 두 번씩 읽는 파일도 제공합니다.

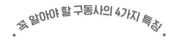

이 책은 제목처럼 동사에 전치사 또는 부사를 합친 형태의 구동사를 배우는 책입니다. 구동사를 쓰면 아주 쉬운 단어로 원어민같은 표현을 쓸 수 있죠. 이 구동사는 중요한 특징 네 가지가 있습니다. 이 특징을 먼저 배우고 본격적인 학습에 들어가 보자고요.

특징 1. 동사와 전치사(부사)가 합쳐진 형태입니다.

구동사는 전치사 혹은 부사와 함께 결합되어 만들어집니다. 이렇게 동사와 함께 구동사를 만드는 전치사 혹은 부사를 파티클이라고 부릅니다. 아래 첫 번째의 예처럼 동사와 파티클(전치사, 부사)의 조합의 의미가 예측 가능한 것도 있지만 아래 두 번째의 예처럼 전혀 다르거나 매우 다양한 의미가 확대되어 쓰이는 경우도 많습니다.

동사 + 파티클의 의미가 예측 가능한 경우

· I turned **on** the light. 나는 전등을 켰다.
   turn on 켜다 (전등, 기계 등)   turn 돌다, 방향을 바꾸다   on 위에, 켜진 상태

위 예문에서 turn on은 turn과 on의 의미를 합쳐 '켜다'라는 의미를 명확하게 나타냅니다. 즉, 파티클(전치사, 부사) on은 동사 turn의 의미를 보다 구체화하는 역할을 합니다.

동사 + 파티클의 의미가 예측 불가능하거나 확대된 경우

· He looked **up** the word in the dictionary. 그는 그 단어를 사전에서 찾아봤다.
   look up (사전, 책 등에서) 찾아보다   look 보다, 바라보다   up 위로, 올라가다

이 예문에서 look up은 look과 up의 의미를 단순히 합쳐 설명하기 어렵습니다. look up은 사전이나 책에서 단어를 찾아보는 독특한 의미를 가지고 있으며, 이는 파티클(전치사, 부사) up이 동사 look의 의미를 크게 확장시켰음을 보여줍니다.

특징 2. 목적어가 있을 수도 없을 수도 있습니다.

구동사는 동사와 파티클(전치사, 부사)이 합쳐져서 동사의 성격을 가지고 있습니다. 동사의 중요한 특징 중 하나가 목적어를 가지는 것입니다. 동사에서도 목적어를 가지는 타동사가 있고 그렇지 않은 자동사가 있듯이 구동사도 목적어가 오는 경우와 그렇지 않은 경우가 있습니다.

구동사가 목적어를 필요로 하는 경우

· I looked **up** the word "serendipity" in the dictionary.

나는 serendipity(뜻밖의 재미)라는 단어를 사전에서 찾아봤다.

look up (사전, 책 등에서) 찾아보다 **serendipity** (목적어)뜻밖의 재미 (찾고자 하는 단어)

이 예문에서 look up은 목적어 "serendipity(뜻밖의 재미)"를 필요로 합니다. 왜냐하면 어떤 단어를 사전에서 찾는지 명확하게 지정해야 하기 때문입니다.

구동사가 목적어를 필요로 하지 않는 경우

· I looked **up** after hearing a noise. 나는 그 소리를 듣고 위를 올려봤다.

look up (주의를 기울여) 위를 보다 (목적어 없음)

이 예문에서 look up은 목적어 없이 사용됩니다. 왜냐하면 특정 대상을 보는 것이 아니라, 소리에 반응하여 주의를 기울이는 행위를 나타내기 때문입니다. 구동사가 목적어를 필요로 하는지 여부는 문맥에 따라 결정됩니다. 구동사의 의미를 명확하게 이해하기 위해서는 맥락을 고려하는 것이 중요합니다.

특징 3. 전치사(부사)는 동사와 항상 붙어 있지 않습니다.

파티클은 항상 동사와 붙어 있지 않습니다. 목적어로 대명사가 올 때나 맥락에 따라 파티클은 분리되어 있는 경우가 있습니다. 또한 동사와 맥락에 따라 분리, 비분리 모두 가능한 경우도 있고 그렇지 않은 경우도 있습니다. 이 부분은 암기가 좀 필요합니다.

동사와 파티클(전치사, 부사)이 분리되어 쓰이는 경우

· I turned the light **on**. 나는 전등을 켰다.

동사구의 동사와 파티클(전치사, 부사)이 분리되어 쓰입니다.

동사와 파티클(전치사, 부사)이 분리되지 않고 쓰이는 경우
· I **turned on** the TV. 나는 TV를 켰다.

　구동사의 동사와 파티클(전치사, 부사)이 분리되지 않고 하나의 단어처럼 기능합니다.

동사와 파티클(전치사, 부사)이 항상 분리되지 않고 쓰이는 경우
· He **looked up** to his older brother. 그는 형을 존경했다.

목적어로 대명사가 올 때 동사구가 분리되어 쓰이는 경우
· I **turned** it **on**. 나는 전등을 켰다.

특징 4. 구동사는 구어체에서 많이 사용됩니다.

구동사는 주로 격식을 갖추지 않은 상황이나 회화에서 쓰입니다. 구동사가 가진 비격식적인 성격 때문에 문어체보다는 구어체에서 더 자주 사용됩니다.

A: Hi Emma, could you **look after** my dog this weekend?

안녕, 엠마. 이번 주말에 내 강아지 좀 돌봐줄래요?

B: Of course, I'd love to! What time should I **come over**?

물론이죠, 기꺼이 할게요! 몇 시에 가면 될까요?

look after 돌보다　come over 들르다

A: Hi Alex, can you **pick** me **up** from the station later?

안녕, 알렉스 나를 역에서 데려다줄 수 있어?

B: Of course, I'll **swing by** around 7.

물론이죠, 7시쯤에 갈게요.

pick up ~를 태워주다　swing by 들르다

위 대화는 구동사가 회화에서 쓰이는 예입니다. 위의 예처럼 일상생활에서 격식 없이 자주 쓰이는데요. 문어체에서 아예 쓰이지 않는 것은 아니지만 대부분 회화 등의 구어체에서 많이 쓰입니다. 그래서 구동사를 많이 알면 영어회화가 더 자유롭고 유창해집니다.

go up

fall in

Prep 01	up		Prep 16	along
Prep 02	down		Prep 17	through
Prep 03	into		Prep 18	back
Prep 04	in		Prep 19	from
Prep 05	out		Prep 20	to
Prep 06	on		Prep 21	across
Prep 07	off		Prep 22	aside
Prep 08	over		Prep 23	after
Prep 09	under		Prep 24	before
Prep 10	for		Prep 25	ahead
Prep 11	against		Prep 26	behind
Prep 12	away		Prep 27	with
Prep 13	around		Prep 28	without
Prep 14	at		Prep 29	together
Prep 15	by		Prep 30	apart

go around

run to

hold up

get across

Part 1

자주 쓰는
전치사
제대로 알기

영어를 좀 한다는 사람들도 제대로 쓰지 못하는게
전치사입니다. 그 핵심적인 의미를 파악하지 못하고 쓰기
때문이죠.
Part 1에서는 네이티브가 자주쓰는 30개의 전치사의
핵심적인 의미를 알려주고 다양한 예문에서 이를
확인해봅니다.

올라가고 증가하는 **Up**

Prep01.mp3

Up은 '위치, 방향, 상태, 강도의 변화' 등을 표현합니다. 이러한 기본 의미를 바탕으로 다양한 동사들과 결합하여 단순히 '위에 있거나 일어나 있는'의 의미부터 동작의 강도가 증가되거나 동작이 시작되고 종결되는 것까지 다양한 의미들을 만들어 냅니다.

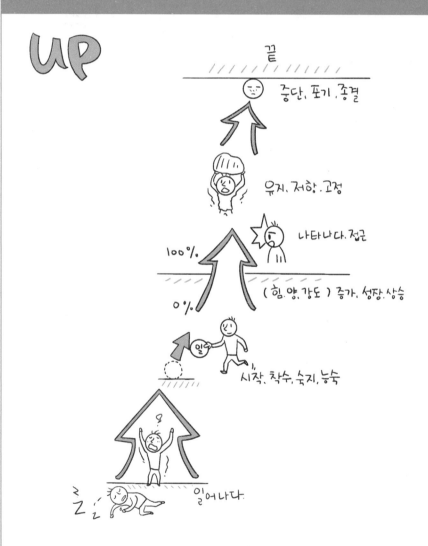

1 일어나다, 잠에서 깨어있다, 흥분

Up은 be동사와 결합하여 대상이 잠에서 깨어있거나 활동적인 상태에 있는 것을 표현합니다. 다음의 예문들은 모두 '잠에서 깨어있는, 일어난, 흥분한'이라는 의미를 가지고 있습니다.

· I'm an early bird, so I'm usually **up** by 6:00 a.m.
  나는 일찍 일어나는 사람이고 보통 오전 6시에 일어난다.

· The kids were **up** all night before Christmas. 아이들은 크리스마스 전에 밤새도록 흥분했다.

· He was **up** all night studying for the exam. 그는 시험 공부를 위해 밤새도록 잠을 못 잤다.

2 동작의 시작, 착수

Up은 '어떤 일이나 대상을 들어올린다'는 의미에서 확장되어 일을 시작하고 착수하고, 진행하는 의미까지 표현합니다. 아래 예문들은 프로젝트, 캠페인, 건설 등이 시작하거나 진행되는 것을 나타냅니다.

· The company is **up** and running with its new marketing campaign.
  회사는 새로운 마케팅 캠페인을 시작했다.

· The project is finally **up** and going. 프로젝트가 마침내 시작되었다.

· The construction is **up** and coming. 건설이 시작될 예정이다.

3 위에 있는, 위로 이동, 상태의 증가

Up은 '위로 이동하는', '상승하는', '증가하는', '성장하는', '발전하는'의 의미를 가지고 있습니다. 태양이 지평선 위로 올라가거나 생산량이 증가하고 성장하는 것, 실력이 발전하는 것을 표현합니다.

· The sun is **up** and shining. 태양이 떠서 빛나고 있다.

· The price of gas has been **up** lately. 최근 휘발유 가격이 올라갔다.

· The company is ramping **up** production. 회사는 생산량을 늘리고 있다.

· The economy is picking **up**. 경제가 살아나고 있다.

· The child has grown **up** so much since I last saw him.
  그 아이는 마지막으로 봤을 때 이후로 정말 많이 성장했다.

4 나타나다, 다가오다, 접근, 도달

Up은 어떤 일이나 사람이 수면 위로 올라오듯이 나타나는 것을 의미합니다. 예문들은 모두 사람, 시간, 물건 등이 가까워지거나 도착하는 것을 나타냅니다.

· She showed **up** late for the party. 그녀는 파티에 늦게 나타났다.

· The deadline is coming **up** fast. 마감일이 다가오고 있다.

· The train is pulling **up** to the station. 기차가 역에 도착하고 있다.

5 숙지하다, 능숙하다

Up은 분야를 나타내는 on과 함께 특정 분야에 대해 '잘 알고 있거나 능숙한'이라는 의미를 만들어냅니다.

· I'm **up** on all the latest news. 나는 모든 최신 뉴스를 알고 있다.

· He's really **up** on computers. 그는 컴퓨터에 정말 능숙하다.

· She's **up** on all the latest trends. 그녀는 최신 트렌드를 모두 알고 있다.

6 고정, 공간 점유, 상태 유지, 저항

Up은 '고정하는', '공간을 차지하는', '상태를 유지하는'이라는 의미를 가지고 있습니다. 아래 예문들은 모두 사람, 물건, 가격 등이 고정되거나 유지되는 것을 나타냅니다.

· The crowd filled **up** the entire stadium. 관중은 전체 경기장을 가득 채웠다.

· The furniture takes **up** most of the room. 그 가구가 방 전체를 차지하고 있다.

· Keep **up** the good work! 계속 잘 해 주세요!

· The protesters stuck **up** for their rights. 시위대가 자신의 권리를 위해 목소리를 냈다.

7 분배, 분할

Up은 분할, 나눔, 절단 등의 의미를 가진 동사와 결합하여 사람, 물건, 돈 등을 나누거나 분할하는 의미를 만들어냅니다.

· The teacher divided the class **up** into small groups. 선생님은 학급을 작은 그룹으로 나눴다.

· The cake was cut **up** into eight pieces. 케이크는 여덟 조각으로 잘랐다.

· The money was divided **up** among the winners. 상금은 우승자들 사이에 나뉘어졌다.

· The band broke **up** after their lead singer left. 리드 보컬이 탈퇴하면서 밴드는 해체되었다.

· The two friends split **up** after a disagreement. 두 친구는 의견 충돌로 인해 헤어졌다.

8 문제, 중단, 포기, 종결, 완료

Up은 stick, give 등의 동사와 결합하여 '중단하다, 포기하다, 종결하다' 등의 의미를 만들어냅니다. 이는 사람, 사건, 사업 등이 중단되거나 방해를 받거나 완료되는 것을 강렬하게 나타냅니다.

· There's something **up** with my car. 내 차에 문제가 있는 것 같습니다.

· He never gave **up** on his dream. 그는 절대 그의 꿈을 포기하지 않았다.

· The company is closing **up** its operations in Korea. 회사는 한국에서 사업을 접는다.

· He hung **up** on me without saying a word. 그는 한마디도 하지 않고 나에게 전화를 끊었다.

· I need to finish **up** this report before I go home. 집에 가기 전에 이 보고서를 끝내야 해요.

· Please clean **up** your room before you go out. 외출하기 전에 방을 정리해 주세요.

· Please eat **up** your vegetables. 야채를 다 먹어 주세요.

· I used **up** all my vacation days last year. 작년에 휴가 일수를 다 써 버렸다.

내려가고 감소하는 Down

Prep02.mp3

Down은 '위치, 방향, 상태, 강도의 변화' 등을 표현합니다. 이러한 기본 의미를 기반으로 다양한 동사들과 결합하여 아래에 있거나 아래쪽으로 이동하는, 낮은 수준이나 부정적인 감정이나 상태, 강도나 수치가 감소하는 등의 다양한 의미들을 만들어 냅니다.

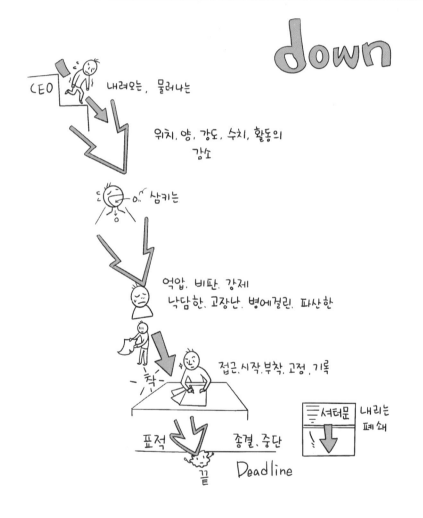

1 **내려가는, 아래로 이동하는, 물러나는, 철거**

Down은 물리적인 위치가 아래로 이동하는 것을 나타냅니다. 태양, 비행기, 사람 모두가 아래로 이동하는 것을 묘사하거나 직책이나 경쟁 등에서 내려가고 물러나는 의미로도 쓰입니다.

· The sun is going **down**. 태양이 넘어가고 있다.

· He climbed **down** the ladder. 그는 사다리를 내려갔다.

· The CEO stepped **down** due to health reasons. CEO는 건강상의 이유로 물러났다.

· The police took **down** the barricade. 경찰은 바리케이드를 철거했다.

· He fell **down** the stairs. 그는 계단 아래로 떨어졌다.

2 **양, 강도, 수치 등의 감소, 분해**

Down은 양, 강도, 수치 등이 감소하고 분해되는 것을 나타냅니다. 가격, 확진자 수, 목소리의 세기가 모두 감소하는 것을 묘사하는 데 사용됩니다.

· The price of gas has gone **down** recently. 최근 휘발유 가격이 내려갔다.

· The number of COVID-19 cases is **down**. 코로나19 확진자 수가 감소했다.

· His voice went **down** to a whisper. 그의 목소리는 속삭임까지 낮아졌다.

· The scientist broke **down** the molecule into its constituent atoms.
과학자는 분자를 구성하는 원자로 분해했다.

3 **먹어치우는, 삼키는, 억누르는, 받아들이는**

Down은 음식물이 아래로 내려가면서 삼키는 의미를 가집니다. 음식 뿐만 아니라 자존심, 새로운 소식 등을 받아들이는 의미로도 확장되어 쓰입니다.

· He drank **down** the glass of water in one go. 그는 물 한 잔을 한 입에 들이켰다.

· He swallowed **down** his pride and apologized. 그는 자존심을 억누르고 사과했다.

· The news of her job loss didn't go **down** well with her family.
그녀의 가족은 그녀의 실직 소식을 쉽게 받아들이지 못했다.

· She was so nervous that the food wouldn't go **down**.
그녀는 너무 긴장해서 음식이 목으로 넘어가지 않았다.

4 비판, 억압, 체포, 강제

Down은 억압, 비판 등의 의미를 가진 동사와 결합하여 정부의 탄압, 선생님의 꾸짖음 등 강압적인 상황을 묘사하는 데 사용됩니다.

· The government cracked **down** on dissent. 정부는 반대 의견을 탄압했다.

· The teacher put **down** the student's bad behavior. 선생님은 학생의 나쁜 행동을 꾸짖었다.

· The boxer took **down** his opponent. 복서가 상대를 쓰러뜨렸다.

· The FBI took **down** the terrorist group. FBI는 테러 단체를 체포했다.

5 낙담한, 고장난, 병에 걸린, 잠자는, 죽은, 파산한

Down은 부정적인 상황이나 수준으로 내려가는 의미를 가집니다. 다양한 동사와 결합하여 낙담, 고장, 질병, 파산 등의 부정적인 상황을 묘사하는 데 사용됩니다.

· She felt **down** after the breakup. 그녀는 헤어진 후 낙담했다.

· My car is **down** for repairs. 내 차는 고장 나서 수리 중이다.

· He was **down** with the flu. 그는 독감에 걸렸다.

· The baby is **down** for a nap. 아기는 낮잠을 자고 있다.

· He was put **down** after a long illness. 그는 오랜 병마 끝에 세상을 떠났다.

· The company went **down** the drain due to financial difficulties. 회사는 재정난으로 인해 파산했다.

6 접근, 부착, 고정, 적어두는, 사실로 여기는

Down은 아래로 고정시킨다는 이미지를 바탕으로 접근, 부착, 고정, 기록, 판단 등의 의미를 나타내며 다양한 동사와 결합하여 경찰의 현장 도착, 책 내려놓기, 정보 기록, 사건 판단 등 다양한 상황을 묘사하는 데 사용됩니다.

· The police came **down** to investigate the crime. 경찰은 범죄를 수사하기 위해 현장으로 왔다.

· He put **down** the book after reading it. 그는 읽고 나서 책을 내려놓았다.

· Please put **down** your name and phone number. 이름과 전화번호를 적어주세요.

· I put it **down** to bad luck. 나는 그것을 불운으로 돌렸다.

착수, 시작

Down은 get, put 등의 동사와 함께 일에 착수, 시작하는 것을 묘사하는 데 사용됩니다.

· It's time to get **down** to work. 일을 시작할 시간입니다.

· The team is putting **down** the final touches on the project.
  팀은 프로젝트의 마지막 마무리를 하고 있다.

표적, 종결, 중단, 제거

Down은 boil, come 등의 동사와 결합하여 여러 가지 정보나 사건을 요약하여 핵심적인 부분에 도달하거나, put, shut 등의 동사와 함께 프로젝트, 회사, 평화 회담 등이 종결되는 것이나 사업장, 상점 등이 폐쇄되거나 업무 등을 마무리하는 의미를 만들어냅니다.

· In the end, it all boils **down** to money. 결국 모든 것은 돈으로 귀결된다.

· The project was put **down** after failing to meet expectations.
  프로젝트는 기대에 못 미쳐 종결되었다.

· The game was put **down** due to bad weather. 경기는 악천후로 인해 중단되었다.

· The government shut **down** the website for spreading misinformation.
  정부는 허위 정보를 유포하는 웹사이트를 차단했다.

· The restaurant closed **down** permanently after the pandemic.
  식당은 팬데믹 이후 영구히 문을 닫았다.

안으로 들어가고 변화하는 Into

Prep03.mp3

Into는 밖에서 안, 외부에서 내부로의 이동을 기본 개념으로 하며 여러 동사와 결합하여 위치, 방향, 상태, 시간, 관계 형성, 감정, 동작의 시작 등을 표현합니다.

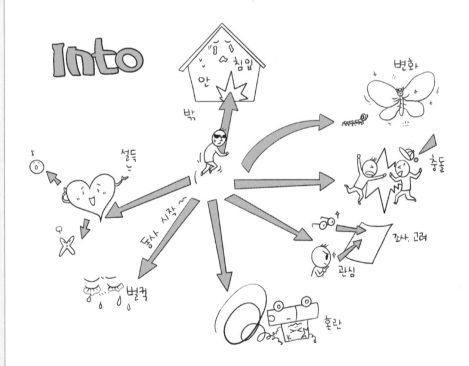

1 밖에서 안으로, 방향, 침입하는

'Into+장소, 사물'의 형태로 쓰이며 '안으로 들어가는, 향하는, 집어넣는' 등의 의미를 표현합니다.

· He walked into the house. 그는 집 안으로 들어갔다.

· The train is heading into the station. 기차는 역으로 향하고 있다.

· Please bring the plants into the greenhouse before it starts to freeze.
  서리가 내리기 전에 식물들을 온실 안으로 가져와 주세요.

· I put a lot of love and care into every dish I cook. 저는 모든 요리에 사랑과 정성을 담습니다.

· The thief broke into the house and stole the money. 도둑은 집에 침입하여 돈을 훔쳤다.

2 다른 상태, 상황으로 들어가는, 변화하는

Into는 물질이나 사물의 상태 변화를 나타낼 때 사용됩니다. 다음 예문에서는 물이 얼음으로 변하고, 애벌레가 나비로 변하는 변형 과정을 보여줍니다. 또한, into는 사람이나 사물이 새로운 상황에 들어가는 것을 나타낼 때도 사용됩니다. 예를 들어, 파티 분위기에 휩싸이거나, 프로젝트가 본격적으로 시작되는 등 상황의 변화를 표현합니다.

· The water turned into ice. 물이 얼음으로 변했다.

· The caterpillar turned into a butterfly. 애벌레가 나비로 변했다.

· Let's get into the party spirit. 파티 분위기에 휩싸이자.

· The new project is about to get into full swing. 새로운 프로젝트가 본격적으로 시작될 예정이다.

· The company is in the process of transforming into a digital enterprise.
  회사는 디지털 기업으로 변화하는 과정에 있다.

충돌하는, 우연히 만나는, 문제에 부딪치는

Into는 두 물체가 충돌하는 것을 나타낼 때 사용됩니다. 다음 예문에서는 차가 나무에 부딪혀 손상되는 충돌 사고를 보여줍니다. 또한, 'into'는 우연히 만나는 것을 나타낼 때도 사용됩니다. 예를 들어, 쇼핑몰에서 우연히 오랜만에 만난 친구를 보는 우연한 상황을 표현합니다.

· The car bumped into the tree and was damaged. 차가 나무에 부딪혀 손상되었다.

· I bumped into an old friend at the mall yesterday.
어제 쇼핑몰에서 우연히 오랜만에 만난 친구를 보았다.

· We're bumping into some problems with the project.
우리는 프로젝트에서 몇 가지 문제에 부딪히고 있다.

4 조사하는, 고려하는, 알아보는

Into는 다양한 선택지를 고려하고 조사하는 것을 나타낼 때 사용됩니다. 다음 예문에서는 모든 가능한 선택지를 고려하고 새 집을 구매하는 것을 고려하는 검토 과정을 보여줍니다.

· We're looking into all possible options. 우리는 모든 가능한 선택지를 고려하고 있다.

· I'm looking into buying a new house. 새 집을 구매하는 것을 고려하고 있다.

5 관심을 가지는, 관계를 형성하는, 몰입하는

Into는 특정 분야에 관심을 가지거나 몰입하는 것을 나타낼 때 사용됩니다. 다음 예문에서는 미래를 위해 돈을 저축하는 것과 자신의 일에 몰두하는 관심과 몰입의 정도를 보여줍니다.

· You should look into saving money for your future. 미래를 위해 돈을 저축하는 것을 고려해야 한다.

· She is really into her work. 그녀는 자신의 일에 정말 몰두하고 있다.

6 감정이나 상황, 상태에 빠지는

Fall과 함께 감정이나 상황에 빠지거나 burst 등의 동사와 함께 쓰여 갑작스럽게 어떠한 상태에 빠지는 것을 표현합니다.

· The meeting fell **into** chaos. 회의는 혼란에 빠졌다.

· She fell **into** a deep sleep. 그녀는 깊은 잠에 빠졌다.

· He broke **into** tears when he heard the news of his father's death.
  그는 아버지의 죽음 소식을 듣고 울음을 터뜨렸다.

7 동작 등을 시작하는

Into는 break 등의 동사와 함께 갑자기 또는 예상치 못하게 동작 등을 시작하는 것을 나타냅니다.

· The singer broke **into** song without any warning. 가수는 아무런 경고 없이 노래를 부르기 시작했다.

· He broke **into** a run when he saw the police. 그는 경찰을 보고 달려갔다.

8 설득하는, 속이는

Into는 상대를 설득하여 어떤 행동을 시작하게 하는 '설득' 또는 '속임'과 관련된 상황에서도 사용될 수 있습니다. 다음 예문들은 into가 어떻게 설득과 속임수를 나타내는지 보여줍니다.

· He convinced me **into** going on a trip with him. 그는 나를 설득하여 그와 함께 여행하게 했다.

· The company was accused of misleading its customers **into** buying faulty products. 회사는 고객들을 속여 불량 제품을 구매하게 했다는 혐의를 받았다.

안에 있는 In

Prep04.mp3

In은 '안에 있는'의 기본 의미를 바탕으로 시간, 공간, 상황, 방식 안에 있는 것을 표현합니다. 이런 기본 의미를 바탕으로 다양한 동사들과 결합하여 위치상 안에 있거나 어떤 상태나 방식, 관계 안에 있는, 안으로 포함하는 등의 의미를 표현합니다.

안에

시작, 착수

동작 활동

존재, 도입

~특성, 상황안에 있는

열중

참여한 연주한

채우는

가두는, 억누르는

1 **안에, 밖에서 안으로, 접근, 도착, 방문**

In은 '밖에서 안으로' 이동, 특정 장소에 '접근' 또는 '도착', 그리고 장소를 '방문'하는 것을 나타냅니다.

· I came **in** from the cold. 나는 추위를 피해 집 안으로 들어왔다.

· The police are closing **in** on the suspect. 경찰은 용의자를 추적 중이다.

· The thief broke **in** through the window. 도둑은 창문을 통해 침입했다.

· The train pulled **in** to the station. 기차가 역에 도착했다.

· I dropped **in** at the store to buy some milk. 나는 우유를 사러 가게에 들렀다.

2 **시작, 착수하는**

In은 활동이나 계획 안으로 들어가는 이미지에서 시작해서 '시작' 또는 '착수'의 의미를 만들어냅니다.

· The meeting is **in** 10 minutes. 회의는 10분 후에 시작됩니다.

3 **존재하는, 보급하는, 도입하는**

In은 대상이 특정 장소에 '존재'하는 것을 나타내거나, 새로운 시스템 또는 기술을 '보급' 또는 '도입'해서 영향력이 존재하는 의미를 가지고 있습니다.

· The key is **in** the drawer. 열쇠는 서랍 안에 있다.

· The new law is **in** effect. 새로운 법률이 시행되고 있다.

· The company is **in** the process of adopting new technology.
회사는 새로운 기술을 도입하는 과정에 있다.

4 어떤 특성이나 상황 안에 있는

In은 장소 뿐만 아니라 상황이나 특성 안에 있어서 그러한 특성이나 속성이 있는, 상황 안에 있는 의미를 만듭니다.

· He is **in** a lot of pain. 그는 매우 고통스럽다.

· She is **in** love with him. 그녀는 그와 사랑에 빠졌다.

· The student was **in** trouble for cheating on the test. 학생은 시험 부정행위로 곤경에 처했다.

5 열중하는, 주의를 기울이는

In은 특정 활동이나 상태에 '열중'하거나, 특정 사항에 '주의를 기울이는' 것을 나타냅니다.

· She is **in** fashion design. 그녀는 패션 디자인에 열중하고 있다.

· He is **in** a good mood today. 그는 오늘 기분이 좋다.

6 참여하는, 연루된, 대신하는, 화합하는

In은 특정 활동이나 그룹에 '참여'하거나, 두 개의 대상이 '화합'하는 것을 나타냅니다.

· I'm **in** for the project. 나는 그 프로젝트에 참여할 것이다.

· She was **in** on the scam. 그녀는 사기에 연루되었다.

· I'm filling **in** for Sarah today because she's on vacation.
오늘 저는 사라 대신 일을 하게 되었습니다. 사라는 휴가 중이라서요.

· The spy tried to blend **in** by wearing ordinary clothes.
스파이는 평범한 옷을 입고 눈에 띄지 않게 하려고 노력했다.

7 채우는, 넣는, 입력하는, 축적하는

In은 특정 대상을 특정 장소에 '채우거나 넣거나', 정보를 '입력'할 때 쓰입니다.

· Please fill in the form. 양식을 작성해 주세요.

· I put the book in the bag. 나는 책을 가방 안에 넣었다.

· Type your password in the box. 비밀번호를 상자에 입력하십시오.

8 안으로 가두는, 둘러싸는, 갇힌, 안으로 억누르는, 굴복하는

In은 사람이나 동물, 물건을 특정 공간에 '가두어' 움직임을 제한하는 것을 나타냅니다. 또한 감정을 '억누르거나 굴복하는' 의미도 가지고 있습니다.

· The prisoner was locked in his cell. 죄수는 감방에 가두어졌다.

· The crowd closed in around the celebrity. 군중이 연예인을 둘러쌌다.

· The cat was trapped in the box. 고양이는 상자에 갇혔다.

· She kept her feelings in and didn't cry. 그녀는 감정을 참고 울지 않았다.

· I gave in to temptation and ate the chocolate cake. 나는 유혹에 굴복하여 초콜릿 케이크를 먹었다.

밖에 있는 Out

Prep05.mp3

Out은 위치, 상태나 방향, 공개, 동작의 완료 등을 표현합니다. 여러 가지 동사와 함께 위치상 밖에 있거나 출발하는, 어떤 상태에서 벗어나거나 바깥쪽으로 향하는, 무언가를 내보내거나 제거하는, 동작에서 나가며 끝내는, 공개하면서 알리거나 나타나는 등의 다양한 의미로 확장됩니다.

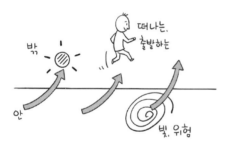

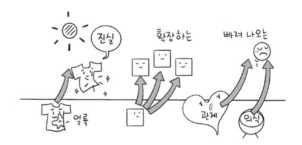

1 **밖에 있는, 외출한**

Out은 사람이나 물건이 '밖에 있는' 또는 '외출한' 것을 나타냅니다.

· I'm **out** for a walk. 나는 산책을 하고 있습니다.
· The children are **out** playing in the yard. 아이들은 마당에서 놀고 있다.

2 **떠나는, 출발하는**

Out은 사람이나 물건이 '떠나는' 또는 '출발하는' 것을 나타냅니다.

· The train is **out** of the station. 기차가 역을 출발했다.
· The ship is **out** to sea. 배가 바다로 나갔다.
· He is **out** on a business trip. 그는 출장을 갔다.

3 **상황에서 벗어난, 하지 않는, 없어진**

Out은 사람이 특정 '상황에서 벗어나는' 또는 특정 행동을 '하지 않는' 것을 나타냅니다.

· He is **out** of danger. 그는 위험에서 벗어났다.
· I'm **out** of debt. 나는 빚이 없다.
· She is **out** of control. 그녀는 통제 불능 상태이다.
· The company is **out** of money. 회사는 돈이 부족하다.

4 **나타나는, 눈에 띄는, 발산하는, 발설하는, 표현하는**

Out은 사람이나 물건이 '나타나는', '눈에 띄는', '발산하는', '발설하거나 표현하는' 등의 의미를 나타냅니다.

- The sun is **out**. 해가 떴다.
- The truth is finally **out**. 진실이 드러났다.
- I slipped **out** a word I shouldn't have said. 말하지 말아야 할 말을 실수로 했다.
- This type of makeup really brings **out** your eyes. 이 메이크업은 당신의 눈을 더욱 돋보이게 한다.
- He brought **out** his anger in his voice. 그는 목소리로 자신의 분노를 표현했다.

5 **확장하는, 늘리는, 퍼지는, 배분하는**

Out은 바깥쪽으로 퍼지거나 확장되는, 배분하는 등의 의미로 쓰입니다.

- The company decided to branch **out** into new markets.
  회사는 새로운 시장으로 진출하기로 결정했다.
- The tailor let **out** the waist of my pants so that they would fit better.
  재단사가 내 바지의 허리를 넓혀 더 잘 맞도록 했다.
- The news is **out**. 뉴스가 퍼졌다.
- The government is letting **out** its budget for education. 정부는 교육 예산을 늘리고 있다.
- The teacher gave **out** the test papers to the students. 선생님은 학생들에게 시험지를 나눠주었다.

6 **치우는, 제거하는, 제외하는**

Out은 물건이나 사람을 '치우는', '제거하는', 또는 '제외하는' 것을 나타냅니다.

- Please take the trash **out**. 쓰레기를 버려 주세요.
- I'm going to try to get this stain **out** with a stain remover. 얼룩 제거제로 이 얼룩을 없애보겠어.

7 **빠지는, 빠져나오는, 철수하는, 마치는**

Out은 사람이나 물건이 특정 상황에서 '빠져나가는', '철수하는', 또는 '끝나는' 것을 나타냅니다.

· My hair has been falling **out** a lot lately. 요즘 내 머리카락이 많이 떨어진다.

· They fell **out** over a disagreement about money. 그들은 돈 문제로 다퉜다.

· He is **out** of the hospital. 그는 병원에서 퇴원했다.

· He is **out** of a job. 그는 실직했다.

· The troops are **out** of the country. 군대는 국외로 철수했다.

8 **꺼지는, 의식을 잃는, 지친, 죽는**

Out은 배터리 잔량이 없어 휴대폰이 '꺼지는' 것, '의식을 잃거나 소진시키는', '기절하는'의 의미를 나타냅니다.

· The lights went **out** during the storm. 폭풍우 동안 불이 꺼졌다.

· The heat gave **out** the air conditioner. 더위로 인해 에어컨이 고장났다.

· The long hike wore me **out**. 긴 하이킹으로 나는 지쳤다.

· I was **out** for a few minutes after the accident. 사고 후 몇 분 동안 의식을 잃었다.

· He passed **out** while waiting for the bus to come. 그는 버스를 기다리다가 기절했다.

붙어있는 On

Prep06.mp3

On은 접촉의 의미를 기반으로 위치, 시간, 상태 등을 표현합니다. 기본적으로 떨어져 있던 것이 붙어 있는 것이 전치사 On의 특성입니다. 벽이나 테이블 등의 '위에 붙어있기' 때문에 '~의 위에'라고 오해할 수 있습니다. 마지막으로 On은 '계속되는, 이어지는'의 성격도 가지고 있습니다.

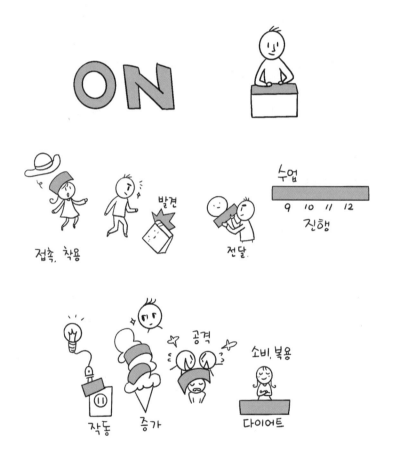

1 착용한, 접촉한, 고정된

On은 옷이나 장신구를 몸에 착용하거나 물건이 특정 위치에 고정되어 있는 것을 나타냅니다.

· I put **on** my coat before going outside. 나는 외출하기 전에 코트를 입었다.

· The painting is **on** the wall. 그림은 벽에 걸려 있다.

2 발견하는

On은 우연히 발견하거나 생각이 떠오르는 의미를 표현합니다.

· I stumbled **on** an old book while browsing the flea market.
벼룩시장을 구경하던 중 오래된 책을 발견했다.

· He hit **on** a great idea for a new business. 그는 훌륭한 사업 아이디어를 떠올렸다.

3 전달하는, 세상을 떠나는, 포기하는

On은 동사와 함께 상속하고 넘기는, 세상을 떠나거나 포기하는 의미를 만듭니다.

· The house was passed **on** to her daughter after her death.
그녀가 사망한 후 집은 딸에게 상속되었다.

· He passed **on** peacefully in his sleep. 그는 잠결에 평안하게 세상을 떠났다.

· She passed **on** the chance to go to the concert because she was too busy.
그녀는 너무 바빠서 콘서트에 갈 기회를 놓쳤다.

시작, 진행 중인, 착수하는, 수행하는, 계속되는

On은 행사나 활동이 시작되고 프로젝트나 계획이 착수되는 것을 의미합니다.

· The class is **on** at 10:00 A.M. 수업은 오전 10시에 시작한다.

· The show is still **on**. 쇼는 아직 진행 중이다.

· The meeting carried **on** for several hours. 회의는 몇 시간 동안 계속 진행되었다.

· I'm **on** it. 내가 하고 있어.

· He lived **on** for many years after his wife died. 그는 아내가 죽은 후에도 오랫동안 살았다.

5 **켜진, 작동하는**

On은 전구나 조명이 켜지거나 기기가 작동 상태임을 나타냅니다.

· The light is **on**. 불이 켜져 있다.

· The car turned **on** without any problems. 차는 문제 없이 켜졌다.

6 **더하는, 증가하는**

On은 가격이나 수치, 양이 점점 증가하거나 시간이 지나면서 점점 더 좋아지는 의미를 나타냅니다.

· Would you like to add **on** any extra toppings? 추가 토핑을 원하시나요?

· He added **on** a few more details to his story. 그는 자신의 이야기에 몇 가지 세부 사항을 더 덧붙였다.

· The song grew **on** me after a few listens. 그 노래는 몇 번 들어보니 점점 좋아졌다.

7 **공격하는, 괴롭히는, 침해하는, 강요하는**

On은 동물이나 사람이 공격하거나 위협하거나 방해하고 강요하는 의미를 만들어냅니다.

· Those bullies always pick **on** the smaller kids. 그 괴롭힘 학생들은 항상 작은 아이들을 괴롭힌다.

· The dog is **on** the cat. 개가 고양이를 공격하고 있다.

· He turned **on** me when I told him the truth. 내가 진실을 말하자 그는 화를 냈다.

· Please don't intrude **on** my privacy. 제 사생활을 방해하지 마세요.

· The company imposed a new dress code **on** its employees.
회사는 직원들에게 새로운 복장 규정을 강요했다.

8 **~를 소비하는, 복용하는, 의지한**

On은 ~에 기반하거나 소비하고 복용하거나 의존한 상태를 나타냅니다.

· He is **on** a tight budget. 그는 넉넉하지 않은 예산으로 생활하고 있다.

· He is **on** a diet and on medication for his high blood pressure.
그는 고혈압 치료제를 복용하고 다이어트를 하고 있다.

· The farmer lives **on** vegetables that he grows. 농부는 자신이 재배한 채소로 생계를 유지한다.

떨어져 나가는 Off

Prep07.mp3

Off는 떨어져 있는 위치, 상태, 제거, 완료나 취소 등의 의미를 나타냅니다. 다양한 동사와 결합하여 '떨어져 나가는, 분리되는'의 기본적인 의미에서 출발하거나 정상에서 벗어나는, 흐름을 끊거나 취소하는, 바깥으로 퍼지거나 눈에 띄는, 드러나는, 폭발하는, 방출하는 등의 의미로도 쓰입니다.

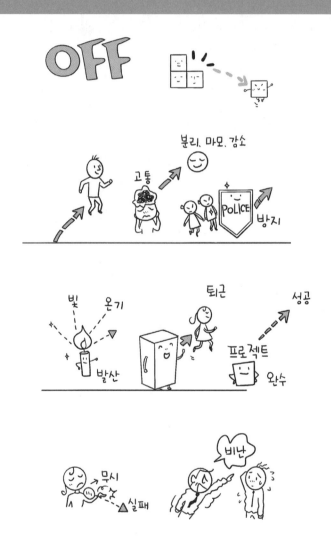

1 출발하는, 배웅하는, 내리는, 벗어나는, 떼어내는, 제거하는, 벗는

Off는 떨어져 나가는 의미에서 출발하거나 분리되거나 자유로워지게 되어 벗어나는, 자동차 등에서 내리는, 옷 등을 벗거나 기준점에서 벗어나는 등의 의미로 확장됩니다.

· He went **off** to school. 그는 학교로 출발했다.

· The plane took **off** at 10:00 A.M. 비행기가 오전 10시에 이륙했다.

· I saw him **off** at the train station. 나는 그를 기차역까지 배웅했다.

· Get **off** the bus at the next stop. 다음 정류장에서 버스를 내리세요.

· She finally broke **off** her toxic relationship. 그녀는 마침내 독성 관계에서 벗어났다.

· He was lucky to get **off** with a warning. 그가 경고만 받고 풀려난 것은 운이 좋았다.

· The meat has gone **off**. 고기가 상했다.

· He tore **off** a piece of paper and wrote a note. 그는 종이 한 장을 떼어 메모를 썼다.

· The company is laying **off** employees due to financial difficulties.
  회사는 재정난으로 인해 직원들을 해고하고 있다.

· Please take **off** your shoes before entering the house. 집에 들어오기 전에 신발을 벗어주세요.

2 사라지는, 떨어져 나가는, 닳아 없어지는, 약해지는

Off는 본체에서 떨어져 나가는 이미지를 기본으로 마모되거나 물건이 분리되거나 탈착되는 모습, 효과가 감소되거나 사라지는 것을 표현합니다.

· The pain will wear **off** eventually. 고통은 결국 사라질 것이다.

· The button came **off**. 단추가 떨어졌다.

· The soles of my shoes are wearing **off**. 내 신발의 밑창이 닳아 없어지고 있다.

· The effects of the drug will wear **off** in a few hours. 약의 효과는 몇 시간 후에 없어질 것입니다.

3 방지하는, 방어하는

Off는 공격이나 위협으로부터 보호하거나 문제나 위험이 발생하지 않도록 떼어놓는 행위 등을 묘사합니다.

· The police officer managed to fend **off** the attacker. 경찰관은 공격자를 막아냈다.
· The government is taking measures to ward **off** the threat of terrorism.
  정부는 테러 위협을 막기 위한 조치를 취하고 있다.

4 발산하는, 방출하는, 폭발하는, 울리는

Off는 빛, 열, 에너지 등을 발산하거나 감정, 분위기 등을 드러내는 것, 기계나 장치가 작동하기 시작하는 모습을 나타냅니다.

· The candle gave **off** a warm glow. 촛불은 따뜻한 빛을 발산했다.
· She gave **off** a friendly vibe. 그녀는 친근한 느낌을 주었다.
· The car's airbag went **off** when the accident happened.
  사고 발생 시 자동차의 에어백이 터졌다.
· The smoke alarm went **off**, warning us of a fire. 연기 감지기가 울려서 화재를 알려주었다.

5 끝내는, 끄는, 중단, 취소하는

Off는 일에서 떨어져 나오는 이미지를 기본으로 퇴근하거나 종료하고 중단되고 취소하는 의미를 만들어 냅니다.

· She gets **off** work at 5:00 P.M. 그녀는 오후 5시에 퇴근한다.
· The scandal killed **off** his political career. 스캔들은 그의 정치적 경력을 끝냈다.
· The power went out and everything turned **off**. 정전이 되어서 모든 것이 꺼졌다.
· The meeting was called **off** due to the lack of a quorum. 정족수 부족으로 회의가 중단되었다.
· The company decided to call **off** the merger. 회사는 합병을 취소하기로 결정했다.

6 완성하는, 해내는

Off는 업무 등을 끝내고 떨어져 나가는 이미지를 기본으로 마무리하거나 성공적으로 수행해 내는 내용을 표현합니다.

· She finished **off** the meal with a delicious dessert. 그녀는 맛있는 디저트로 식사를 마무리했다.

· The company pulled **off** a successful product launch despite the challenges.
  회사는 어려움에도 불구하고 성공적인 신제품 출시를 해냈다.

7 무시하는, 대수롭지 않게 여기는

Off는 비판이나 패배, 다툼 등 부정적인 상황을 떨어내고 대처하는 모습을 표현합니다.

· She brushed **off** the criticism and continued with her work.
  그녀는 비판을 무시하고 자신의 일을 계속했다.

· She shrugged **off** the loss and focused on the future. 그녀는 패배를 떨쳐 버리고 미래에 집중했다.

· The friends laughed **off** the argument and decided to move on.
  친구들은 다툼을 웃어넘기고 화해하기로 했다.

8 비난하는, 죽이는, 폐지하는

Off는 잘못된 행동을 꾸짖거나 훈계하는, 완전히 없애거나 파괴하는, 폐지하거나 중단하는 의미를 표현합니다.

· The boss told **off** the employee for being late. 사장은 늦은 직원을 혼냈다.

· The harsh winter finished **off** many plants. 혹독한 겨울은 많은 식물들을 죽였다.

· The government killed **off** the program because it was ineffective.
  정부는 효과가 없어 프로그램을 폐지했다.

위로 넘어가는 Over

Prep08.mp3

Over는 위치, 이동, 경과, 통제 등의 기본적인 의미를 가지고 '위에, 넘어서, 덮는, 건너, 전체적인' 등의 위치, 범위, 상태를 표현합니다. 이를 기반으로 다양한 동사와 결합하여 '인수하는, 지배하는, 극복하는, 끝내는, 뒤집는, 설득하는, 전환하는' 등의 의미를 만들어 냅니다.

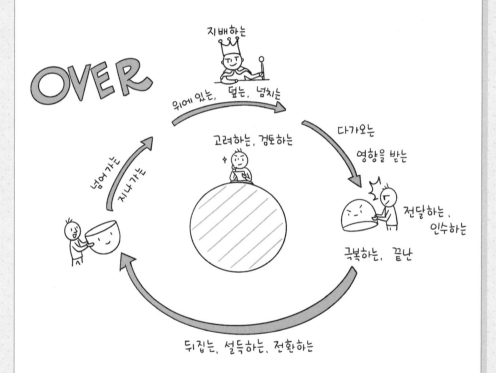

1 지나가는, 넘어가는, 시간을 보내는, 이동하는

Over는 위치상 위에 있는, 넘어가는 등의 이동, 시간의 경과 등의 의미를 표현합니다.

· The bridge goes **over** the river. 다리는 강을 지나간다.

· I climbed **over** the fence. 나는 울타리를 넘어갔다.

· The plane flew **over** the city. 비행기가 도시 위로 날아갔다.

· We spent the weekend **over** at our friends' house. 우리는 주말을 친구집에서 보냈다.

· The soldiers moved **over** to the left flank. 군인들은 왼쪽 측면으로 이동했다.

2 위에 있는, 넘치는, 덮는, 지배하는

Over는 위치상 위에 있는 이미지에서 덮거나 넘치거나 지배하는 의미를 만들어 냅니다.

· The picture is hanging **over** the fireplace. 그림은 벽난로 위에 걸려 있다.

· The pot is boiling **over**. 냄비가 끓어 넘치고 있다.

· She threw a blanket **over** her shoulders. 그녀는 어깨에 담요를 덮었다.

· The king ruled **over** the kingdom for many years. 왕은 오랫동안 왕국을 지배했다.

3 고려하는, 심사숙고하는, 검토하는

Over는 문제나 상황 위에서 고민하거나 모든 가능성을 생각하고 최선의 선택을 하려는 모습을 표현합니다.

· I'll have to think it **over** before I make a decision. 결정을 내리기 전에 고려해야 할 것이다.

· He pondered **over** the problem for hours. 그는 그 문제에 대해 몇 시간 동안 고민했다.

· He went **over** the instructions again. 그는 다시 한 번 지침을 확인했다.

4 다가오는, 영향을 받는

Over는 어떤 대상이 물리적, 시간적으로 가까이 다가오거나 다가와서 영향을 끼치는 상황을 묘사합니다.

· The storm is moving **over** the coast. 폭풍이 해안으로 다가오고 있다.

· A sudden fear came **over** her. 그녀에게 갑작스러운 두려움이 밀려왔다.

5 전달하는, 넘기는, 인수하는, 책임을 맡는

Over는 pass, carry, take 등의 동사와 함께 전달하거나 이월, 인수, 대체의 의미를 만들어 냅니다.

· Please pass the message **over** to your brother. 형에게 메시지를 전달해 주세요.

· The company carried **over** its losses from the previous quarter into the current quarter. 회사는 이전 분기의 손실을 이번 분기로 이월했다.

· The new CEO took **over** the company last month. 새로운 CEO가 지난달 회사를 인수했다.

· I can take **over** the project while you're on vacation.
당신이 휴가 갈 동안 내가 프로젝트를 맡겠습니다.

6 극복하는, 끝난

Over는 실연, 질병 등의 어려움을 넘어서는 이미지에서 극복하거나 끝난 등의 시간의 경과를 표현합니다.

· They got **over** the flu quickly. 그들은 빠르게 독감을 떨쳐냈다.

· The holidays are **over**. 휴일이 끝났다.

7 **뒤집는, 넘기는**

Over는 동사 turn과 함께 사물이나 대상을 뒤집거나 넘기는 행위를 표현합니다.

· Turn **over** the steak so that it cooks evenly. 스테이크를 뒤집어 골고루 익도록 하세요.

· He turned the page **over**. 그는 페이지를 넘겼다.

8 **설득하는, 전환하는**

Over는 의견이나 대상의 상황 등을 전환하거나 변경하는 의미를 표현합니다.

· He managed to win her **over** to his point of view.
그는 그녀를 자신의 입장으로 설득하는 데 성공했다.

· We need to change **over** to a new system. 우리는 새로운 시스템으로 바꿔야 한다.

· The company switched **over** to a new marketing strategy.
회사는 새로운 마케팅 전략으로 전환했다.

아래에 있는 **Under**

Prep09.mp3

Under는 위치상 아래에 있거나 어떤 대상이 특정 범주에 속하거나 포함되는 것, 특정 사람 및 조직의 책임 하에 있는 상황, 특정 조건 또는 제한에 의해 통제되는 것, 어떤 상태 또는 상황에 있음을 표현합니다. 또 아래로 가니까 가라앉는, 망하는 등의 의미로도 확장됩니다.

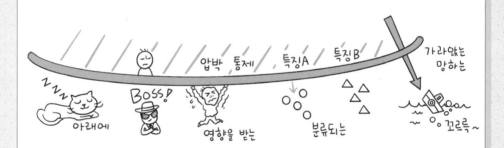

1 위치상 아래에, 아래에 있는

Under는 침대의 아래, 테이블 밑 등 대상의 위치를 표현합니다.

· The cat is sleeping under the bed. 고양이는 침대 아래에서 자고 있다.

· He put the book under the table. 그는 책을 테이블 아래에 놓았다.

2 특정 사람, 조직 아래에 있는

Under는 상사의 지휘와 감독, 권위 아래 놓여 있거나 규칙, 제한에 의해 통제되는 상황을 묘사합니다.

· He works under a strict boss. 그는 엄격한 상사 아래에서 일한다.

· The company works under a code of ethics that promotes honesty and integrity.
그 회사는 정직과 성실을 장려하는 윤리 강령에 따라 일한다.

· The company is under new management. 회사는 새로운 경영진 아래에 있다.

· The country is under martial law. 그 나라는 계엄령 아래에 있다.

3 영향을 받는, 압박, 억압받는, 통제하는

Under는 외부의 요소에 의해 행동, 생각, 감정 등이 변화되거나 통제되는 것을 표현합니다.

· She felt under pressure to succeed. 그녀는 성공해야 한다는 압박감을 느꼈다.

· He was arrested for driving under the influence of alcohol.
그는 음주운전으로 체포되었다.

· She fell under a spell of depression after losing her job.
그녀는 직장을 잃은 후 우울증에 빠졌다.

· The people are living under oppression in a totalitarian regime.
사람들은 전체주의 정권 아래 억압을 받고 살고 있다.

· He is struggling to keep his anger under control.
그는 자신의 분노를 억누르기 위해 노력하고 있다.

4 특정 범주에 속하는, 분류하는

Under는 특정 범주에 포함되거나 기준에 의해 분류되는 것을 표현합니다.

· This issue falls **under** the category of human rights. 이 문제는 인권 범주에 속한다.

· Animals come **under** different species based on their physical characteristics.
동물들은 신체적 특징에 따라 다른 종으로 분류된다.

5 끌어내리는, 가라앉는, 망하는

Under는 특정 대상이 높은 위치에서 낮은 위치로 끌어내려지거나 가라앉는, 아래로 가니까 부정적인 상태가 되는 의미를 표현합니다.

· The scandal pulled **under** the politician from his position of power.
스캔들은 정치인을 권력의 자리에서 끌어내렸다.

· The ship sank **under** the waves. 배는 파도 아래 가라앉았다.

· The company went **under** last year. 회사는 작년에 도산했다.

바라보며 향해있는 **For**

Prep10.mp3

For는 시간, 이유나 목적, 행위 대상의 수혜자나 관련자, 찬성 등의 다양한 의미를 가지고 있습니다. 여러 의미 중에서도 전치사 for의 핵심적인 의미는 '~한 목적으로 어딘가를 향하는'의 느낌입니다. 흔히 '~을 위하여, ~할 목적으로'라는 의미로 자주 쓰이고 '어떤 이유로, 원인으로'라는 표현을 하고 싶을 때도 쓰입니다. 시간을 나타낼 때 '~하는 동안'의 의미로도 쓰이니 잘 알아두세요.

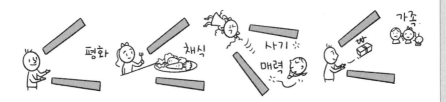

1 향하는

For는 목적지, 특정 장소를 향해 이동하는 것을 나타냅니다.

· We headed **for** the nearest exit. 우리는 가장 가까운 출구로 향했다.

· They made **for** the hills as soon as the storm hit. 폭풍이 닥치자마자 그들은 언덕으로 향했다.

2 원하는

For는 특정 대상에 대한 갈망, 욕망을 표현합니다.

· She longs **for** a simpler life. 그녀는 더 단순한 삶을 원한다.

· After a long day of hiking, I was hungry **for** a hearty meal.
긴 하이킹 후, 나는 든든한 식사를 갈망했다.

· I've been craving **for** chocolate all day. 하루 종일 초콜릿을 갈망했다.

· They yearn **for** a better future for their children. 그들은 자녀들에게 더 나은 미래를 갈망한다.

· He is starving **for** affection and attention. 그는 애정과 관심에 목말라 있다.

· She pines **for** her lost love. 그녀는 잃어버린 사랑을 그리워한다.

3 요구하는

For는 상황이나 필요에 의한 요구를 표현합니다.

· The situation calls **for** immediate action. 이 상황은 즉각적인 조치가 필요합니다.

· He asked **for** a raise in salary. 그는 급여 인상을 요청했다.

· We bargained **for** a better price at the market. 우리는 시장에서 더 좋은 가격으로 흥정했다.

4 찾는

For는 잃어버린 물건이나 대상, 기회 등을 찾거나 정보를 탐색하는 의미를 표현합니다.

· I am looking **for** my lost keys. 나는 잃어버린 열쇠를 찾고 있다.

· She is looking **for** a new job. 그녀는 새로운 직업을 찾고 있다.

· I'm looking **for** information about climate change. 저는 기후 변화에 대한 정보를 찾고 있다.

5 찬성하는, 지지하는

For는 찬성하는 입장을 표명하거나 찬성하는 것 이상의 적극적인 지지와 참여, 원칙이나 목표에 대한 지지를 나타냅니다.

· I am **for** peace and against violence. 나는 평화를 지지하고 폭력을 반대한다.

· She spoke **for** the rights of the voiceless. 그녀는 목소리를 잃은 사람들의 권리를 위해 목소리를 냈다.

· I can vouch **for** her honesty and integrity. 나는 그녀의 정직함과 성실함을 보증할 수 있다.

· I am pulling **for** my favorite team to win the championship.
  나는 내가 좋아하는 팀이 우승하기를 응원한다.

· I am rooting **for** my home team in the playoffs. 나는 플레이오프에서 내 고향팀을 응원한다.

6 선택하는, 목표로 하는

For는 opt와 함께 두 가지 이상의 선택지 중에서 하나를 선택하거나 go, fight의 동사와 결합하여 선택의 이유나 배경 등을 설명합니다.

· I opted **for** the vegetarian option at the restaurant. 나는 식당에서 채식주의자 메뉴를 선택했다.

· They went **for** the gold medal at the Olympics. 그들은 올림픽에서 금메달을 목표로 했다.

· They are fighting **for** equality and justice for all.
  그들은 모두를 위한 평등과 정의를 위해 싸우고 있다.

7 ~에 속는, 공감하는, 동정심을 느끼는

For는 매력에 끌리거나 속아넘어가는 것, 공감하는 등의 의미를 표현합니다.

· She fell **for** his charm and good looks. 그녀는 그의 매력과 외모에 빠졌다.

· He fell **for** the scam and lost all his money. 그는 사기에 걸려 모든 돈을 잃었다.

· I feel **for** you and your family during this difficult time.
이 어려운 시간 동안 당신과 당신의 가족을 공감합니다.

· They felt **for** the animals that were abandoned and neglected.
그들은 버려지고 방치된 동물들을 안타까워했다.

8 부양하는, 돌보는

For는 provide와 care 등의 동사와 함께 대상의 필요를 충족하는 의미를 만듭니다.

· He provides **for** his family by working hard and earning a good salary.
그는 열심히 일하고 좋은 급여를 받아 가족을 부양한다.

· She cares **for** her elderly parents with love and compassion.
그녀는 사랑과 연민으로 노부모를 돌본다.

충돌하고 맞서는 Against

Prep11.mp3

Against는 반대나 대립, 특정 지점이나 방향으로 향해 있는 위치, 접촉, 충돌, 비교나 대조, 불리한 상황이나 조건을 표현합니다. Against는 반대편에 뭔가가 있어서 나와 '겨루는, 반복하는'의 느낌으로 이해하시면 됩니다. '기대다'라는 의미도 알고 보면 반대편에 벽 같은 기댈 곳이 있어서 나와 맞닿아 있다는 느낌이죠.

기대는   충돌하는   비교, 대조하는

방어하는, 막는

바이러스

반대, 대립하는   싸우는

1 배경으로 하는, 기대는, 의지하는

Against는 특정 지점이나 방향으로 향해 있는 것을 표현합니다.

- The movie was set **against** the backdrop of a beautiful mountain range.
  영화는 아름다운 산맥을 배경으로 펼쳐졌다.

- Feeling tired, I leaned **against** the wall. 피곤함을 느껴 벽에 기댔다.

- The wind is blowing **against** us. 바람이 우리에게 불어온다.

- She leaned **against** her husband for support. 그녀는 남편에게 의지하며 위안을 얻었다.

2 충돌하는, 접촉하는

Against는 두 개의 대상이 충돌하거나 접촉하는 것을 표현합니다.

- The car crashed **against** a tree. 차가 나무에 부딪혔다.

- The waves crashed **against** the shore. 파도가 해안에 부딪쳤다.

3 비교하는, 대조하는

Against는 두 대상을 비교하거나 대조할 때, 차이점, 대비 등을 나타낼 때 쓰입니다.

- The company must balance the need for profits **against** the need for social
  responsibility. 회사는 이윤 추구와 사회적 책임 사이에서 균형을 맞춰야 한다.

- We must weigh the risks **against** the benefits of this new technology.
  우리는 이 새로운 기술의 위험과 이점을 비교해야 한다.

4 반대하는, 대립하는

Against는 두 개의 대상이 서로 반대하거나 대립, 경쟁, 갈등, 대치하는 상황 등을 나타냅니다.

· I went **against** my parents' wishes and chose my own career path.

나는 부모님의 뜻에 반하여 나만의 커리어를 선택했다.

· He went **against** the doctor's orders and ate unhealthy food.

그는 의사의 지시를 거스르고 건강에 좋지 않은 음식을 먹었다.

5 해치는, 맞서 싸우는

Against는 plot이나 fight 등의 동사와 함께 대상을 해치려고 하는 행위, 배신, 음모 등의 상황을 나타냅니다.

· The rival company is plotting **against** our business.

경쟁 회사는 우리 회사를 해치려고 음모를 꾸미고 있다.

· The rebels fought **against** the government forces. 반군은 정부군에 맞서 싸웠다.

6 나쁜 감정을 나타내는, 책임을 묻는, 불리하게 작용하는

Against는 반대, 대립, 부정 등 두 대상이 서로 상충되는 관계를 표현합니다.

· I have nothing **against** you. 나는 너에게 나쁜 감정은 없어.

· The public turned **against** the politician after he was caught in a scandal.

정치인이 스캔들에 휘말리자 대중은 그를 지지하지 않게 되었다.

· She raged **against** the unfair treatment she received from her colleagues.

그녀는 동료들로부터 받는 부당한 대우에 분노했다.

· He held her past mistakes **against** her. 그는 그녀의 과거 실수를 잊지 못하고 원망했다.

· The prosecution will hold the suspect **against** the crime.

검찰은 용의자를 범죄 혐의로 기소할 것이다.

· The police held the evidence **against** the suspect. 경찰은 용의자를 유죄 입증하는 증거를 확보했다.

Against는 protect 등의 동사와 결합하여 무단 접근, 공격, 위험 등으로부터 대상을 안전하게 지키는 행위를 묘사합니다.

· Strong passwords protect accounts **against** unauthorized access.

강력한 비밀번호는 무단 접근으로부터 계정을 보호한다.

· The government should protect its citizens **against** crime.

정부는 국민들을 범죄로부터 보호해야 한다.

· It is important to guard **against** temptation and to make the right choices.

유혹에 굴하지 않고 올바른 선택을 하는 것이 중요하다.

멀어지며 사라지는 **Away**

Prep12.mp3

Away는 두 대상 사이의 거리, 어떤 장소로부터 떨어진 거리, 분리된 상태, 제거하거나 치우는 행위, 어떤 장소에 없는 부재 등을 의미합니다. 이런 기본적인 의미를 바탕으로 '멀어지는, 멀어져서 사라지거나 없어지는, 도망가거나 회피하는, 안보이게 사라지는'이라는 의미가 되기도 하고 물건이나 감정, 비밀 등을 줘버리고 폭로하는 등의 의미로도 쓰입니다.

1 도망가는, 달아나는, 벗어나는, 떠나는, 외면하는, 회피하는, 멀어지는

Away는 어떤 장소로부터 멀어지거나 상황이나 상태에서 벗어나는 것을 의미합니다.

· The thief ran **away** when he saw the police. 도둑은 경찰을 보고 도망쳤다.

· I need to get **away** from this city for a while. 저는 잠시 이 도시를 벗어나야 해요.

· He got **away** with murder because he had an alibi.
그는 알리바이가 있어서 살인 혐의를 벗어났다.

· She came **away** from her toxic relationship and found happiness.
그녀는 독성 관계에서 벗어나 행복을 찾았다.

· He finally broke **away** from his controlling parents and moved out on his own.
그는 마침내 지배적인 부모로부터 벗어나 혼자 살기 시작했다.

· The siblings grew **away** from each other as they got older.
형제자매는 나이가 들면서 서로 멀어졌다.

· He turned **away** from his responsibilities. 그는 자신의 책임을 외면했다.

2 거리를 두는, 망설이는, 주저하는

Away는 어떤 대상과 거리를 두거나 분리된 상태를 의미합니다.

· The doctor told her to stay **away** from caffeine and alcohol.
의사는 그녀에게 카페인과 알코올을 멀리하라고 말했다.

· He kept **away** from trouble. 그는 문제에 관여하지 않았다.

· He backed **away** from the deal at the last minute. 그는 마지막 순간에 거래를 취소했다.

3 진행하는, 계속하는

Away는 work, toil 등의 동사와 결합하여 목표 등을 달성하기 위해 집중하고 몰입하는 의미를 표현합니다. 또 시간의 흐름이 멀어지듯 '계속 진행하다'라는 의미로도 확장됩니다.

· The team worked **away** to meet the deadline. 팀은 마감일을 맞추기 위해 열심히 일했다.

· She toiled **away** at her job to support her family. 그녀는 가족을 부양하기 위해 힘들게 일했다.

· The children talked **away**, oblivious to time passing.
아이들은 시간 가는 줄 모르고 떠들었다.

· Fire **away** with your questions. I'm here to help.
질문 있으면 언제든지 물어보세요. 제가 도울 수 있도록 여기 있습니다.

4 간신히 성공하는, 목표를 달성하는, 획득하는

Away는 get, come 등의 동사와 결합하여 경험을 통한 성장이나 성과, 긍정적인 변화를 얻어간다는 의미를 만들어냅니다.

· We got **away** with winning the game despite being the underdog.
우리는 약체임에도 불구하고 경기에서 승리했다.

· She got **away** with finishing the project on time despite the tight deadline.
그녀는 촉박한 마감일에도 불구하고 프로젝트를 제때 완료했다.

· She came **away** from the experience with a new perspective.
그녀는 그 경험을 통해 새로운 관점을 얻었다.

5 치우는, 빼앗는, 분리, 보관하는

Away는 동작을 통해 대상의 일부 등을 분리해서 옮기거나 이동하는 것을 의미합니다.

· Please clear **away** the dishes after you finish eating. 먹고 나서 설거지를 해주세요.

· The disease took **away** her sight. 그녀는 질병으로 시력을 잃었다.

· A piece of the ice broke **away** and fell into the water.
얼음 조각 하나가 떨어져 물속으로 떨어졌다.

· He put **away** his money in the savings account. 그는 저축 계좌에 돈을 넣었다.

6 사라지는, 없애는, 제거하는, 실패하는

Away는 거리가 멀어지면서 사라지고 없어지는 상황을 묘사합니다.

· The sound of the music gradually died away. 음악 소리는 점점 사라졌다.

· He wasted away to a skeleton. 그는 뼈만 남을 정도로 야위었다.

· The snow melted away under the warm sun. 따뜻한 햇살 아래 눈이 녹아 없어졌다.

· The doctor took away the patient's pain. 의사는 환자의 통증을 없애주었다.

· He threw away his old clothes and bought new ones. 그는 낡은 옷을 버리고 새 옷을 샀다.

· All my efforts went away in vain. 내 모든 노력은 헛수고로 끝났다.

7 넘겨주는, 포기하는, 양도하는

Away는 대상이나 권리, 꿈 등을 멀리 보내버리는 이미지를 기반으로 넘겨주는, 포기하고 양도하는 등의 의미로 쓰입니다.

· The company gave away free samples of their new product.
  회사는 신제품 무료 샘플을 나눠주었다.

· She gave away her dream of becoming a doctor. 그녀는 의사가 되는 꿈을 포기했다.

· She signed away her right to sue the company. 그녀는 회사를 고소할 권리를 포기했다.

· The company signed away its independence in the merger.
  회사는 합병으로 독립성을 잃었다.

· The music carried away the crowd. 음악은 관중들을 열광시켰다.

8 감정적인 상태로 휩쓸리는

Away는 평상시의 감정 상태에서 멀어져 극단적인 감정 상태로 휩쓸리는 상태를 표현합니다.

· The view from the top of the mountain took my breath away.
  산 정상에서 바라보는 풍경은 숨 막히도록 아름다웠다.

· The news of his death took my breath away. 그의 죽음 소식을 듣고 숨이 막힐 것 같았다.

주변을 둘러싼 Around

Prep13.mp3

Around는 '주변이나 주변을 둘러싼'이라는 의미를 가지고 있습니다. 이런 의미를 기반으로 다양한 동사들과 결합하여 접근, 방문, 도착, 시작, 착수, 존재 및 주변의 움직임, 설득, 분배, 회피 등의 다양한 의미를 만들어냅니다.

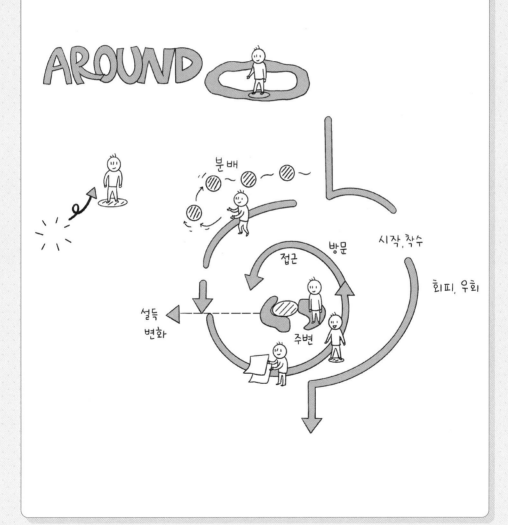

1 접근, 방문, 주변에 존재하는

Around는 주변, 주변을 둘러싼 의미에서 접근하거나 존재하는 의미를 표현하는 데 쓰입니다.

· Please come **around** sometime soon. 조만간 방문해 주세요.

· Please come **around** anytime you're in the neighborhood. 인근에 들르면 언제든지 방문해 주세요.

· Even though my father is no longer **around**, his presence is still felt in our family.
아버지는 더 이상 곁에 계시지 않지만, 그의 존재는 여전히 우리 가족 속에서 느껴진다.

2 시간을 내서 하다

Around는 미루어왔던 일들을 시간을 투자하여 처리하는 과정을 나타냅니다.

· I still haven't gotten **around** to writing that letter yet. 저는 아직 그 편지를 쓸 시간을 내지 못했습니다.

· She finally got **around** to cleaning out her closet. 그녀는 마침내 옷장을 청소할 시간을 냈다.

3 여기저기 움직이는

Around는 여기저기 움직이는 모습을 표현합니다.

· The children ran **around** the playground. 아이들은 놀이터 주위를 뛰어다녔다.

· The wind blew the leaves **around**. 바람이 나뭇잎을 날려 보냈다.

· He tossed **around** in bed, unable to sleep. 그는 잠을 못 이루고 침대에서 왔다 갔다 했다.

· It's easy to get **around** here by public transportation. 이곳은 대중교통으로 쉽게 이동할 수 있다.

· The animals were moving **around** in the forest. 동물들이 숲속에서 움직이고 있었다.

· There is a rumor going **around**. 소문이 돌고 있다.

4 움직여서 정보를 수집하는, 논의하는

Around는 여기저기로 움직여서 정보를 수집하거나 논의, 탐색하는 의미를 표현합니다.

· The team tossed around ideas for the new project. 팀은 새로운 프로젝트 아이디어를 논의했다.

· I asked around but no one knew where she was.
여기저기 물어보았지만 아무도 그녀가 어디 있는지 몰랐다.

· I called around to see if anyone had seen my lost dog.
잃어버린 강아지를 찾기 위해 여기저기 전화를 걸었다.

· The team is kicking around some new marketing strategies.
팀은 새로운 마케팅 전략을 논의하고 있다.

5 의견이나 생각이 바뀌는, 설득하는, 상황이 개선되는

Around는 방향을 바꾸는 이미지에서 변화, 설득, 역전의 의미를 표현합니다.

· He eventually came around to my way of thinking. 그는 결국 내 생각에 동의하게 되었다.

· He talked around the client and convinced them to sign the contract.
그는 고객을 설득하여 계약을 체결하도록 했다.

· The team turned the game around and won. 팀은 경기를 뒤집어 승리했다.

6 회피, 우회하는

Around는 상황이나 문제를 돌아서 가는, 즉 회피하고 우회하는 모습을 표현합니다.

· I'm not sure how to get around the traffic jam. 교통 체증을 어떻게 우회해야 할지 모르겠습니다.

· He talked around the issue and never really addressed it directly.
그는 문제를 직접적으로 다루지 않고 주변만 이야기했다.

· He found a way to go around the security system and accessed the data.
그는 보안 시스템을 우회하여 데이터에 접근했다.

7 분배

Around는 주변으로 물건이나 대상들이 분배되는 의미를 표현합니다.

· Please pass **around** the snacks. 간식을 돌려주세요.

· There was enough food to go **around** at the party. 파티에는 모두에게 충분한 음식이 있었다.

· Do you think there will be enough jobs to go **around** in the future?
미래에는 모두에게 충분한 일자리가 있을 것이라고 생각하십니까?

한 지점을 콕 찍은 At

Prep14.mp3

전치사 at의 핵심은 어딘가를 '겨냥한' 느낌입니다. 한 점을 향한 행동이나 상태의 변화 등을 나타낼 때 at 을 쓰죠. 여기서 파생되는 뜻이 특정 위치나 시각, 동작이나 관심의 대상, 동작의 지속입니다. 어떤 장소를 나타낼 때도 쓸 수 있습니다.

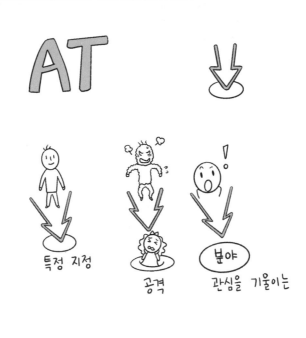

특정 지정

공격

분야
관심을 기울이는

작업
지속

조금씩
소비하는

멈칫
상황
주저하는

1 특정 지점에 있는

At은 특정 지점이나 지점 등에 접촉, 집중하는 행동을 묘사합니다.

· Someone is **at** the door. 누군가 문 앞에 있다.

· She dabbed **at** her eyes with a tissue. 그녀는 휴지로 눈물을 훔쳤다.

· Feeling uncomfortable, he pulled **at** his collar. 그는 불편함을 느끼며 옷깃을 당겼다.

2 공격하는

At은 공격, 비난, 비판 등의 대상을 표현합니다.

· He tried to get **at** his opponent's weaknesses. 그는 상대방의 약점을 공격하려고 했다.

· The protesters struck **at** the government's policies. 시위대는 정부 정책에 맞서 파업했다.

· The critic picked **at** the film's flaws. 비평가는 영화의 결점을 지적했다.

· The dog tore **at** the meat with its teeth. 개는 이빨로 고기를 찢었다.

· The speaker hit **at** the government's corruption. 연사는 정부의 부패를 비판했다.

3 관심을 기울이는

At은 look, aim, get 등의 동사와 결합하여 관심을 기울이는 대상이나 동작의 목표, 목적 등을 나타냅니다.

· Look **at** the beautiful sunset! 저 아름다운 노을을 보세요!

· He aimed **at** the target and fired. 그는 목표물을 향해 총을 쏘았다.

· She jumped **at** the chance to go on vacation. 그녀는 휴가를 갈 기회를 놓치지 않았다.

· What are you getting **at** with all these questions? 이 모든 질문으로 무엇을 얻으려고 하는 거야?

4 지속하는

At은 stick, stay, keep 등의 동사와 함께 어떤 대상에 대한 지속적인 노력, 끈기, 완수 등을 나타낼 때 사용됩니다.

· He stuck **at** the task until it was finished. 그는 완성될 때까지 작업을 계속했다.

· Keep **at** it and you'll eventually succeed. 계속 노력하면 결국 성공할 것입니다.

· Stay **at** work on the problem until you find a solution. 문제를 해결할 때까지 계속 노력하십시오.

5 조금씩 소비하는

At은 작은 범위나 양의 음식이나 음료 등을 조금씩 천천히 섭취하는 것을 묘사할 때 사용됩니다.

· Trying to eat healthy, she nibbled **at** her salad. 그녀는 건강을 위해 샐러드를 조금씩 먹었다.

· Not feeling hungry, he picked **at** his food. 그는 배가 고프지 않아 음식을 조금씩 먹었다.

· Savoring the flavor, she sipped **at** her coffee. 그녀는 커피를 한 모금씩 천천히 맛있게 마셨다.

6 망설이는, 주저하는

At은 balk, jib 등의 동사와 함께 어떤 제안이나 상황에 대해 망설이고 주저하는 모습을 묘사하는 데 활용됩니다.

· She balked **at** the idea of giving a presentation in front of a large audience.
  그녀는 많은 사람들 앞에서 발표하는 것을 망설였다.

· He jibbed **at** the idea of working overtime for no extra pay.
  그는 추가 급여 없이 야근하는 것을 거부했다.

바로 옆에 있는 By

Prep15.mp3

By는 바로 옆에, 옆을 지나가는 이미지를 기본으로 근처에 '존재, 발견하거나 만나다, 옆에서 지지하다, 들르다, 규칙 등을 따르다' 등의 다양한 의미를 만들어냅니다.

지지하는

바로 옆에

지나가는

얻는

무시하는

규칙에 따르는

1 바로 옆에

By는 어떤 대상 옆에 있거나 옆에서 대기하는 등의 의미를 만들어냅니다.

· The sofa is **by** the window, so we can sit there and relax while enjoying the sunshine. 소파는 창가에 있으니, 우리는 그곳에 앉아 햇빛을 즐기며 휴식을 취할 수 있다.

· Could you please stand **by** while I connect you to a customer service representative? 고객 서비스 담당자와 연결해 드릴 동안 잠시 기다려 주십시오.

2 지지하는

By는 곁에 함께 있는 이미지에서 지지하고 곁에서 함께하는 헌신의 의미를 표현합니다.

· He stood **by** his wife's side throughout her illness. 그는 아내가 아플 때 항상 곁을 지켰다.

· I will stick **by** you through thick and thin. 나는 힘든 일이 있어도 항상 너의 곁에 있을 거야.

3 지나가다, 들르다

By는 근처나 곁에 접근하다, 즉 '지나가거나 들르다'라는 의미를 만들어냅니다.

· Can you come **by** my house later today? 오늘 저녁에 내 집에 들를 수 있니?

· The mistake slipped **by** unnoticed. 실수는 눈에 띄지 않고 지나갔다.

· I'll drop **by** your office later to discuss the project.
프로젝트에 대해 논의하기 위해 나중에 사무실에 들를게요.

· I stopped **by** the store to pick up some groceries. 식료품을 사러 가게에 들렀다.

4 얻다, 발견하다

By는 어떤 대상 근처에 가다, 즉 대상을 '얻거나 손에 넣다, 발견하다'라는 의미로 쓰입니다.

· I came **by** this book at a garage sale. 나는 이 책을 차고 세일에서 구입했다.

· I came **by** this information by chance. 나는 우연히 이 정보를 얻었다.

5 놓치다, 무시하다

By는 기회, 정류장, 사람 등의 주변을 지나가는 이미지로 '놓치고 무시하고 지나치다'라는 의미로 쓰입니다.

· Don't pass **by** this opportunity. 이 기회를 놓치지 마세요.

· The bus passed **by** without stopping. 버스는 정차하지 않고 지나갔다.

· He passed her **by** without saying a word. 그는 한 마디도 하지 않고 그녀를 지나쳤다.

6 규칙 등을 따르다

By는 live, go 등의 동사와 결합하여 규칙이나 규정 등을 옆에 놓고 '준수하고 따르다'라는 의미를 만들어 냅니다.

· He lives **by** his own set of rules. 그는 자신의 규칙에 따라 살아간다.

· We always go **by** the company's dress code. 우리는 항상 회사의 복장 규정을 따른다.

7 간신히 ~하다(지나가다)

By는 멀리 가지 못하고 주변까지 간신히 이동하는 이미지를 기반으로 어려움 속에서 목표를 달성하거나 위기를 극복하는 상황을 표현합니다.

· He barely got **by** on the exam. 그는 간신히 시험에 합격했다.

· We can get **by** on a small budget. 우리는 적은 예산으로도 생활할 수 있다.

쭉 따라서 이동하는 **Along**

Prep16.mp3

Along은 어떤 대상을 따라 쭉 이동하는 의미로 이동해 나가니까 일정에 따라 진행되는, 혹은 동작을 재촉하는 의미로 쓰입니다. 또 이동해서 도착하고 나타나는, 같이 이동하니까 동행하는, 동의하는, 찬성하는 등의 의미로도 확장되어 쓰입니다.

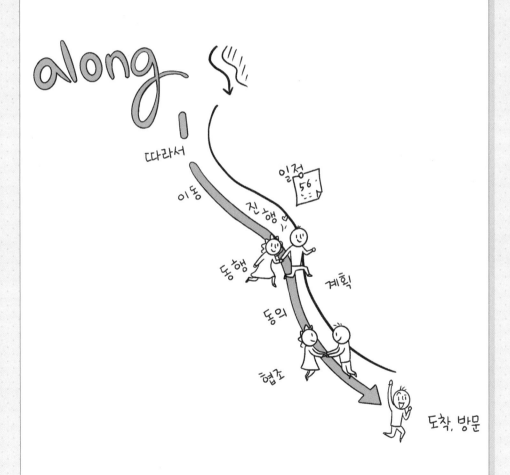

71

1 ~를 따라서 움직이는, 이동하는

Along은 특정 대상이 길이나 경계를 따라 이동하는 것, 특정 방향으로 이동하는 것을 나타냅니다.

· Laughing and playing, the children ran **along** the beach.
아이들은 해변을 따라 웃으며 뛰어놀았다.

· The traffic was moving **along** slowly due to the accident. 사고로 인해 교통이 느리게 움직였다.

· Would you like to go **along** with me to the park? 나랑 같이 공원에 갈래?

2 진행되는

Along은 특정 사건이나 상황이 예정된 일정을 따라 진행되고 있다는 것을 나타냅니다.

· How is the project going **along**? 프로젝트 진행 상황은 어때?

· The project is going **along** smoothly and we are on track to meet the deadline.
프로젝트는 순조롭게 진행되고 있으며 마감일을 맞출 수 있을 것으로 예상된다.

· How are you going **along** with your new job? 새로운 직장 생활은 어때?

· Things are going **along** well with our vacation plans. We have almost everything
booked. 여행 계획은 잘 진행되고 있어요. 거의 모든 것을 예약했어요.

3 동행하는

Along은 특정 대상과 함께 이동하거나 행동하는 것을 나타냅니다.

· Can you bring **along** your camera when you come over? I want to take some
pictures. 올 때 카메라 가져올 수 있어? 사진 좀 찍고 싶어.

· The little boy tagged **along** behind his older brother, eager to join in the fun.
어린 소년은 형의 뒤를 따라다니며 재미에 참여하려고 애썼다.

· I'm taking **along** my camera to capture all the beautiful scenery.
아름다운 풍경을 모두 담기 위해 카메라를 가져갈 거예요.

4 끌고 다니며 속이는

Along은 동사 string과 결합하여 누군가를 자신의 의도대로 끌고 다니는, 즉 의도적으로 속이고 희망을 주면서 시간을 낭비하게 하는 것을 의미합니다.

· Don't let him string you **along**. He's not worth your time.

그에게 희망을 걸지 마세요. 그는 당신의 시간을 낭비할 뿐입니다.

· I'm tired of being strung **along**. I need a definite answer now.

나는 더 이상 희망고문 당하는 게 싫어요. 지금 확실한 답을 필요로 합니다.

5 잘 지내는

Along은 두 개 이상의 대상이 서로 조화롭게 관계를 유지한다는 의미를 표현합니다.

· My sister and I get **along** well even though we have different personalities.

나와 언니는 성격이 다르지만 잘 지낸다.

· I'm getting **along** by myself just fine. 나는 잘 지내고 있어요.

6 맞추는, 협조하는

Along은 두 개 이상이 협력하여 공동의 목표를 달성하는 것을 나타냅니다.

· I went **along** with the plan, even though I had some reservations.

약간의 우려가 있었지만, 나는 계획에 동참했다.

· The team members worked **along** with one anther well to complete the project.

팀원들은 프로젝트를 완수하기 위해 서로 잘 협조했다.

· She played **along** with the lie to protect her friend.

그녀는 친구를 보호하기 위해 거짓말을 꾸몄다.

· Can you help me **along** with this project? I need some assistance.

이 프로젝트 도와줄 수 있니? 도움이 필요해.

7 도착하는, 방문하는

Along은 특정 장소에 가까이 다가오거나 방문하는 것을 나타냅니다.

· The flight attendant announced that we would be **along** shortly.

승무원이 곧 도착할 것이라고 알렸다.

· We'll be **along** to your house later this evening. 오늘 저녁에 당신 집에 방문할 거예요.

뚫고 거쳐가는 **Through**

Prep17.mp3

Through는 어떤 대상을 관통하거나 돌파해서 지나가는, 통과하는 기본 의미를 가집니다. 통과라는 기본 의미에 끝까지 통과해 가니까 '겪거나 경험하는, 끝내고 마치는' 등의 의미로도 확장되어 쓰입니다.

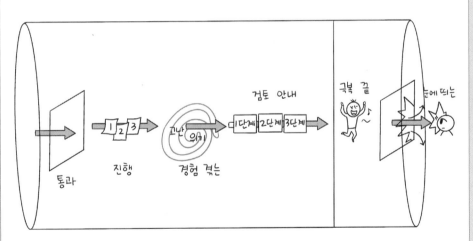

1 통과

Through는 한 지점 또는 장벽을 시작점에서 끝점까지 이동하는 것을 표현합니다.

- The firefighters went **through** the flames to rescue the trapped children.
  소방관들이 불길을 뚫고 갇힌 아이들을 구했다.

- The protesters broke **through** the police barricade and entered the building.
  시위대는 경찰의 바리케이드를 뚫고 건물에 들어갔다.

- The hikers cut **through** the forest to find a shortcut.
  하이커들은 숲을 지름길로 가기 위해 뚫었다.

- The security guard only let **through** people with authorized passes.
  경비원은 승인된 출입증을 가진 사람들만 출입을 허용했다.

2 ~내내, 계속 진행되는

Through는 특정 사건이나 상황이 시작부터 끝까지 지속되는 것을 나타냅니다.

- The police followed **through** with the investigation and arrested the suspect.
  경찰은 수사를 끝까지 진행하여 용의자를 체포했다.

- The audience sat **through** the boring movie even though they didn't like it.
  관객들은 재미없는 영화였지만 끝까지 보았다.

- I slept **through** my alarm clock and missed my appointment.
  나는 알람 시계 소리를 듣지 못하고 약속 시간을 놓쳤다.

3 경험하는, 겪는, 견디는

Through는 특정 상황, 사건, 또는 감정을 직접적으로 느끼거나 겪는 것을 나타냅니다.

· I went **through** a lot of emotions after my breakup. 헤어진 후 많은 감정을 겪었다.

· He lived **through** a lot of hardships in his childhood.
  그는 어린 시절 많은 어려움을 겪었다.

· The company went **through** a difficult period but managed to survive.
  회사는 어려운 시기를 겪었지만 살아남았다.

· The team got **through** the crisis and emerged stronger than before.
  팀은 위기를 극복하고 이전보다 더 강해졌다

· The child was put **through** a lot of emotional stress during the divorce.
  아이는 이혼 과정에서 많은 정서적 스트레스를 받았다.

4 상세히 검토하는, 신중하게 검토하는, 단계별로 안내하는, 이해시키는

Through는 세심하게 조사하거나 검토하는 것을 나타냅니다.

· I read **through** the contract carefully before signing it.
  계약서에 서명하기 전에 꼼꼼하게 읽었다.

· I need to think **through** this decision carefully before I make a choice.
  선택을 하기 전에 이 결정을 신중하게 생각해야 한다.

· The chef walked **through** the recipe step by step so that everyone could follow
  along. 요리사는 모든 사람이 따라 할 수 있도록 조리법을 단계별로 시범을 보여주었다.

· The doctor took the patient **through** the medical procedure by explaining the
  risks and benefits. 의사는 환자에게 위험과 이점을 설명함으로써 의료 과정을 자세하게 설명했다.

· The coach ran **through** the game plan with the players before the match.
  코치는 경기 전에 선수들과 전략을 논의했다.

· I couldn't get **through** the complicated instructions. 나는 복잡한 설명을 이해하지 못했다.

· The message didn't get **through** to him. 그는 그 메시지를 이해하지 못했다.

어려움을 극복하고 목표를 달성하는, 성공하는, 이루는

Through는 목표를 달성하거나 결과를 얻는 것을 표현합니다.

· We need to work **through** the issue together to find a solution.
   우리는 함께 문제를 해결하기 위해 노력해야 합니다.

· The scientists finally broke **through** and found a cure for the disease.
   과학자들은 마침내 돌파구를 마련하고 질병의 치료법을 찾았다.

· I finally got **through** the difficult project and am proud of myself.
   나는 마침내 어려운 프로젝트를 완수했고 자랑스럽다.

· The team pulled **through** and won the championship.
   팀은 역경을 극복하고 우승을 차지했다.

· The athletes pushed **through** the pain and finished the race.
   선수들은 고통에도 불구하고 경주를 완주했다.

6 **끝나거나 마무리된, 관계를 끝내거나 이별하는**

Through는 특정 작업이나 활동을 처음부터 끝까지 마무리하는 것을 나타냅니다.

· I'm finally **through** with this project. It was a lot of work, but I'm glad it's over.
   드디어 이 프로젝트를 끝냈어요. 힘들었지만 끝나서 다행이에요.

· I'm afraid I'm **through** with you. We're not compatible.
   미안하지만 너랑 끝낼게. 우리는 잘 맞지 않아.

7 **눈에 띄는, 나타나는**

Through는 숨겨져 있던 것이 드러나거나 표면에 나타나는 것을 나타냅니다.

· My wisdom teeth are coming **through**. 사랑니가 나고 있어.

· The truth finally came **through**. 진실이 마침내 밝혀졌다.

· The stars shone **through** the clear night sky. 별들은 맑은 밤하늘에서 빛났다.

· His intelligence shone **through** in his work. 그의 지능은 그의 업무에서 뚜렷하게 드러났다.

뒤로 물러서고 되돌아가는 **Back**

Prep18.mp3

Back은 '뒤로, 뒤로 움직이는, 원래 자리로 되돌아 가는' 등의 의미를 가집니다. 뒤로 움직이니까 '뒤에 남는, 물러나는, 주저하는'이라는 의미도 됩니다. 또 뭔가를 '뒤로 보내다'라는 의미에서 '뒤로 숨기는, 자제하고 억누르는'이라는 뜻으로 확장되어 쓰이기도 합니다.

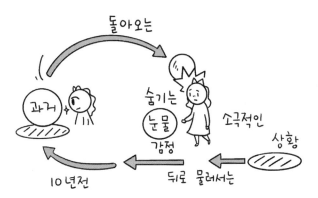

1 뒤로, 물러서는, 후퇴하는, 거슬러 올라가는

Back은 특정 대상이 이전에 있던 위치보다 뒤로 이동하는 것을 나타냅니다.

· I looked **back** to make sure no one was following me.
아무도 나를 따라오지 않는지 확인하기 위해 뒤돌아봤다.

· The security guards held **back** the students who were trying to start a fight.
경비원들은 싸움을 시작하려는 학생들을 붙잡았다.

· Stay **back**! I'll handle this. 뒤에 있어! 내가 처리할게.

· The car moved **back** to make way for the ambulance.
차는 구급차를 위해 뒤로 물러났다.

· Step **back** and take a deep breath before you react.
반응하기 전에 한 걸음 물러서서 심호흡을 하세요.

· The army fell **back** to regroup after suffering heavy losses.
군대는 큰 피해를 입은 후 재편을 위해 후퇴했다.

2 쉬는, 소극적인 태도를 취하는, 물러서서 관찰하는

Back은 앞으로 나서는 것이 아니라 뒤로 물러서는 느낌의 소극적인 태도를 나타냅니다.

· After a long day, I just want to sit **back** and relax.
하루 종일 일한 후에는 편안하게 쉬고 싶다.

· I think it's best if we stand **back** and let them handle it themselves.
그들이 스스로 해결하도록 내버려두는 것이 가장 좋을 것 같아요.

· Let's stand **back** and take a look at the situation.
상황을 객관적으로 파악하기 위해 물러나서 보자.

3 과거를 돌아보는, 회상하는

Back은 특정 대상이 과거로 이동하거나 과거를 탐구하는 내용을 표현합니다.

· I often look **back** on my childhood with fondness. 나는 종종 어린 시절을 그리워한다.

· This song brings **back** memories of my childhood.
  이 노래는 나의 어린 시절 기억을 떠올리게 한다.

· This building dates **back** to the 19th century. 이 건물은 19세기로 거슬러 올라간다.

4 숨기는, 억누르는, 자제하는

Back은 hold, keep 등의 동사와 함께 특정 대상을 보이지 않거나 드러나지 않도록 하는 것을 표현합니다.

· I couldn't hold **back** my tears when I saw him. 그를 보자 눈물을 참을 수 없었다.

· She kept **back** her true feelings about the situation. 그녀는 상황에 대한 자신의 진짜 감정을 숨겼다.

5 되돌아오는, 되찾는, 회수하는, 취소하는, 돌아가는, 되돌리는, 철회하는

Back은 특정 대상이 이전에 있던 위치로 돌아오는 것, 이전에 잃었던 것을 다시 얻는 것, 이전에 주거나 배포했던 것을 다시 가져오는 것, 했던 말을 철회하는 의미를 나타냅니다.

· My dog ran away, but he came **back** home safely. 강아지가 도망갔지만 안전하게 돌아왔다.

· Can you help me bring **back** my lost dog? 잃어버린 제 강아지를 찾는 데 도와주실 수 있나요?

· I lost my phone, but I got it **back**. 휴대폰을 잃어버렸지만 다시 찾았다.

· Please give **back** the book you borrowed from me. 내가 빌려준 책을 돌려주세요.

· I can take **back** my words if you want. 원한다면 내 말을 철회할 수 있습니다.

· Please put **back** the books where you found them. 책을 찾은 곳에 다시 놓아주세요.

· We turned **back** when we realized we were going the wrong way.
  틀린 길을 가고 있다는 것을 깨달았을 때 우리는 돌아섰다.

· She pulled **back** from her promise to help me because she was too busy.
  그녀는 너무 바빠서 나를 도와주겠다는 약속을 철회했다.

6 응답하는, 말대꾸하는

Back은 특정 대상의 질문이나 요청에 대해 답변하거나 반박, 의견을 제시하는 것을 표현합니다.

· Please answer **back** to my email as soon as possible. 가능한 한 빨리 제 이메일에 답장해 주세요.

· He doesn't like it when people talk **back** to him.
   그는 사람들이 자신에게 말대답하는 것을 좋아하지 않는다.

· I will write **back** to you as soon as I have more information.
   더 많은 정보를 알게 되면 답장을 드리겠습니다.

· Please call me **back** if you have any questions.
   궁금한 점이 있으면 다시 전화주세요.

7 빚을 갚는, 복수하는

Back은 pay, strike 등의 동사와 함께 이전에 빌린 것을 갚던가 자신에게 잘못을 저지른 사람에게 벌을 주는 의미를 표현합니다.

· I finally paid **back** the loan I took out for my car.
   드디어 차를 위해 빌린 돈을 갚았다.

· I will pay them **back** for their betrayal. 나는 그들의 배신에 대한 보복을 할 것이다.

· I'll get **back** at them for what they did to me. 나는 그들이 내게 한 일에 대한 복수를 할 것이다.

· He fought **back** against his enemies and defeated them. 그는 적들에게 맞서 싸워 이겼다.

· He struck **back** at his enemies by exposing their crimes.
   그는 적들의 범죄를 폭로함으로써 복수했다.

어딘가로부터 출발하는 From

Prep19.mp3

From은 출발점 또는 기원, 시작점, 소속이나 출신, 원인이나 근원, 재료나 구성요소, 차이 또는 구별의 의미를 나타냅니다. 이처럼 전치사 from은 다양한 상황에서 쓰이지만 핵심적인 의미는 '~로부터 시작 또는 분리'입니다. 어떤 근원이나 장소, 상황에서 출발하거나 구별지어져 떨어져 나온 느낌으로 이해하시면 됩니다.

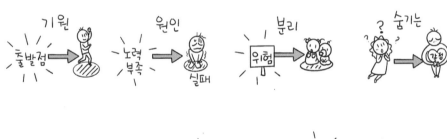

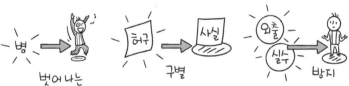

1 출발점 및 기원

From은 특정 사물이나 사람의 시작점 또는 근원을 나타냅니다.

· She comes **from** a wealthy family. 그녀는 부유한 가정 출신이다.

· This idea comes **from** a book I read. 이 아이디어는 내가 읽은 책에서 나왔습니다.

· I haven't heard **from** him in a while. 나는 그에게서 얼마 동안 소식을 듣지 못했다.

2 원천, 근원, 원인으로 삼는

From은 특정 결과를 초래하는 원인 또는 요인을 나타냅니다.

· His failure resulted **from** his lack of effort. 그의 실패는 노력 부족에서 비롯되었다.

· We can all benefit **from** exercise. 우리는 모두 운동으로 이익을 얻을 수 있다.

· The problem comes **from** a lack of communication. 문제는 의사소통 부족에서 비롯된다.

· Her love for animals springs **from** her childhood experiences.
동물에 대한 그녀의 사랑은 어린 시절 경험에서 비롯된다.

· We can learn **from** our mistakes. 우리는 실수로부터 배울 수 있다.

3 거리를 두거나 분리하는, 보호하는

From은 protect 등의 동사와 결합하여 특정 위험이나 위협으로부터 누군가를 또는 무언가를 안전하게 지키는 것을 나타냅니다.

· We need to protect our children **from** harm. 우리는 아이들을 위험으로부터 보호해야 한다.

4 숨기는

From은 특정 정보, 감정 또는 사물을 다른 사람이 알거나 보지 못하도록 의도적으로 분리하는 것을 나타냅니다.

· He tried to hide his feelings **from** her. 그는 자신의 감정을 그녀에게 숨기려고 노력했다.

· She kept the truth **from** me. 그녀는 나에게 진실을 숨겼다.

5 상태, 장소, 사람 등에서 벗어나는

From은 특정 상태, 장소 또는 사람과의 관계에서 떠나거나 분리되는 것을 나타냅니다.

· She is recovering **from** an illness. 그녀는 질병에서 회복하고 있다.

· He escaped **from** prison. 그는 감옥에서 탈출했다.

· It was hard to part **from** him. 그와 헤어지는 것은 힘들었다.

6 차이, 구별

From은 두 개의 대상을 비교하여 차이점을 명확히 하거나 구분하는 의미를 나타냅니다.

· My opinion differs **from** yours. 저의 의견은 당신의 의견과 다릅니다.

· We need to separate fact **from** fiction. 우리는 사실과 허구를 구별해야 한다.

7 회피하는, 방지하는, ~하지 않도록 설득하는

From은 keep, refrain 등의 동사와 결합하여 특정 사건, 행동, 또는 결과를 피하거나 막는 것을 나타냅니다.

· The heavy rain kept us **from** going outside. 억수같은 비 때문에 우리는 외출하지 못했다.

· I kept him **from** making a mistake. 나는 그가 실수하는 것을 막았다.

· I refrained **from** making any comments. 나는 아무런 코멘트도 하지 않도록 자제했다.

· I couldn't keep myself **from** laughing. 나는 웃음을 참을 수 없었다.

· The police prevented the crime **from** happening. 경찰은 범죄 발생을 막았다.

· The high cost of living deters people **from** moving to the city.
높은 생활비는 사람들이 도시로 이사하는 것을 막는다.

어딘가로 도달하는 To

Prep20.mp3

To는 특정 대상이나 사람이 다른 대상이나 수혜자, 목적지에 접근, 도달, 연결하는 의미로 쓰입니다. 전치사 to의 핵심은 '어떤 쪽으로 이동한다'는 의미입니다. 어떤 방향을 향해서 가는 것도 to이고 사물을 보내거나 받는 것도 to입니다. to를 볼 땐 '뭔가가 어디로 이동하는구나'라는 의미를 먼저 떠올리면 의미 파악이 쉬워 집니다.

접근, 도달, 연결 / 파티

프로젝트 / 착수 / 파티 / 도달 / 계획 / 고집, 유지

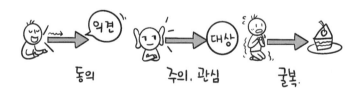

의견 / 동의 / 대상 / 주의, 관심 / 굴복

1 시작, 착수하는

To는 특정 활동, 상태 또는 과정에 '접근한다', 즉 '시작한다'는 의미를 만들어냅니다.

· We finally got **to** work on the project. 우리는 마침내 프로젝트를 시작했다.

· She took **to** writing poetry in her spare time. 그녀는 여가 시간에 시를 쓰기 시작했다.

· The team is set **to** begin the competition tomorrow. 팀은 내일 대회를 시작할 준비가 되었다.

2 향한, 접근, 도착, 도달

To는 특정 위치, 사람 또는 대상에게 접근, 즉 그 대상을 향해 이동하는 것을 나타냅니다.

· What time did you get **to** the party? 당신은 언제 파티에 도착했나요?

· He ran **to** the hospital when he heard the news. 그는 그 소식을 듣고 병원으로 달려갔다.

· I'll take you **to** the airport. 내가 당신을 공항까지 데려다 줄게요.

· Please come **to** my office when you're free. 시간되시면 제 사무실에 오세요.

· His efforts amounted **to** nothing. 그의 노력은 아무것도 얻지 못했다.

· After the experiment, we reverted **to** the original settings.
  실험 후 우리는 원래 설정으로 돌아갔다.

3 부착하는, 고집하는, 지지하는, 유지하는, 지키는

To는 두 대상이 연결되어 있으니까 '부착되다'라는 의미가 됩니다. 또 특정 방식이나 입장이 계속 연결되어 '고집하거나 유지하다'라는 의미로도 확장되어 쓰입니다.

· The glue will stick **to** the surface. 풀은 표면에 붙을 것이다.

· You should stick **to** your plan. 당신은 당신의 계획을 고수해야 합니다.

· She stuck **to** her diet and lost weight. 그녀는 다이어트를 꾸준히 해서 체중을 감량했다.

· She kept **to** her diet and lost weight. 그녀는 다이어트를 꾸준히 해서 체중을 감량했다.

· He kept **to** his promise. 그는 약속을 지켰다.

4 의견 등에 따르는, 규칙 등을 지키는

To는 특정 의견, 규칙 또는 지침에 연결된, 즉 동의하거나 따르는 것, 고수하고 준수하는 것을 나타냅니다.

· I agree **to** your proposal. 나는 당신의 제안에 동의합니다.

· We must adhere **to** the safety regulations. 우리는 안전 규정을 준수해야 합니다.

· He stuck **to** his principles despite the pressure. 그는 압박에도 불구하고 자신의 원칙을 고수했다.

· I will defer **to** your judgment. 나는 당신의 판단에 따를 것입니다.

5 주의를 기울이는, 관심을 두는

To는 특정 대상에 연결되는 것, 즉 집중하거나 관심을 기울이는 것, 주의깊게 듣거나 고려하는 것을 표현합니다.

· We look **to** our leaders for guidance. 우리는 지도자들에게 지침을 기대한다.

· Please refer **to** the manual for instructions. 사용 설명서는 설명서를 참조하십시오.

· Let's drink **to** our success! 우리의 성공을 위해 축배를!

· I subscribe **to** your newsletter. 나는 귀사의 뉴스레터를 구독합니다.

· Please listen **to** my instructions carefully. 제 지침을 주의 깊게 들어주십시오.

· I need to talk **to** you about something important. 중요한 일이 있어서 당신과 이야기해야 합니다.

· This restaurant caters **to** vegetarians. 이 레스토랑은 채식주의자들을 위한 메뉴를 제공한다.

6 굴복하는, 체념하는

To는 특정 힘, 압력 또는 감정에 연결되는 것, 즉 힘이나 감정에 굴복하거나 포기하는 것, 체념하는 것을 나타냅니다.

· He yielded **to** the temptation and ate the cake. 그는 유혹에 굴복하여 케이크를 먹었다.

· He was resigned **to** his fate and accepted his punishment.
  그는 자신의 운명을 받아들이고 처벌을 받았다.

무언가를 가로지르는 Across

Prep21.mp3

Across는 '가로지른, 건너는, 전달하거나 우연히 마주치거나 발견하는'의 의미로 쓰입니다. 전치사 across
의 의미를 파악하려면 횡단보도를 건너가던 중 우연히 친구와 만난 상황을 상상하시면 됩니다. 이 느낌이
across의 핵심 의미입니다. 무언가를 '건너다가 우연히 뭔가와 마주치다'라는 느낌으로 이해하고 계시면
됩니다.

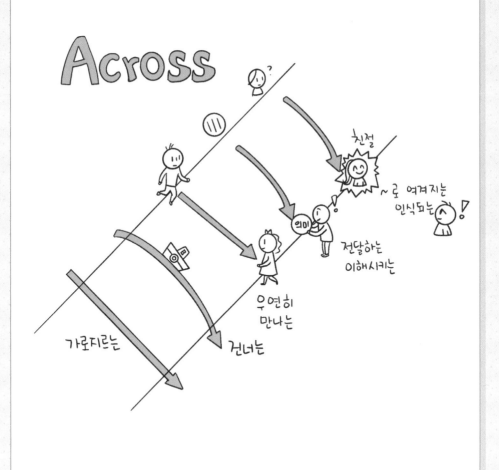

1   가로지르는, 건너는

Across는 두 지점 또는 영역 사이를 이동하거나 특정 범주 또는 영역에 걸쳐 존재하는 것을 나타냅니다.

· We went **across** the street to the park.

    우리는 길 건너편 공원에 갔다.

· The bridge goes **across** the river.

    다리는 강을 건너고 있다.

· He cut **across** the park to get to school faster.

    그는 학교에 더 빨리 가기 위해 공원을 가로질렀다.

· The road cuts **across** the forest.

    길은 숲을 가로지른다.

2   전달하는, 이해시키는

Across는 자신의 생각, 감정 또는 정보를 다른 사람에게 전달하는 것을 나타냅니다.

· I tried to get my point **across**, but they didn't understand.

    내 말을 전달하려고 노력했지만 그들은 이해하지 못했다.

· She put her point **across** very clearly.

    그녀는 자신의 의견을 매우 명확하게 전달했다.

3 우연히 만나는, 발견하는

Across는 의도하지 않게 예상치 못한 것을 발견하거나 경험하는 것을 나타냅니다.

· I came **across** an interesting article while browsing the Internet.

인터넷을 검색하다가 재미있는 기사를 발견했다.

· I ran **across** an old friend at the mall.

쇼핑몰에서 오랜만에 만난 친구를 만났다.

· I stumbled **across** an old book while browsing through a bookstore.

서점에서 책을 구경하다가 우연히 오래된 책을 발견했다.

· He stumbled **across** a great opportunity while looking for a job.

그는 구직하다가 우연히 좋은 기회를 얻었다.

4 ~로 여겨지는, 인식되는

Across는 특정한 이미지나 인상, 특성을 주는 것을 표현합니다.

· He came **across** as a friendly and approachable person.

그는 친근하고 접근하기 쉬운 사람으로 보였다.

한 쪽으로 치워놓는 Aside

Prep22.mp3

Aside는 '옆으로' 또는 '옆에 떨어져서'라는 기본 의미를 가지고 있으며 여기에서 '양보하는, 별도로 비축하는, 옆으로 데려가는'의 의미를 만듭니다. 옆으로 제쳐놓으니까 무시하거나 고려하지 않는 등의 의미로 확장되어 쓰입니다.

옆에   물러나는, 양보하는   무시하는

비축하는   데려가는

1 옆에, 옆으로, 근처에

Aside는 특정 대상과 가까운 위치를 나타냅니다.

· He put the book **aside**. 그는 책을 옆에 놓았다.

· He shoved **aside** the crowd to get to the front. 그는 군중을 밀어내고 앞으로 나갔다.

· She stepped **aside** to let me pass. 그녀는 내가 지나갈 수 있도록 옆으로 비켜섰다.

2 양보하는

Aside는 step과 결합하여 자신의 위치, 권력 또는 기회를 다른 사람에게 넘겨주는 것을 나타냅니다.

· The president stepped **aside** to allow for a new leader.
대통령은 새 지도자가 등장할 수 있도록 물러섰다.

· She decided to step **aside** and let someone else take over the project.
그녀는 물러서서 다른 사람이 프로젝트를 맡도록 했다.

3 외면하는, 무시하는

Aside는 turn, brush 등의 동사와 결합하여 특정 대상을 옆으로 제쳐 두는, 즉 주의를 기울이지 않거나 거부하는 것을 나타냅니다.

· He turned **aside** her request for help. 그는 그녀의 도움 요청을 거절했다.

· He brushed **aside** her concerns about the project.
그는 프로젝트에 대한 그녀의 우려를 무시했다.

4 비축하는, 옆에 두는, 따로 두는, 보관하는, 치우는

Aside는 특정 목적을 위해 어떤 대상을 옆에 제쳐 두는, 즉 따로 보관하거나 사용하지 않는 것을 나타냅니다.

· She put **aside** some time to help her friend. 그녀는 친구를 돕기 위해 시간을 따로 냈다.

· The government set **aside** money for the new project. 정부는 새 프로젝트에 자금을 배정했다.

· He lay **aside** some money for his future retirement. 그는 미래 은퇴를 위해 돈을 따로 모은다.

· I lay **aside** some clothes for my children to grow into.
나는 아이들이 자랄 때 입을 옷을 따로 보관했다.

· The maid whisked **aside** the crumbs on the table.
하녀는 테이블 위의 부스러기를 재빨리 치웠다.

5 데려가는

Aside는 가까운 위치나 방향으로 이동하는 것을 유도하는 것을 나타냅니다.

· The police officer pulled **aside** the driver to ask for his license and registration.
경찰관은 운전자를 옆으로 불러서 운전면허증과 등록증을 요청했다.

· He took me **aside** and told me a secret. 그는 나를 옆으로 데려가 비밀을 말해주었다.

쫓아가고 따라가는 After

Prep23.mp3

After는 시간, 순서, 위치상 '뒤에, 나중에'라는 뜻으로 뒤에 있으니까 뒤를 따라가는, 쫓아가는, 추구하는 의미로 확장되어 어떤 대상을 추적하거나 찾는 것, 목표를 향해 노력하는 것을 나타냅니다. 뭔가를 주문하거나 어딘가에 들어갈 때 양보하는 사람들이 After you(먼저 하세요, 당신이 끝난 뒤에 할게요)라는 말을 하죠. after는 뒤에서 하는 느낌으로 이해하시면 됩니다.

뒤쫓는   추구하는

돌보는   닮은

1 뒤쫓는

After는 특정 대상을 뒤에서 따라잡거나 추적하는 것을 나타냅니다.

· The police came **after** the suspect who robbed the bank.
   경찰은 은행을 턴 용의자를 쫓았다.

· The boy ran **after** the dog that ran away.
   그 소년은 도망간 개를 쫓았다.

· The cat chased **after** the mouse.
   고양이는 쥐를 쫓았다.

2 추구하는, 요구하는, 간절히 바라는

After는 특정 목표나 꿈을 쫓는, 즉 노력하거나 원하는 것을 표현합니다.

· She went **after** her dream of becoming a doctor.
   그녀는 의사라는 꿈을 이루기 위해 노력했다.

· I came **after** my dream and finally achieved it.
   나는 꿈을 쫓았고 마침내 이루었다.

· You should go **after** your dreams and never give up on them.
   꿈을 쫓아야 하고 절대 포기해서는 안 됩니다.

· He hungered **after** success.
   그는 성공을 갈망했다.

· He lusted **after** her beauty.
   그는 그녀의 아름다움을 탐했다.

· She hankered **after** a new car.
   그녀는 새 차를 간절히 원했다.

· I pine **after** the days when we were together.
   우리가 함께 있던 시절이 그리워요.

3 돌보는

After는 look과 결합하여 어떤 대상을 뒤에서 지켜보는 것, 즉 '보살피다'라는 의미를 나타냅니다.

· She looks **after** her elderly parents.
  그녀는 노부모를 돌본다.

4 닮은, ~에서 이름을 딴, ~를 기념하여 명명한

After는 특정 대상과 유사하거나 그 대상을 기념하기 위해 명명된 것을 나타냅니다.

· He takes **after** his father in looks.
  그는 외모가 아버지를 닮았다.

· The baby was named **after** her grandmother.
  아기는 할머니 이름을 따서 지었다.

· The library was named **after** a famous author.
  도서관은 유명한 작가 이름을 따서 지었다.

Prep 24

앞에 있는 **Before**

Before는 시간, 순서, 위치 상 앞에 혹은 어떤 사건 등이 전에, 미리 일어난 것을 나타냅니다. 앞에 놓으니까 '먼저, 우선시하다'라는 의미로도 쓰입니다. 앞에서 배운 after가 '~뒤에서의 행위'를 나타낸다면 before는 '그전, 앞의 행위'를 나타냅니다. 어떤 시점이나 행동 이전의 상태를 먼저 떠올리시면 됩니다.

Prep24.mp3

앞에

미리

우선시 하는

1 앞에

Before는 공간적 또는 시간적으로 앞쪽 위치를 나타냅니다.

· The answer lies **before** you. 답은 당신 앞에 있습니다.

· The witness went **before** the judge. 증인은 판사 앞에 섰다.

· A bright future lies **before** us. 우리 앞에는 밝은 미래가 있습니다.

· The government laid the plans **before** the public. 정부는 국민들에게 계획을 제시했다.

2 전에, 미리

Before는 특정 시점이나 사건보다 앞선 시간을 나타냅니다.

· The meeting starts at 10:00 A.M., so please arrive **before** then.
회의는 오전 10시에 시작하니 그 전에 도착해주세요.

· Please come **before** 10 o'clock. 10시 전에 와주세요.

· Let's go **before** the crowd gets too big. 군중이 너무 많아지기 전에 가자.

· Always look **before** you buy something. 무엇인가를 사기 전에 항상 확인하세요.

· The exam is **before** the holidays. 시험은 방학 전이다.

· The meeting comes **before** lunch. 회의가 점심 식사 전에 있다.

3 먼저, 우선시하는, 중요한

Before는 중요성이 높거나 선행되어야 하는 것을 나타냅니다.

· Your health comes **before** everything else. 당신의 건강은 무엇보다 중요합니다.

· He always puts his family **before** his work. 그는 항상 가족을 직장보다 우선시한다.

· The government should put the environment **before** economic growth.
정부는 경제 성장보다 환경을 우선시해야 한다.

앞서 있는 Ahead

Prep25.mp3

Ahead는 위치, 방향, 시간 및 순서 상 '앞쪽, 앞으로'라는 기본 의미를 가집니다. 앞으로 진행되는 상태를 나타내기도 하고 앞에 있으니까, '경쟁에서 앞선, 우위에 있는'의 의미로도 확장되어 쓰입니다.

도서관   앞에   현재   미리

진행되는
앞으로 나아가는   앞서 가는

1 앞에, 앞으로

Ahead는 특정 대상이 다른 대상보다 앞쪽에 위치하는 것을 나타냅니다.

· The park is ahead of the library. 공원은 도서관 앞에 있다.

· Do not hesitate to go ahead and ask me any questions.
질문이 있으면 언제든지 물어봐 주세요.

· A long journey lies ahead of us. 우리 앞에는 긴 여정이 놓여 있습니다.

· The economic crisis looms ahead for many countries.
많은 국가들에 경제 위기가 다가오고 있다.

2 미리, 전에, 계획하거나 준비하는

Ahead는 미래의 사건이나 활동을 대비하여 계획하거나 준비하는 것을 나타냅니다.

· What do you have ahead for the weekend? 주말에는 무엇을 할 계획입니까?

· We need to look ahead and make plans for the future.
우리는 미래를 생각하고 계획을 세워야 합니다.

· We need to send some supplies for the camping trip ahead.
캠핑 여행을 위해 몇 가지 물품을 미리 보내야 합니다.

· The company needs to think ahead and develop a long-term strategy.
회사는 미래를 보고 장기적인 전략을 개발해야 한다.

· We need to plan ahead for the upcoming holiday season.
다가오는 휴일 시즌을 위해 미리 계획해야 합니다.

3 진행되는, 전진하는

Ahead는 계획대로 진행되거나 앞으로 나아가는 것을 나타냅니다.

· The project is going ahead as planned.

　프로젝트는 계획대로 진행되고 있다.

· Please go ahead and order your meal. 음식을 주문해도 괜찮습니다.

· We need to move ahead with the project. 우리는 프로젝트를 진행해야 합니다.

· We must press ahead despite the challenges. 도전에도 불구하고 우리는 앞으로 나아가야 합니다.

· Our team is pulling ahead of the competition in the race.

　우리 팀은 경주에서 경쟁자들을 앞서고 있다.

· We need to push ahead despite the challenges. 도전에도 불구하고 우리는 앞으로 나아가야 합니다.

4 앞서가는, 성공하는, 유리한

Ahead는 경주나 순위에서 앞쪽 위치를 차지하는 것을 나타냅니다.

· She is ahead of her class in math. 그녀는 수학에서 반 친구들을 앞서고 있다.

· It is important to stay ahead of the curve in technology.

　기술 면에서 앞서가는 것이 중요하다.

· He worked hard and got ahead in his career.

　그는 열심히 일해서 커리어에서 성공했다.

· We need to keep ahead of the schedule if we want to finish the project on time.

　프로젝트를 제때 완료하려면 일정보다 앞서야 합니다.

뒤에 남아있는 Behind

Prep26.mp3

Behind는 위치, 시간, 순서 및 방향 상 뒤에, 뒤쪽이라는 기본 의미를 가지고 있습니다. 뒤에 있으니까 '뒤처진, 경쟁에서 뒤진'이라는 의미로도 쓰이고 시간 상 뒤에 있으니까 '예상보다 늦은, 밀린'이라는 의미로도 쓰이고, '뒤에서 지지하는, 배후에 있는' 등의 의미로도 확장되어 쓰입니다.

뒤에

남아있는
남겨두는

뒤처진

잊다

1   뒤에 있는, 남는

Behind는 특정 대상이 다른 대상보다 뒤쪽에 위치하거나 남아 있는 것을 나타냅니다.

· My house is **behind** the library. 내 집은 도서관 뒤에 있다.

· He is **behind** me in line. 그는 줄에서 내 뒤에 있다.

· The child hid **behind** his mother when he saw the stranger.
아이는 낯선 사람을 보자 엄마 뒤에 숨었다.

2   남아있는

Behind는 특정 사건이나 활동이 끝난 후 남아있는 것을 나타냅니다.

· I will wait **behind** to clean up.
저는 뒷처리를 위해 뒤에 남아 있겠습니다.

3   버리는, 남겨두는

Behind는 특정 대상을 버리거나 남겨두는 것을 나타냅니다.

· The company left many employees **behind** when it downsized.
회사는 규모를 축소하면서 많은 직원들을 해고했다.

· Please don't leave your belongings **behind**. 짐을 버리지 마세요.

4 뒤처진

Behind는 특정 기준이나 목표에 비해 진행 상황이나 성과가 늦거나 부족한 것을 나타냅니다.

· I am **behind** on my work. 나는 업무에 뒤처지고 있다.

· The company is falling **behind** its competitors in terms of innovation.
회사는 혁신 면에서 경쟁사들보다 뒤처지고 있다.

· The project is getting **behind** schedule. 프로젝트는 일정보다 뒤처지고 있다.

· The company is lagging **behind** in terms of technology.
회사는 기술 면에서 뒤처지고 있다.

· He is falling **behind** in his math class. 그는 수학 수업에서 뒤처지고 있다.

5 잊다, 극복하다

Behind는 과거의 사건이나 경험을 의도적으로 기억하지 않거나 생각하지 않는 것, 극복하는 것을 나타냅니다.

· We need to put the mistakes of the past **behind** us and focus on the future.
우리는 과거의 실수를 뒤로 하고 미래에 집중해야 합니다.

· I need to put **behind** this breakup and move on with my life.
이 이별을 뒤로 하고 내 인생을 계속 살아가야 한다.

· We need to put the war **behind** us and work together for peace.
우리는 전쟁을 뒤로 하고 평화를 위해 함께 노력해야 합니다.

같이 있고 동의하는 With

Prep27.mp3

With는 동반이나 관계, 소유, 방법, 연결, 원인이나 이유, 조건이나 상황 등을 나타냅니다. 같이 있다는 이미지에서 '동반하다'라는 의미가 되고, '~의 생각과 함께이다'에서 '동의하다'라는 의미로 확장됩니다. 다양한 동사와 결합하여 '함께 하다, ~와 관계가 있다, 만나다, 고집하다, 교류하다, 동의하다, 관계를 가지다' 등의 여러 가지 의미를 만들어냅니다.

1 함께

With는 어떤 대상과 함께 '대동하다, 머무르다, 회사나 기관, 그룹 등에 소속해 있다' 등의 의미를 만들어 냅니다.

- He's **with** his lawyer. 그는 변호사를 대동했다.
- He has been **with** the company for 5 years. 그는 회사에 5년 동안 근무하고 있다.
- I'm staying **with** my friends this weekend. 저는 이번 주말에 친구들과 함께 머물 것입니다.

2 참는, 고집하는, 계속하는

With는 live, stay, stick 등의 동사와 함께 대상이나 사람과 계속 함께하니까 대상과 사람을 '참다, 견디다, 고집하다' 등의 의미가 만들어집니다.

- I can't live **with** the noise anymore. 나는 더 이상 소음을 참을 수 없다.
- I can't stay **with** this relationship any longer. 나는 더 이상 이 관계를 참을 수 없다.
- I'm going to stick **with** this plan even if it's difficult. 어렵더라도 이 계획을 고수할 것이다.

3 ~와 만나는, 문제 등에 부딪치는

With는 어떤 문제나 상황을 만나면 '~을 맞닥뜨리다, 겪다'라는 의미가 됩니다. meet, visit와 함께 쓰여 사람을 공식적으로 만나는 것도 표현합니다.

- The president will meet **with** the foreign leaders next week.
  대통령은 다음 주에 외국 지도자들과 만날 예정이다.
- The project met **with** some unexpected challenges.
  프로젝트는 예상치 못한 몇 가지 어려움을 겪었다.
- I had a chance to speak **with** the CEO about the company's future plans.
  회사의 미래 계획에 대해 CEO와 이야기 나눌 기회가 있었다.

4 부여받은, 부담을 주는, 방해하는

With는 특정 대상이 타고난 재능이나 능력, 어려움과 책임, 목표 달성이나 진행을 방해하는 요소를 가지고 있음을 나타냅니다.

· **She was endowed with a gift for music.** 그녀는 음악적 재능을 가지고 있었다.

· **The company was saddled with debt after the acquisition.**
  회사는 인수 후 부채로 어려움을 겪었다.

· **He was burdened with guilt.** 그는 죄책감에 시달렸다.

5 어울리는, 교류하는

With는 go, mix 등의 동사와 결합하여 두 대상이 조화를 이루거나 서로 잘 어울리는 것을 나타냅니다.

· **This dress goes well with your shoes.** 이 드레스는 당신의 신발과 잘 어울립니다.

· **What goes with chicken?** 닭고기에는 어떤 음식이 잘 어울리나요?

· **He doesn't mix well with other people.** 그는 다른 사람들과 잘 어울리지 않는다.

6 동의하는, 공감하는, 의사를 전달하는

With는 agree, disagree 등의 동사와 함께 특정 대상의 의견이나 생각에 동조하거나 감정이나 상황을 이해하는 것을 나타냅니다. reason, talk 등의 동사를 사용하여 특정 대상과 소통하거나 정보를 전달하는 데도 쓰입니다.

· **I agree with you on the importance of education.** 나는 교육의 중요성에 대해 당신에게 동의합니다.

· **I respectfully disagree with your assessment of the situation.**
  상황에 대한 당신의 평가에 대해 정중하게 반대합니다.

· **I can sympathize with your situation.** 나는 당신의 상황에 공감할 수 있습니다.

· **I need to level with you about my financial situation.**
  내 재정 상황에 대해 솔직하게 말씀드려야겠습니다.

· **I tried to reason with him, but he wouldn't listen.** 나는 그를 설득하려고 노력했지만 그는 듣지 않았다.

· **I need to talk with you about something important.** 중요한 일이 있어서 당신과 이야기해야 합니다.

7 **관계가 있는, ~에 달려있는, 간섭하는**

With는 특정 대상이 서로 연결되어 있거나 서로 영향을 주고받는 관계임을 나타냅니다. 또한 특정 대상이 다른 대상에 의해 결정되거나 영향을 받거나 특정 대상이 다른 대상의 과정이나 활동에 부당하게 영향을 미치는 것을 나타내기도 합니다.

· How do you deal with stress? 당신은 스트레스를 어떻게 해소하나요?

· The noise is interfering with my concentration. 소음이 집중을 방해하고 있다.

· He is wrestling with a difficult decision. 그는 어려운 결정을 고민하고 있다.

· The final decision rests with the manager. 최종 결정은 매니저에게 달려 있다.

· Don't meddle with things that don't concern you. 당신과 관련 없는 일에 간섭하지 마세요.

· Don't mess with me! I'm not in the mood. 나를 괴롭히지 마! 나는 기분이 좋지 않아.

8 **가지고 노는, 감정이나 생각을 가지고 떠올리는, 조종하는**

With는 play, toy, trifle 등의 동사와 함께 특정 대상을 가지고 시간을 보내거나 특정 감정이나 생각을 머릿속에서 굴리는 것, 특정 대상을 자신의 의도대로 움직이거나 통제하는 것을 표현합니다.

· He is playing with the idea of quitting his job. 그는 직장을 그만두려는 생각을 하고 있다.

· He is playing with her emotions. 그는 그녀의 감정을 가지고 장난치고 있다.

· The cat toyed with the mouse before killing it. 고양이는 쥐를 잡기 전에 장난치듯 다뤘다.

· Don't trifle with my patience. 나의 인내심을 시험하지 마.

· He is playing with the stock market. 그는 주식 시장을 조작하고 있다.

없이 견디는 Without

Prep28.mp3

Without은 '어떤 대상이 없이'라는 기본 의미를 가지며 '가지지 않고, 경험하지 않고 동반하지 않고, 상관없이, 하지 않고' 등의 의미로 쓰입니다. 앞에서 배운 with는 '~와 함께 있는, 가지고 있는'의 의미라면 without은 뭔가가 없는 상태를 떠올리시면 됩니다. 뭔가가 없어 상실되고 힘든 상태의 느낌으로 이해하시면 됩니다.

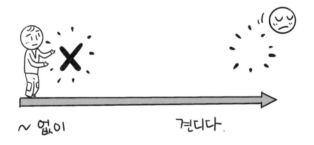

~ 없이   견디다.

1 ~가 없는

Without은 ~이 없는 상태를 의미합니다.

- I am **without** money. 나는 돈이 없다.
- I am **without** my family and friends. 나는 가족과 친구 없이 지내고 있다.
- The country is **without** a leader. 나라는 지도자가 없다.

2 ~없이 견디는, 해내는

Without은 live, do 등의 동사와 함께 '~ 없이 견디다, 해내다'라는 의미로 쓰입니다.

- She learned to live **without** her parents after they passed away.
  그녀는 부모님이 돌아가신 후 혼자 살아가는 법을 배웠다.
- The company will have to do **without** your services if you don't improve your performance. 성과를 개선하지 않으면 회사는 당신 없이 해야 할 것입니다.
- You can't start a business **without** reckoning the risks involved.
  사업을 시작하기 전에 위험을 고려하지 않을 수는 없습니다.
- We went **without** food for days during the famine.
  기근 동안 우리는 며칠 동안 음식 없이 지냈다.

협력하고 모아놓는 Together

Prep29.mp3

Together는 두 개 이상의 사람이나 사물이 동일한 장소, 시간, 방식 등에 존재하거나 행동하는 것을 의미하고 결합, 협력, 단합, 밀접한 관계 등의 기본 의미를 가집니다. 두 대상이 함께 한다는 관계성부터 '협력하는, 조화로운, 잘 어울리는' 등의 의미로 쓰입니다.

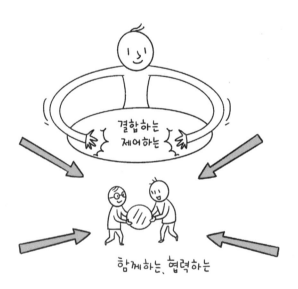

1 모으는, 결합하는, 조립하는

Together는 get, put 등의 동사와 결합하여 여러 개의 대상을 하나로 모으거나, '결합하다, 조립하다, 구성하다, 연결하다, 더하다' 등의 의미로 쓰입니다.

· The manager got the team **together** to discuss the new project.
매니저는 새로운 프로젝트를 논의하기 위해 팀원들을 모았다.

· I scraped **together** enough money to buy a car. 나는 간신히 자동차를 살 돈을 모았다.

· I put **together** the furniture following the instructions. 나는 지침에 따라 가구를 조립했다.

· He strung **together** a few sentences to make a speech.
그는 연설을 하기 위해 몇 문장을 연결했다.

· Add these numbers **together** and tell me the answer. 이 숫자들을 더해서 답을 알려주세요.

· The company brought **together** a team of experts to solve the problem.
회사는 문제를 해결하기 위해 전문가 팀을 구성했다.

2 함께 하는, 조화로운, 잘 어울리는

Together는 여러 개의 대상이 함께 있는 이미지에서 '만나다, 서로 밀접한 관계를 가지고 있다, 조화를 이루다, 어울리다' 등의 의미를 만들어냅니다.

· They have been **together** for many years. 그들은 오랫동안 함께 해왔다.

· Their personalities go **together** perfectly. 그들의 성격은 완벽하게 잘 어울린다.

· The students live **together** in a dorm. 학생들은 기숙사에서 함께 살고 있다.

· The penguins huddled **together** to stay warm in the snow.
펭귄들은 눈 속에서 따뜻하게 지내기 위해 서로 모여 옹기종기 앉았다.

3 협력하는

Together는 pull, stick 등의 동사와 함께 '힘을 합치거나 의지하고 지지하다, 분열되지 않고 유지하거나 지속하다, 뭉치고 연합하다'라는 의미로 쓰입니다.

· We need to pull **together** if we want to succeed. 성공하려면 힘을 합쳐야 합니다.

· The family stuck **together** through difficult times. 가족은 어려운 시기를 함께 견뎌냈다.

· The peace agreement held **together** for a few years before it was broken.
  평화 협정은 깨지기 전까지 몇 년 동안 유지되었다.

· The friends stuck **together** despite their differences.
  친구들은 서로 다른 점이 있었지만 둘도 없는 사이로 지냈다.

· The people banded **together** to fight for their rights. 사람들은 자신의 권리를 위해 뭉쳤다.

4 제어하는, 통제하는

Together는 pull, get 등의 동사와 함께 흩어진 마음을 다잡듯이 '정신을 차리다, 집중력을 끌어 모으다'라는 의미로 쓰입니다.

· You need to pull yourself **together** and focus on the task at hand.
  자신을 다잡고 지금 해야 할 일에 집중해야 합니다.

· Don't let this one setback get you down. Get yourself **together** and pick yourself up. You're strong and capable, and you can overcome this.
  이번 실패에 좌절하지 마, 정신을 차리고 다시 일어서. 너는 강하고 유능한 사람이고, 이 어려움도 이겨낼 수 있어.

분리하고 흩어놓는 Apart

Prep30.mp3

Apart는 '거리, 공간, 시간상으로 떨어져 있거나 분리된'의 기본 의미를 가지고 있습니다. 여기에서 두 개 이상의 대상이 '분리되거나 멀어지는'의 의미로 쓰입니다. 사람 사이에 멀어지거나 '건물 등이 낡거나 무너지는' 등의 의미로도 확장됩니다.

APART

멀어지는, 소원해 지는

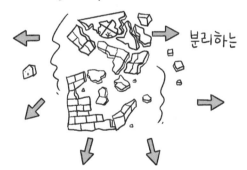

분리하는

약해지는, 분열되는, 붕괴되는

구분 짓는

1 분리하는, 갈라놓는

Apart는 pull, take 등의 동사와 함께 두 개 이상의 대상을 '분리하거나 갈라놓다'라는 의미로 쓰입니다.

· He pulled the toy apart to see how it worked.

그는 장난감을 분해하여 작동 방식을 확인했다.

· I took the watch apart to clean it.

시계를 분해하여 청소했다.

· The two children were pulled apart by their parents.

두 아이는 부모님에 의해 분리되었다.

2 멀어지는, 소원해지는

Apart는 두 대상이 멀어지거나 헤어지는 의미를 표현합니다.

· They were best friends in childhood, but they grew apart as they got older.

그들은 어렸을 때는 가장 친한 친구였지만, 나이가 들면서 서로 멀어졌다.

· We used to be close, but we've drifted apart over the years.

우리는 예전에는 친했지만, 세월이 지나면서 서로 멀어졌다.

· The two friends pulled apart after a long argument.

두 친구는 오랜 논쟁 끝에 결별했다.

3 **약해지는, 찢는, 분열되는, 무너지는**

Apart는 fall, come 등의 동사와 결합하여 어떤 대상이 끊어지고 분리되고 무너지는 것을 표현합니다.

· The old house was falling **apart**.

낡은 집은 무너져 가고 있었다.

· He tore the letter **apart** in anger.

그는 분노에 휩싸여 편지를 찢었다.

· The necklace came **apart** when she was wearing it.

그녀가 목걸이를 착용하자 끊어졌다.

· The team's plan came **apart** at the last minute.

팀의 계획은 마지막 순간에 무너졌다.

4 **분별하는, 구별 짓는**

Apart는 set, tell 등의 동사와 함께 '두 대상의 차이점을 구분하다'라는 의미로 쓰입니다.

· This school is set **apart** from others by its focus on STEM education.

이 학교는 STEM 교육에 중점을 둔 점에서 다른 학교와 구별된다.

· The counterfeit goods are so well made that they are hard to tell **apart** from the real ones.

위조품은 너무 잘 만들어져서 진짜 제품과 구별하기 어렵다.

go up

fall in

go around

run to

hold up

get across

Part 2

일상생활
기본 동사

네이티브들이 하루도 빠지지 않고 자주 쓰는 기본 동사를
10개 뽑았습니다. 이 동사들의 핵심 의미를 제대로 알고
전치사와 함께 쓰면 몇 배로 활용이 가능합니다.

Verb 01

be동사
무엇이든 알려주는 be동사

Verb01.mp3

 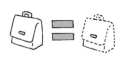 

사람이 ~이다   사물이 ~이다   상황이 ~하다

1. 직업, 나이, 외모, 성격, 기분 등이 ~이다

be동사의 뜻은 '~이다[하다], ~에 있다' 이렇게 딱 두 가지입니다. '~이다'의 의미일 때는 A=B 관계로 A의 상태를 설명해 줍니다. 반대로 A=B 관계가 아닐 때는 '~에 있다'라는 의미로 어디 있는지 위치를 설명해 주죠. A=B 관계, 즉 '~이다'의 의미로 쓰이는 경우부터 살펴보면, 사람이 주어일 때 be동사 뒤에 직업, 나이뿐 아니라 외모, 성격, 기분을 나타내는 말이 올 수 있습니다.

· My husband **is** a director. 남편은 영화감독이다.
· He **is** upset. 그는 화가 났다.

2. 상태, 모양, 색, 크기 등이 ~이다

이번에는 사물을 주어로 해보죠. 상태, 모양, 색깔, 크기 등을 나타내는 말이 be동사 뒤에 왔습니다.

· My bag **is** missing. 가방을 잃어버렸다.
· It **is** brown. 그것은 갈색이다.

3. 시간이나 날씨, 상황이 ~이다

시간이나 날씨, 상황을 묘사할 때나 무엇에 대한 생각을 말할 때도 be동사를 쓸 수 있습니다. 역시 '주어=be동사' 관계가 성립합니다.

· It**'s** seven o'clock. 일곱 시다.
· It**'s** warm. 날씨가 따뜻하다.

1 일어나는 be up

be up은 '무엇이 up한 상태이다(be)'라는 뜻입니다. up한 상태란 The sun is up.에서처럼 위에 올라가 있으면 '위에 있다, 떠 있다', I am always up early in the morning.에서처럼 잠에서 올라온 상태면 '일어나다'라는 의미입니다. 안 보이던 일이 수면 위로 올라온 상태면 '일이 생기다', 수치나 양 등이 올라가 있으면 '증가하다'라는 말입니다.

있다 **be** 위를 향해 **up** ▶▶ 일어나다, (일이) 생기다, 증가하다

I'm up.
나 일어났어.

Obviously something is up.
분명히(obviously) 무슨 일이 일어났어.

The company's profit is up 35 percent.
회사의 이익(profit)이 35퍼센트 증가했어.

2 누워있는 be down

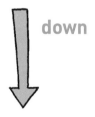

be down은 '무엇이 down된 상태이다(be)'라는 뜻으로 위치상 아래에 있는 것이죠. The sun is down. 하면 '해가 졌다'라는 의미가 되고, 사람이 아래에 있으면 '누워 있다, 자다'라는 말입니다. 아프거나 기분이 처질 때도 down을 씁니다. '(건강이) 나빠지다, 우울하다'라는 의미가 되죠. 수치나 양이 아래에 있으면 '감소하다, 줄다'라는 뜻이고요. 기계 등이 down된 상태면 '고장 나다'란 뜻입니다.

있다 **be** 아래로 **down** ▶▶ (잠을) 자다, (건강이) 나빠지다, 감소하다

The baby has been down for 3 hours.
아기가 3시간째 자고 있어.

I'm down with the flu.
감기(flu)로 몸이 안 좋아.

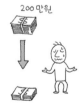

My income is down.
수입이 줄었어.

3 극복하는 be over

over

be over는 '무엇을 넘어가(over) 있다(be)'라는 뜻으로 어떤 일을 넘으면 '그 일을 극복하다', 사람을 넘으면 '그 사람을 잊다', 병을 넘으면 '병이 낫다'라는 의미로 쓰입니다. be over에는 '시작에서 끝으로 넘어가다' 즉 '~이 끝나다'라는 의미도 있어서 The party is over.라고 하면 '파티가 끝났다.'라는 말이 됩니다.

있다 **be** 넘어서, 넘어가서 **over** ▶▶▶ 극복하다, (병이) 낫다, 끝나다

I'm over it.
나 그거 극복했어.

I'm over the flu.
나 감기 다 나았어.

My marriage is over.
내 결혼생활은 끝장났어.

4 압력 받고 있는 be under

under

be under는 '~의 아래에(under) 있다(be)'라는 뜻으로 '무엇의 영향력 아래에 있거나 어떤 상황 아래 있다, ~하는 중이다'라는 의미로 확장됩니다. '압력 아래에 있다=압력을 받고 있다'라고 생각하면 되죠. 특히 '공사 중, 회의 중'이란 진행을 나타내는 표현으로 많이 쓰입니다.

있다 **be** ~의 아래에 **under** ▶▶▶ ~ 밑에 있다, ~ 상황 아래 있다, ~중이다

It was right under my nose.
그것은 바로 내 코앞에 있었다.

I'm under a lot of pressure.
나는 많은 압박감을 느껴.

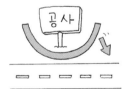

The road is under construction. 도로가 공사 중이다.

어디에든 착 붙어 있는 **be on**

on

be on은 '~에 착 붙어(on) 있다(be)'라는 뜻으로 일에 붙어 있으면 '일을 하다', 휴가에 붙어 있으면 '휴가 중이다'라는 의미입니다. 전화에 붙어 있으면 '통화 중이다', 약에 붙어 있으면 '약을 복용 중이다'라는 진행 중인 상황을 나타내죠. The TV is on.처럼 '기계가 작동 중이다' 즉 '전원이 켜져 있다'라는 의미로도 자주 쓰입니다.

있다 **be** ~에 붙어서, 작동 중인, 진행 중인 **on** ▶▶ ~하고 있다, ~중이다

I'm on it.
내가 그 일을 하고 있어.

He's on the phone.
그는 통화 중이다.

I'm on heart medication.
나는 심장 약(medication)을 복용 중이다.

떨어져 있는 **be off**

off

be off의 이미지는 '~로부터 떨어져(off) 있다(be)'입니다. 있던 장소에서 떨어져나가서 다른 곳으로 가면 '가다, 출발하다'라는 의미가 됩니다. 일에서 떨어지면 '일을 쉬다', 전화에서 떨어져 나가면 '전화를 끊다', 음식이나 약에서 떨어지면 '음식이나 약을 더 이상 먹지 않다'라는 의미죠. The TV is off.처럼 '기계가 꺼져 있다'라는 의미로도 씁니다.

있다 **be** ~에서 떨어져서, 분리 돼서 **off**
▶▶ 가다, 출발하다, (일을) 쉬다, ~하지 않다

I'm off.
난 갈게.

I was off work yesterday.
난 어제 쉬었어.

I'm off junk food for good.
난 몸에 안 좋은 음식은 영원히 안 먹어.

7 뒤쫓고 있는 **be after**

after

be after는 '~의 뒤에(after) 있다(be), ~을 뒤쫓고 있다'라는 뜻입니다. 순서상 뒤를 가리키지요. 경찰이 범인을 쫓을 때나 사람이 돈, 명예, 사랑 등 어떤 대상을 추구할 때도 순서상 뒤이니 be after를 사용하면 딱 맞겠죠?

있다 **be** ~을 뒤쫓아서 **after** ▶▶▶ 뒤쫓다, 쫓다, 찾다

The police **are after** the suspect.

경찰이 용의자를 쫓고 있어.

She's **after** his money.

그녀는 돈 때문에 그를 만나는 거야.

She's **after** a promotion at work, so she's putting in extra hours every day.

그녀는 직장에서 승진을 노리고 있어서 매일 추가 근무를 하고 있어.

8 뒤처져 있는 **be behind**

behind

after와 달리 behind는 공간상의 뒤나 뒤처짐을 뜻합니다. 그래서 be behind는 '~ 뒤에(behind) 있다(be), 뒤처져 있다'라는 뜻에서 '일이나 월세 등이 밀렸다'라는 의미로 확장되어 쓰입니다. 반대로 '앞에 있거나 앞서 있다'라는 말은 be ahead를 씁니다. I'm ahead of schedule.은 '일정보다 빠르다.'라는 뜻이죠.

있다 **be** ~뒤에, 뒤처져 **behind**

▶▶▶ 뒤에 서 있다, 뒤처지다, (대출금 상환 등이) 밀리다

I'm **behind** 40 people.

내 앞에 40명이 있어.

I'm **behind** schedule.

나는 예정보다 늦었어.

We're **behind** on our mortgage payments.

우리는 주택 담보(mortgage) 대출금 상환이 밀렸다.

9 푹 빠져있는 be into

be into는 '~의 안으로 들어가 있다(be)'라는 뜻으로 사람에게 빠지면 '사람에게 푹 빠지다' 즉 '이성을 매우 좋아하다'가 되고, 어떤 일이나 취미에 빠지면 '~에 열중하다, ~하는 것을 매우 좋아하다'라는 의미로 많이 쓰입니다. 요즘 여러분은 어디에 푹 빠져있으세요? 커피? 스마트폰? 무엇이건 be into를 활용하면 OK!

있다 be 어떤 대상 안으로 들어가서 into
▶▶ 푹 빠지다, 열중하다, 매우 좋아하다

I'm into him.
나 그에게 푹 빠졌어.

I was into coffee.
나는 커피에 푹 빠졌어.

I'm into playing soccer.
난 축구 하는 것을 매우 좋아해.

10 함께 하는 be with

be with의 뜻은 '~와 같이(with) 있다(be)'라는 뜻으로 같이 있으니 '동반하다'라는 의미가 됩니다. 또 '~의 생각과 함께이다' 즉 '~에 동의하다'라는 의미로 확장되죠. 그래서 I'm with you.라고 하면 '너의 생각과 함께 한다.' 즉 '너와 생각이 같다.'라는 의미가 되고, Are you with me?는 '내가 하는 말을 이해하니?'라는 뜻이 됩니다.

있다 be ~와 같이 with
▶▶ ~을 동반하다, ~와 같이 있다, ~의 의견에 동의하다

He's with his lawyer.
그는 변호사를 동반해 왔다.

I was with my boyfriend yesterday.
나는 어제 남자친구랑 있었다.

I'm with you.
네 의견에 동의해.

11 안에 들어가 있는 be in

in

be in은 '~안에(in) 있다(be)'라는 뜻입니다. He's in.이라고만 해도 '집이나 사무실 등에 있다'라는 말이 되죠. '우리가 하려는 일 안으로 들어오다'라고 하면, '참여하다'라는 의미가 되어 I'm in.은 '나도 참여할게.'라는 뜻입니다. 또 '~ 상태나 상황 안에 있다' 즉 '어떤 상태나 상황에 부닥쳐 있다'라는 말로 확장되기도 합니다. I'm in shock.은 '난 충격을 받았다.', I'm in pain.은 '난 아프다, 고통스럽다.'라는 말입니다.

있다 **be** 안에 **in** ▶▶▶ ~중이다, 참여하다, (어떤 상황에) 처하다

He is in a meeting.

그는 회의 중이야.

Are you **in**?

너도 낄래?

We're **in** love.

우리는 사랑에 빠졌어.

12 밖으로 나가버린 be out

out

be out은 '밖에(out) 있다(be), 어떤 상황 밖에 있다'라는 의미입니다. '어떤 상황 밖에 있다'라는 말은 '어디에서 나왔다, 어떤 상황을 벗어났다'라는 의미죠. I'm out of debt.은 빚이라는 상황에서 벗어났으니 '난 빚을 다 갚아서 빚이 없다.'라는 말이고, 반대로 I'm in debt.은 '나는 빚진 상황에 있다.' 즉 '빚이 있다.'라는 말인 거죠.

있다 **be** 밖에, ~ 상황 밖에 **out** ▶▶▶ 나가다, (비밀 등이) 새나가다, ~가 없다

She's out.

그녀는 나갔어.

The secret **is out.**

비밀이 새나갔어.

I'm **out** of debt.

나 빚 없어.

13 찬성하는 be for

be for는 '~을 향해(for) 있다(be), 바라보고 있다'라는 뜻입니다. 어떤 방향을 향해 있다는 것은 그쪽을 목적이나 대상으로 한다는 의미죠. 그래서 '~을 위해, ~하려고'의 의미로 쓰입니다. 한편 그쪽이 마음에 들어서 바라보기도 하죠. 마음에 들면 그것에 '찬성하게' 되고요. 반대할 때는 against를 씁니다. '난 그 계획에 찬성이야.'라고 할 때는 I'm for the plan. 반대한다고 할 때는 I'm against it.이라고 하죠.

있다 be 어떤 대상을 향해 for ▶▶ ~을 위한 것이다, 찬성하다

It's for your brother.
그건 네 오빠를 위한 거야.

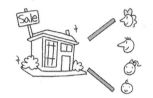

The house next door is for sale.
옆집을 팔려고 내놨대.

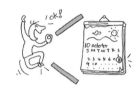

I'm for it.
난 그것에 찬성해.

14 반대하는 be against

against

be against는 '~에 맞서(against) 있다(be)'라는 뜻으로 신념이나 믿음에 맞서면 '어긋나다', 어떤 의견에 맞서면 '반대하다', 어떤 팀에게 맞서면 '그 팀을 상대로 시합을 하다' 등의 의미로 쓰입니다.

있다 be ~에 맞서서 against
▶▶ (신념이나 믿음에) 어긋나다, 반대하다, 시합하다

It's against my beliefs.
그건 내 신념에 어긋나.

I'm against my boss's plan.
난 상사의 계획에 반대하고 있어.

My mom is against us moving three states away.
엄마는 우리가 세 주 떨어진 곳으로 이사하는 거에 반대하셔.

15 주변에 있는 **be around**

around

be around는 '~ 주변에(around) 있다(be), 근처에 있다'라는 뜻입니다. 근처에 있으니까 '나타나다'라는 의미로도 확장되어 쓰입니다. 갑자기 머라이어 캐리가 부른 I just wanna be around you.(난 단지 당신 곁에 있고 싶어요.)라는 노랫말이 생각나네요. 지금 바로 떠오른 '당신'에게 문자 한 통 어때요?

있다 **be** ~의 주변에, 근처에 **around** ▶▶ ~ 주변에 있다, 나타나다

I **wasn't around** when the window was broken.

창문이 깨졌을 때 난 근처에 없었어.

Do you know when they will **be around**?

그들이 언제 나타날지 아니?

Children should not **be around** animals unless supervised. 감시(supervise) 없이 어린 아이들만 동물과 같이 두면 안 돼.

16 좁은 곳에 콕 붙어있는 **be at**

at

be at은 '어떤 지점에(at) 있다(be)' 즉 '문 앞 등 상대적으로 좁은 곳에 있다'라는 뜻입니다. 또 I'm at work.라고 하면 '나는 일에 콕 붙어 있다.' 즉 '업무 중이다, 회사에 있다.'라는 말이죠. while you are at it ~ 이라는 표현이 많이 쓰이는데 '그일을 하는 김에 ~ (이것도 좀 해)'라는 뜻입니다. 예를 들어 마트에 가는 사람에게 While you are at it, pick up some milk.라고 하면 '마트에 가는 김에 우유좀 사와.'라고 하는 거죠.

있다 **be** 어떤 지점에 **at** ▶▶ {~에) 있다, ~하는 중이다

He's **at** the door.

그는 문 앞에 있다.

I **was at** her place.

나는 그녀의 집에 있었어.

I'm **at** work.

나 일하는 중이야.

17 따라 오는 be along

be along은 '오다, 가까워지다'라는 뜻으로 보통 미래시제 will과 함께 쓰입니다. '뭔가를 졸졸 따라서(along) 있다(be)'라는 이미지를 떠올리면 됩니다.

있다 be ~을 쭉 따라서 along ▶▶▶ 오다

She'll **be along** a little later.
그녀는 좀 있다 올 거야.

The bus will **be along** in a few minutes.
버스가 곧 올 거야.

18 겪어보는 be through

be through는 '~을 뚫고(through) 지나가다(be), 통과하다'라는 뜻입니다. '무엇을 통과했으니까 '겪었다, 경험했다'라는 의미로 확장됩니다. '~을 끝내다, ~이 끝나다'라는 의미로도 많이 활용되죠. be over가 사물을 주어로 해서 '~이 끝나다'라는 의미지만 be through는 사람을 주어로 해서 '~을 끝내다'라는 의미로 많이 쓰입니다. The cleaning is over.와 She is through cleaning.을 보면 차이를 아시겠죠?

있다 be ~을 통과해서 through ▶▶▶ 겪다, 경험하다, 끝나다, ~을 끝내다

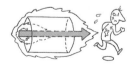

I've **been through** a lot.
나는 많은 일을 겪어왔어.

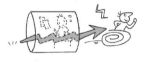

I'll **be through** in a moment.
곧(in a moment) 끝낼게.

I'm **through** talking.
내 말 끝났어.

130

01 걔 아직 안 일어났는데.

He's not _____ yet.

02 저는 아이들과 같이 왔어요.

I'm _____ my children.

03 이 선물 부모님 드릴거야.

This present is _____ my parents.

04 나는 친구랑 밖에 있어.

I am _____ with my friends.

05 그녀는 수면제를 먹고 있어.

She's _____ a sleep medication.

06 전화기가 꺼져 있었어.

My phone was _____ .

07 나는 엄마랑 쇼핑센터에 있었어.

I was _____ the mall with my mother.

08 그는 월세가 두 달 밀렸어.

He is two months _____ on his rent.

09 A : 나 그녀를 정말 좋아하나 봐.
　　그녀 생각을 떨쳐 버릴 수가 없어.
　 B : 여기 있는 모든 남자들이 그녀와
　　사귀고 싶어 해.

I think I'm really _____ her.
I can't get her out of my mind.
Every guy here is _____ her.

정답 01 up　02 with　03 for　04 out　05 on　06 off　07 at　08 behind　09 into, after

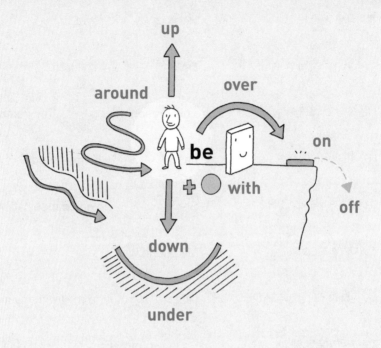

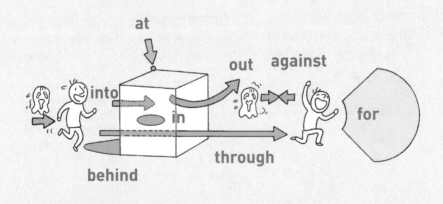

get
일단 잡고 보는 get

Verb02.mp3

잡다　　　　　　　　　　도달하다　　　　　　　　　　~하게 하다

1. 눈에 보이거나 보이지 않는 것을 얻다

get의 기본 의미는 '~을 잡아서 가지다, 얻다'입니다. 공이나 일자리, 성적 등 눈에 보이는 것
뿐만 아니라 상대방이 한 말이나 느낌 등 눈에 보이지 않는 것도 get 할 수 있습니다. 그래서
I got it.이라고 하면 공 같은 것을 '잡았다.'라는 말도 되지만 '네가 하는 말을 잡았다.' 즉 '네 말
을 이해했다.'라는 의미도 됩니다. 또 전화벨이 울릴 때 I'll get it.이라고 하면 '내가 받을게.'라
는 뜻이 되고, 초인종이 울릴 때 I'll get it.이라고 하면 '내가 열어줄게.'라는 뜻이 되죠.

· I've **got** a cold. 나 감기 걸렸어.
· I **got** an A in math. 나 수학에서 A 받았어.

2. 도달하거나 어떤 상황이 될 때

주지 않아도 직접 가서 잡을 때도 있죠? 그럴 때는 '움직여서 ~에 도달하다'라는 의미로 쓰입
니다. 어떤 장소에 도달하면 '~로 이동하다, ~에 가다'가 되고, 감정이나 상황이 움직여서 변
하면 '~ 상황이나 상태가 되다'라는 말이 되죠.

· How do I **get** there? 거기에 어떻게 가죠?
· I **got** bored. 나는 지루해졌다.

3. 사람이나 사물 목적어를 ~하게 만들 때

주어만 움직일 수 있는 건 아니죠. 주어가 어떤 동작을 취하거나 약간의 노력을 해서 목적어를
움직이게 하여 '사람이 ~을 하게 하다, 사물이 어떤 상태가 되게 하다'라는 의미로도 쓰입니다.

· I **got** her to do the dishes. 나는 그녀가 설거지하도록 했다.
· **Get** this done by tomorrow. 이거 내일까지 해 놔.

1 착 붙어버리는 get on

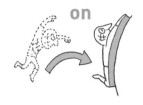

get on의 기본 의미는 '움직여서(get) 붙는다(on)'입니다. 엄마가 아기에게 등을 내밀며 Get on.이라고 하면 '움직여서 등에 붙어라.' 즉 '업혀.'라는 말이 되죠. 사람만 붙을까요? 아니죠. 사물도 붙죠. 이마에 뭔가가 get on 한다는 건 움직여서 붙는 거니까 '묻다'라는 뜻이 되죠. 또 사물에도 움직여서 붙을 수 있습니다. 움직여서 일에 붙으면 '일을 하다'라는 의미가 되고, get on highway처럼 고속도로에 붙으면 '고속도로를 타다'라는 뜻이 되죠.

움직여서 get ~에 붙다 on ▶▶▶ (버스같이 큰 차에) 타다, (일을) 하다, (옷을) 입다

Get on the bus.

버스에 타라.

I'll **get** right **on** it.

제가 그 일을 바로 하겠습니다.

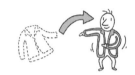

Get your coat **on**.

코트 입어.

2 툭 떨어져 나가는 get off

get off는 '움직여서(get) 떨어져 나가다(off)'라는 뜻입니다. 움직여서 일에서 떨어지면 '일을 그만하다, 퇴근하다', 차에서 떨어지면 '내리다', 전화에서 떨어져 나가면 '전화를 끊다', 컴퓨터에서 떨어지면 '컴퓨터를 그만하다'라는 말이 되죠. 또 get off는 사람, 사물, 마음마저 전부 떼어놓을 수 있습니다. 반지를 떼면 '반지를 빼다'가 되고, get your mind off work처럼 마음을 떼어내면 '잊다, 생각하지 않다'라는 뜻이 되죠.

움직여서 get 떨어져 나가다 off ▶▶▶ 퇴근하다, 그만하다/
움직여서 get 떼어놓다 off ▶▶▶ 빼다

Get off the couch and take a walk.

소파에서 일어나서 산책 좀 해.

I always **get off** work on time.

난 언제나 칼퇴근이야.

I can't **get** this ring **off** my finger.

손가락에서 반지를 뺄 수가 없어.

3 쑥 들어가는 get in(to)

get in(to)은 '움직여서(get) 안으로 들어가다(in(to))'라는 의미입니다. 작은 차 안에 들어가면 '차에 타다'이고, 기차가 역 안에 들어오면 '도착하다'라는 뜻이죠. 사람이 안으로 들어오거나 들여보내는 것도, I got into Yale.처럼 대학에 합격하는 것도 결국 안으로 들어가는 거니까 get in을 쓸 수 있습니다. 또 '어떤 상황이나 감정 상태에 빠지다'라고 할 때도 get in을 씁니다.

움직여서 get 안으로, 상황 안으로 들어오다 in

▶▶▶ (차에) 타다, (상황에) 빠지다, 들여보내다

Get in(to) the car.
차에 타.

I don't want to get in(to) trouble.
난 어려움에 빠지고 싶지 않아.

He got us in(to) the house.
그가 우리를 집 안으로 들여보냈어.

4 사람도 소문도 밖으로 나가버리는 get out

get out은 '움직여서(get) 밖으로 나가다(out)'라는 뜻으로 '밖으로 나가다' 혹은 '밖으로 어떤 대상이나 사람을 빼내다'라는 의미로 쓰입니다. Get out!이라고 하면 '나가!'라는 말이 되고, Get me out!이라고 하면 '나를 여기서 빼내줘!'라는 뜻이 되죠. 이외에 '움직여서 말을 밖으로 전하다' 즉 '소식을 전하다' 혹은 '소문, 비밀 등이 밖으로 나가다' 즉 '소문이 퍼지다, 비밀이 새나가다'라는 뜻으로도 쓰입니다.

움직여서 get ~으로, 상황 밖으로 나가다 out

▶▶▶ ~에서 나가다(of), (얼룩을) 빼다, (비밀이) 새나가다

Get out of my life.
내 인생에서 나가줘.

I can't get the stain out.
얼룩을 뺄 수가 없어.

If the secret gets out, my husband will kill me.
만약 이 비밀이 알려지면, 내 남편이 날 죽일 거야.

일어나고 올려주는 **get up**

get up은 '움직여서(get) 위로 향하다(up), ~을 위로 올리다'라는 의미입니다. 위로 움직이니까 '일어나다, 올라가다'라는 뜻이 되죠. 물론 앉았다 일어날 때도 get up을 씁니다. '일으키다, 깨우다'라는 말로도 쓰입니다. 자지 않고 깨어 있는 상태로 움직이는 것이니까요. get up은 주어가 '일어나다'이고, get him up은 주어가 '그를 깨우다'죠. 또 '움직여서 ~을 올리다'란 의미로도 쓰입니다. '연을 위로 올리다'라고 하려면 get the kite up이라고 합니다.

움직여서 get 위로 향하다 up ▶▶ 일어나다, 깨우다, 올리다

Get up out of my seat.
내 자리에서 일어나.

She got me **up** at 7 in the morning.
그녀는 아침 7시에 나를 깨웠다.

I **got** the kite **up** in the air.
나는 공중에 연을 날렸다.

6

푹 숙이고 우울해지는 **get down**

get down은 '움직여서(get) 아래로 향하다(out)'라는 말입니다. 높은 곳에서 아래로 움직이면 '내려오다', 몸을 아래로 향하면 '몸을 낮추다, 숙이다'라는 뜻이죠. 또 get down은 '기분이 down 되다' 즉 '침울해지거나 낙심하게 되다 혹은 ~을 낙심하게 하다'라는 의미로도 많이 쓰입니다. Nothing can get me down.이라고 하면 '어떤 것도 나를 아래로 향하게 할 순 없다.' 즉 '낙심시키거나 우울하게 할 수 없다.'라는 뜻이죠.

움직여서 get 아래로, 낮은 상태로 내려오다 down
▶▶ 내려오다, 무릎을 꿇다(on one's knees), 우울해지다

Get down.
내려와.

He **got down** on his knees.
그는 무릎을 꿇었어.

When I **get down**, I turn to food.
난 우울해지면 음식을 먹어.

7 벽도 슬픔도 넘어가는 get over

get over는 '움직여서(get) 어떤 대상을 넘어가다(over)'라는 뜻으로 말 그대로 '벽이나 다리 등 눈에 보이는 높은 장애물을 넘어가다'라는 의미로도 쓰이고 '공포, 어려움, 슬픔, 수줍음 등의 심리적인 장애물을 넘어가다' 즉 '극복하다, 잊다'라는 의미로도 많이 쓰입니다. <슈렉 2(Shrek 2)>에서 당나귀가 주인이 마법의 콩 때문에 자기를 판 것이 슬펐다고 하면서 이렇게 말합니다. I ain't never gotten over that.(난 끝내 그 일을 잊지 못했어.) 살다 보면 잊거나 극복할 게 생기게 마련이죠. 그때마다 get over!

움직여서 get 넘다 over ▶▶▶ 넘다, 잊다, (충격이나 슬픔을) 극복하다

I can get over this wall.
난 벽을 넘어갈 수 있어.

I got over him.
난 그를 잊었어.

It took a long time to get over the shock of his death.
난 그가 죽은 충격을 극복하는 데 오랜 시간이 걸렸어.

8 따라서 쭉 가는 get along

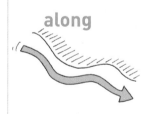

get along은 '~를 따라서(along) 움직이다(get)' 즉 '나아가다, 움직여 가다'라는 뜻입니다. 움직여가는 것이 '지내다, 살아가다'라는 의미로 확장되기도 합니다. 또 '다른 사람들을 따라서 순조롭게 움직여 가다' 즉 '사람들과 잘 지내다'라는 의미로도 쓰입니다.

움직이다 get ~을 따라서 쭉 along

▶▶▶ 지내다, ~으로 살아가다(on), ~와 사이좋게 지내다(with)

How are you getting along?
어떻게 지내니? (인사말)

I'm trying to get along on a social security check.
나는 연금만으로 살아가려고 하고 있어.

social security check 연금 보험 수표

I'm getting along well with my in-laws.
난 시집[처가] 식구들과 잘 지내고 있어.

9 벗어나고픈 get away

get away는 '움직여서(get) 멀리 가다(away)'라는 뜻으로 '도망치다, 휴가차 멀리 떠나다'라는 의미입니다. 주로 부정문에서 with와 함께 '잘못의 대가를 치르지 않고 무사히 넘어가다'라는 의미로도 쓰이고, get away 뒤에 from을 붙여서 '~로부터 멀리 가다' 즉 '~에서 벗어나다, ~로부터 도망치다'라는 의미로도 쓰입니다.

움직여서 **get** 멀리 가다 **away** ▶▶ 도망가다, (잘못을 저지르고도) 무사히 빠져나가다(with), ~에서 벗어나다(from)

He got away.
그는 도망가 버렸어.

You won't get away with this.
너는 이 일로 무사하지 못할 거야.

I want to get away from the noise of the city.
난 도시의 시끄러움에서 벗어나고 싶어.

10 어디서든 돌아오는 get back

get back은 '움직여서(get) 도로 돌아오다, 돌려놓다(back)'라는 의미입니다. 소파를 옮겨 놓았는데 누군가가 Get it back.이라고 한다면 '움직여서 그것을 원래 있던 자리에 도로 돌려놔.'라는 뜻이 되는 거죠. 마찬가지로 무엇인가를 잃어버렸는데 get back한다면 '되찾다'는 의미가 됩니다. 여러분은 무엇을 제일 get back하고 싶으세요? 첫사랑이나 청춘? 아니면 투자 원금?

움직여서 **get** 도로, 뒤로 돌아오다 **back** ▶▶ 돌아오다, 되찾다

Get back over here.
이리로 돌아와.

I want to get her back.
난 그녀를 되찾고 싶어.

I didn't get my money back.
나는 돈을 되찾지 못했다.

11 목적지를 향해가는 **get to**

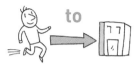

get to는 '움직여서(get) ~로 향하다(to)'라는 뜻으로 보통 '~로 가다, 도착하다'라는 의미가 됩니다. 장소 부사 here나 there가 오면 to는 떨어져 나가죠. 또 '어떤 상태를 향해 움직여 가다'라는 의미에서 '~하게 되다'라는 뜻으로도 쓰입니다. 특히 Let's get to know each other.라고 하면, 서로 알고 지내자, 즉 '인사나 합시다.'라는 의미로 실생활에서 자주 쓰이는 표현입니다.

움직여서 **get** ~로 향하다 **to** ▶▶ ~까지 가다, 출근하다(work), ~하게 되다

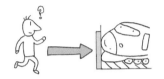

Can you tell me how to **get to** the subway station?

전철역까지 어떻게 가는지 알려 줄래요?

I have to **get to** work by eight.

나는 8시까지 출근해야 돼.

We **got to** know each other.

우리는 서로 잘 알게 되었다.

12 지나가는 **get by**

get by는 '움직여서(get) 옆으로 지나가다(by)' 즉 '통과하다'라는 뜻입니다. 또 get by는 '한정된 자원 등으로 그럭저럭 버티다'라는 의미로도 많이 쓰입니다. 예를 들어 get by on a small salary라고 하면 '적은 월급으로 그럭저럭 버티다', get by on four to five hours of sleep이라고 하면 '네다섯 시간의 잠으로 그럭저럭 버티다', get by with one kidney '신장 한 개로 버티다'의 의미가 되죠.

움직여서 **get** 옆으로 이동하다 **by** ▶▶ 통과하다, 그럭저럭 살아가다(with)

Excuse me, can I **get by**?

실례지만 지나가도 돼요?

We're just **getting by**.

우린 그럭저럭 살아가고 있어.

I can **get by** with this old umbrella.

난 이 낡은 우산으로 그럭저럭 지낼 수 있어.

13 앞으로 나가는 **get ahead**

get ahead는 '움직여서(get) 앞으로 가다(ahead)'라는 뜻으로 '앞서 가다, 경쟁에서 선두에 나서다'라는 의미로 쓰입니다. 인생이나 일에서 앞서 가면 '성공하다'라는 뜻이 되겠죠?

움직여서 get 앞으로 가다 ahead ▶▶ ~에서 앞서 나가다(in), 성공하다

ahead

I **got ahead** of everyone in the race.

난 시합에서 앞서 갔어.

Getting ahead is not everything in life.

성공하는 것만이 인생의 다가 아니다.

14 뒤로 처지는 **get behind**

ahead가 위치나 순서상 앞쪽을 말하는 것과 반대로 behind는 위치나 순서 면에서 뒤쪽을 말합니다. 따라서 get behind는 '움직여서(get) 뒤로 향하다(behind)' 즉, '~의 뒤로 가다, 뒤처지다'라는 의미가 됩니다. 운전대 뒤로 가면 '운전하다'가 되고, 경쟁에서 뒤로 가면 '뒤처지다'라는 말이 되죠. 또 뒤로 가서 도와주니까 '~을 지원하다'라는 의미로 확장되어 쓰이기도 합니다.

움직여서 get 뒤로 가다 behind

▶▶ 운전대를 잡다(the wheel), ~에서 뒤처지다(in), 지지하다, 지원하다

behind

You should not **get behind** the wheel of a car.

너 운전하면 안 돼.

I **got behind** everyone in the race.

나는 시합에서 뒤처졌다.

I'll **get behind** you.

내가 널 지지해 줄게.

15 길도 머릿속도 가로지르는 get across

get across는 '움직여서(get) ~을 가로지르다(across)' 즉 '~을 건너가다'라는 뜻이 됩니다. 눈에 보이는 것만 가로지를 수 있는 것은 아니죠? 사람의 머릿속을 가로지르면 어떤 뜻이 될까요? '의견이나 아이디어를 상대방에게 가로지르다' 즉 '전달하다, 이해시키다'라는 의미로 확장되는 거죠.

움직여서 get ~를 가로지르다 across ▶▶▶ 건너다, 전달하다, 이해시키다

Get across the street.

길을 건너.

I **got across** the bridge.

나는 다리를 건넜다.

I **got** my point **across**.

난 내 의사를 전달했다.

16 끝까지 뚫고 지나가는 get through

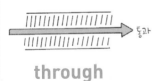

get through는 '움직여서(get) 통과하다, 통과시키다(through)'라는 뜻입니다. 어려움을 통과하면 '어려움을 이겨내다, 겪어내다'가 되죠. 시험 등을 통과하면 '통과해서 다음 단계로 나아가다'라는 의미도 됩니다. 또 '움직여서 끝까지 통과해 가다'라는 이미지에서 '~을 끝내다'라는 의미로도 확장됩니다. get through to 다음에 사람을 써주면 '움직여서 그 사람에게 도달하다' 즉 '연락이 닿다', '전화가 연결되다'라는 의미가 됩니다.

움직여서 get 처음부터 끝까지, ~을 통과해서 through
▶▶▶ 끝내다, 벗어나다, 전화로 ~와 연락하다(to)

I need to **get through** this book.

나 이 책 다 읽어야 해.

He helped me **get through** some hard times.

그는 내가 힘든 시기를 이겨내는 걸 도와줬어.

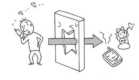

I couldn't **get through** to her.

그녀와 통화를 못했어.

동사와 전치사를 활용해, 다음 빈칸을 채워보세요.

01	전화 끊어.	Get _____ the phone.
02	우리 가족은 차 한 대를 가지고 살아가야 돼.	We will get _____ with just one car in the family.
03	나는 이메일을 확인하러 인터넷에 접속했다.	I got _____ the Internet to check my e-mail.
04	문 쪽으로 가.	Get _____ the door.
05	초콜릿을 왕창 먹으면서 힘든 일을 이겨냈지.	I got _____ it by eating a lot of chocolate.
06	잘리고 싶지 않으면, 상사와 잘 지내야 해.	I need to get _____ with my boss if I want to stay.
07	그는 대중들에게 그의 메시지를 전달하는 데 실패했다.	He failed to get his message _____ to the public.
08	나는 이 일을 내일까지 끝내야 돼.	I have to get _____ this work by tomorrow.
09	A : 술 먹고 운전하다가 차 사고가 났어. B : 다시는 그런 짓 하지 마!	I got drunk, got _____ a car, and got _____ a car accident. Don't get yourself _____ that situation again!

정답 01 off 02 by 03 on 04 to 05 over 06 along 07 across 08 through 09 into, into, into

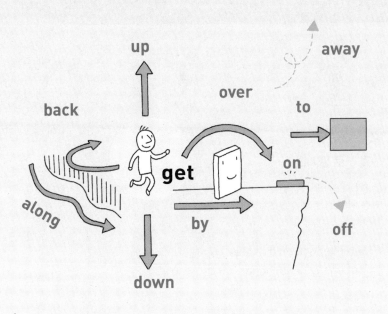

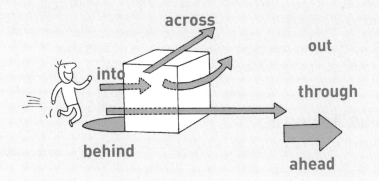

put
어디든 놓을 수 있는 put

Verb03.mp3

~을 …로 옮기다　　　　~을 … 상황에 놓다　　　　말이나 글로 표현하다

1. ~을 …로 옮기다

put의 기본 이미지는 '~을 …로 옮기다'입니다. 책을 탁자 위에 놓는 것처럼 옷이나 신발, 헤드
폰을 사람 몸에 옮겨 놓으면 옷이나 신발을 '입다, 신다', 헤드폰을 '쓰다'가 되고, 살을 놓으면
'살이 찌다'가 되죠.

· I **put** the book on the table. 나는 책을 탁자 위에 놓았다.
· I **put** on my headphones. 나는 헤드폰을 썼다.

2. 추상적인 것들을 옮기다

눈에 보이지 않는 추상적인 개념들도 옮겨 놓을 수 있습니다. 압력(pressure)을 놓으면 '부담을
주다, 압박하다'가 되고, '마지막 손질(the final touch)을 놓다'는 '마지막 손질을 하다'라는 말
입니다.

· I won't **put** any pressure on him. 나는 그에게 어떤 압력도 주지 않을 거야.
· I **put** a few final touches on my outfit. 나는 내 옷을 최종적으로 손질했다.

3. 사람을 어떤 상황에 놓다

구체적인 장소에만 한정되지 않고 감정 상태, 상황, 입장으로도 확장되어 '사람을 ~ 상황에 놓
다'라는 의미로도 쓰입니다.

· He **put** me in danger. 그가 나를 위험에 빠뜨렸다.

마지막으로 생각을 '밖에 놓다'라는 의미에서 '말이나 글로 옮기다' 즉 '말하다, 쓰다'라는 뜻으
로 확장되어 실생활에서 많이 쓰입니다.

· I don't know how to **put** it. 어떻게 말해야 할지 모르겠어.

1 **올려놓고 세워 놓는 put up**

put up은 '위로(up) 놓다, 세워 놓다(put)'라는 뜻입니다. 천막을 치고 포스터를 게시하는 등 세워 놓고 올려놓는 건 모두 put up을 쓰면 됩니다. 사람을 어떤 장소에 put up하면 '그 장소에 그 사람을 옮겨두다', '머물게 하다'에서 '재워주다'라는 의미로도 쓰이죠.

놓다 **put** 위로 **up** ▶▶ 올리다, 달다, 재워주다

I **put** my hair **up.**
나는 머리를 올렸다.

I **put up** a curtain in the kitchen window.
나는 부엌 창문에 커튼을 달았다.

They **put** me **up** (in their house) for the night.
그들은 날 (자기 집에서) 하룻밤 재워줬어.

2 **아래로 내려놓는 put down**

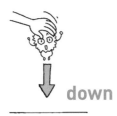

put down은 '아래로 내려(down) 놓다(put)'라는 뜻입니다. '아래로 내려놓는다'는 것은 '고정하다'라는 의미죠. 그래서 말이나 글을 아래로 내려놓으면 '기록하다', 집이나 차를 사기 위해 돈을 아래로 내려놓으면, '계약금을 지불하다'의 의미로 쓰입니다. 또 put down은 '에너지가 낮은 쪽으로 놓다' 즉 '죽이다'라는 의미로도 확장되어 쓰입니다.

놓다 **put** 아래로, 낮은 쪽으로 **down** ▶▶ 내려놓다, (계약금 등을) 지급하다, (늙거나 병든 동물을 보통 약을 먹여) 죽이다

Put me **down.**
날 내려놔.

How much should I **put down** for a new house?
새 집을 계약하려면 돈을 얼마나 걸어놔야 하나요?

We had to **put down** the old dog.
우리는 늙은 개를 죽여야만 했다.

무엇이든 붙여놓는 **put on**

put on은 '붙여(on) 놓다(put)'라는 뜻입니다. 전화에 붙여놓으면 '전화를 받다', 명단에 붙여놓으면 '명단에 올리다'라는 말이죠. 사물도 붙여놓을 수 있습니다. 문에 자물쇠를 달고, 반지를 끼워주고, 살이 찌고, 옷을 입는 것을 모두 put on으로 표현합니다. '로션을 바르다, 화장하다' 등의 표현을 왜 put on이라고 하는지 이제 이해가 되시죠? 로션을 떠서 얼굴에 붙여놓는 거니까요.

놓다 **put** 붙여서 **on**

▶▶ (전화를) 바꿔주다, (명단에 이름을) 올리다, (자물쇠를) 달다

Put her **on** the phone.
그녀 좀 바꿔줘.

Put him **on** the list.
그를 명단에 올려.

Put a lock **on** your door.
문에 자물쇠를 달아.

일도 도둑도 떨어뜨려 놓는 **put off**

put off는 '떨어뜨려(off) 놓다(put)'라는 뜻입니다. 일을 떨어뜨려 놓으면 '일을 미루다'란 말이죠. 또 경보장치가 도둑을 막는 것도 도둑을 떨어뜨려 놓는 거니까 A burglar alarm put thieves off.라고 합니다. 이 외에 어떤 대상에서 떨어뜨려 놓는다는 건 그 대상을 '싫어하게 하다, 관심 없게 만들다'라는 의미로도 쓰입니다

놓다 **put** 떨어뜨려서 **off** ▶▶ ~하지 않게 하다, 미루다

Bird flu **put** me **off** eating chicken.
조류 인플루엔자 때문에 닭고기를 안 먹는다.

Don't **put off** your work.
네 일을 미루지 마.

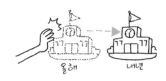

I **put off** going to college.
나는 대학에 가는 것을 미뤘다.

5 집어넣고 맡기는 **put in**

put in은 '안에(in) 놓다(put)'라는 뜻입니다. 사물을 안에 놓으면 '넣다', 장비나 가구를 안에 놓으면 '설치하다', 시간이나 노력을 안에 놓으면 '쏟아 넣다'의 의미가 됩니다. 사람을 안에 넣으면 '들여보내다, 맡기다'라고 하고요. 남이 말하는 데 put in 하면 무슨 뜻일까요? 남의 말 안에 내 말을 놓는 것이니 '끼어들다, 거들어 주다'라는 의미가 됩니다.

놓다 **put** 안에 **in**

▶▶ ~을 넣다, ~에 들여보내다, ~에 대해 좋게 말해주다(a good word for)

Load the washer before **putting in** detergent.

세제(detergent)를 넣기 전에 빨래를 넣어 (load).

I don't want to **put** my kids **in** day care.

난 내 아이들을 어린이집에 맡기고 싶지 않아.

Put in a good word for me.

내 얘기 좀 잘 해줘.

6 불도 꺼내놓는 **put out**

put out은 '밖으로(out) 내놓다(put)'라는 말입니다. 물건을 꺼내 놓을 때, 몸 일부를 내밀 때도 put out을 씁니다. Put your hand out.이라고 하면 '손을 앞으로 내밀어.'라는 말이죠. 공장에서 물건을 밖으로 내놓으면 '생산하다, 출시하다'라는 의미가 됩니다. 또 밖으로 내놓으니까 '없애다'라는 의미로도 확장됩니다. 그래서 '화재, 담뱃불 등을 없애다' 즉 '불을 끄다'라는 의미가 되죠.

놓다 **put** 밖에 **out** ▶▶ 밖에 내놓다, 꺼내오다, 끄다

Put out some wine.

와인 좀 꺼내와.

They **put out** new cars.

그들은 신형 차를 출시했다.

The firefighters **put out** the fire.

소방관들이 불을 껐다.

put over는 '무엇을 ~ 위로(over) 놓다(put)'라는 뜻으로 담요나 손을 위에 놓으면 '덮다, 얹다, 가리다', 가면을 위에 놓으면 '쓰다'의 의미가 됩니다. She put her hand over her mouth.라고 하면 '그녀는 손으로 입을 가렸다.'라고 하면 되겠죠?

놓다 **put** 위로 **over** ▶▶▶ 덮어주다, 가리다, 쓰다

Put a blanket **over** the baby.

아기 담요 덮어줘.

Put your hands **over** your face.

얼굴을 손으로 가려.

Put the mask **over** your face.

가면을 써.

put under는 '아래로(under) 놓다(put)'라는 뜻으로 '무엇의 영향력 아래에 놓다' 즉 '무엇의 영향을 받게 하다'라는 의미로 확장됩니다. 스트레스의 영향력 아래에 놓는 것은 '스트레스를 받게 하다'라는 뜻이 되고, 마취의 영향력 아래 놓는 것은 '마취를 시키다'라는 의미가 되죠.

놓다 **put** 밑으로 **under** ▶▶▶ ~아래에 두다, ~을 받게 하다, (마취를) 시키다

I **put** my head **under** the pillow and cried.

나는 베개 밑에 머리를 묻고 울었다.

Exams **put** us **under** stress.

우리는 시험 때문에 스트레스를 받는다.

They **put** her **under** anesthesia.

그들은 그녀를 마취(anesthesia)시켰다.

9 더 중요하게 여기는 put before

before

put before는 '~을 앞에(before) 놓다(put)'라는 뜻으로 일이나 사람을 앞에 놓으면 그 일이나 사람을 '우선시하다, 더 중요하게 여기다'라는 의미로 많이 쓰입니다. put the cart before the horse라는 표현이 있죠. 실생활에서는 Don't put the cart before the horse!라고 많이 씁니다. 말 앞에 마차를 달지 마라, 즉 '일의 선후를 바꾸지 마라!'라는 의미입니다.

놓다 **put** 앞에, 전에 **before** ▶▶▶ 우선시하다, 더 중요하게 여기다

Put your spouse **before** your mother.

어머니보다는 배우자를 우선시하라.

Put your family **before** your career.

일보다 가족을 더 중요하게 여겨라.

10 지난 일로 하는 put behind

behind

put behind는 '뒤로(behind) 놓다(put)'라는 뜻으로 과거(past), 쓰라린 심정(bitterness), 정신적 외상(trauma) 등이 목적어로 와서 '안 좋은 일이나 감정을 잊다, 지난 일로 하다'라는 의미가 됩니다. 미드(미국 드라마)를 보다 보면 Let's put it behind us.라는 표현이 종종 나옵니다. 주로 싸우고 난 뒤에 화해를 청하는 상황에서 하는 말이죠. '없던 일로 하자, 잊어버리자.' 정도의 의미입니다.

놓다 **put** 뒤로 **behind** ▶▶▶ 뒤로 놓다, 잊다

Put your left hand **behind** your back.

왼손을 등 뒤에 놔.

I **put** the past **behind** me and moved forward.

나는 과거는 잊고 새 출발 했다.

11 두르고 바르는 put around

put around는 '~ 주위로(around) 놓다(put), 두르다'라는 뜻으로 우리말로 '어깨에 팔을 두르다, 목에 스카프를 두르다'라고 표현하는 것과 같습니다. 남자들이 샤워하고 나서 허리에 수건 두를 때 있죠? 그럴 때도 put around를 활용해서 put a towel around his waist라고 하면 됩니다. 또 '무엇의 주위로 놓다'라는 의미에서 로션 같은 것을 '~ 주위로 바르다'라는 의미로도 씁니다.

놓다 put 주위로 around ▶▶▶ 매다, 두르다, 바르다

She **put** a scarf **around** her neck.

그녀는 목에 스카프를 둘렀다.

He **put** his arm **around** her shoulders.

그는 그녀의 어깨에 팔을 둘렀다.

I **put** some cream **around** the bottom of my eyes.

나는 눈 밑 주위에 크림을 발랐다.

12 무엇이든 시키는 put to

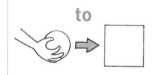

put to는 '어떤 대상을 ~쪽으로(to) 놓다(put)'라는 뜻으로 침대 쪽으로 놓으면 '재우다', 일 쪽으로 놓으면 '일을 시키다', 투표 쪽으로 놓으면 '투표를 하다'라는 말이 됩니다. put an end to it, put a stop to it처럼 끝(end)이나 멈춤(stop)을 놓으면 '끝내다, 멈추다'라는 말이 됩니다.

놓다 put ~쪽으로 to ▶▶▶ 재우다(bed), ~을 시키다, ~을 하다

I **put** the kids **to** bed.

나는 아이들을 재웠다.

I **put** him **to** work.

나는 그에게 일을 시켰다.

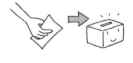

Let's **put** the matter **to** a vote.

그 문제를 투표하자.

13 한쪽으로 제쳐 놓는 put aside

put aside는 '한쪽으로(aside) 두다(put)' 즉 '제쳐놓다, 치워 두다'라는 뜻입니다. 의견의 불일치(disagreement), 차이(difference) 같은 말이 목적어로 나와서 '서로 간의 의견의 차이 등을 더 큰 목적을 위해 제쳐놓다, 접어두다'라는 의미로 쓰입니다.

놓다 put 한쪽으로 aside ▶▶ 저축하다, (일을) 그만두다, (차이점을) 접어두다

I **put aside** some money for a rainy day.

난 힘든 때(a rainy day)를 대비해 돈을 저축한다.

I'm gonna **put aside** my job for a while and go back to being a mother. 난 내 일을 잠시 접어두고, 아이를 키우는 데 전념할 거야.

Let's **put** our differences **aside**.

우리의 차이점은 접어두자.

14 조립하는 put together

put together는 '함께(together) 놓다(put)' 즉 '모으다, 종합하다, 조립하다'라는 뜻이 됩니다. 조립한다는 건 결국 모든 부품을 모아 놓는 거라고 볼 수 있죠. 손뼉을 치는 것도 두 손을 모아야 가능하니까 Put your hands together.라고 합니다.

놓다 put 함께 together ▶▶ 조립하다, (옷을) 맞춰 입다, 의논하다(the heads)

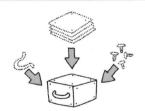 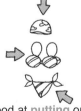 

Help me **put** this box **together**.

이 상자 조립하는 것 좀 도와줘.

I'm good at **putting** outfits **together**.

나는 옷(outfit)을 잘 연출해서 입어.

We **put** our heads **together** and came up with a solution.

우리는 머리를 맞대고 해결책을 냈다.

15 멀리 치워두는 put away

put away는 '멀리(away) 놓다(put)'라는 뜻으로 '안 쓰는 물건 등을 멀리 치우거나 나중을 위해 멀리 두다' 즉 '저축해 놓다, 비축하다'라는 뜻입니다. put aside와 같은 의미죠. 또 사람을 put away하면 '감옥이나 시설 등에 감금하다'라는 뜻이 됩니다.

놓다 put 멀리 away ▶▶ 치우다, 저축하다, (교도소·정신 병원 등에) 집어넣다

Can you put away the dishes?

접시 좀 치울래?

I'm putting some money away for my children.

나는 아이들을 위해서 돈을 저축하고 있어.

He was put away for 10 years.

그는 10년 동안 투옥되었다.

16 도로 갖다 놓는 put back

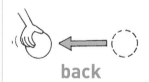

put back은 '뒤로(back) 놓다(put) 혹은 제자리에 도로 가져다 놓다'라는 뜻입니다. 엄마가 이것저것 들고 오는 아이에게 'Put it back!' 하면 '도로 갖다 놔!' 하는 거죠.

놓다 put 도로, 뒤로 back
▶▶ 제자리에 가져다 놓다, (시계의) 바늘을 되돌리다, 뒤로 젖히다

Put the candy back where you found it.

사탕 제자리에 도로 갖다 놔.

I put the clock back one hour.

나는 시계를 한 시간 전으로 돌려 놓았다.

Put your shoulders back.

어깨를 뒤로 젖혀.

17 마음도 시간도 쏟아 넣는 **put into**

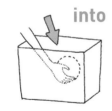

put into는 '~을 … 안에(into) 놓다(put)'라는 말로 '~을 집어넣다'라는 뜻입니다. 마음을 집어넣으면 '정성을 쏟다', 돈을 넣으면 '돈을 투자하다', 시간을 넣으면 '시간을 할애하다'라는 뜻이 됩니다. 사람을 어떤 장소에 넣으면 '~로 모시다', 어떤 상황에 넣으면 '~에 빠뜨리다'라는 말이 됩니다. 어떤 언어를 집어넣어서 다른 언어가 나오면 '번역하다', 감정을 넣어서 말이 나오면 '감정을 말로 표현하다'라는 뜻이 되죠.

놓다 **put** 안으로 **into** ▶▶ (시간·노력을) 들이다, (~에) 빠뜨리다, 번역하다

I **put** my heart **into** the food.
나는 음식에 정성을 쏟아.

He **put** me **into** financial ruin.
그는 나를 경제적 파탄에 빠뜨렸다.

I **put** Korean **into** English.
나는 한국어를 영어로 번역했다.

18 경험하게 하는 **put through**

put through는 '~을 통과시켜(through) 놓다(put)' 즉 '겪게 하다, 경험하게 하다'라는 뜻입니다. 고통을 주거나, 학비를 대서 교육을 받게 하는 것도 경험하게 하는 것이니 이 표현을 씁니다. 실생활에서는 '전화를 연결해주다'란 의미로 많이 쓰입니다.

놓다 **put** 통과시켜 **through** ▶▶ ~을 경험하게 하다, 전화 등을 연결하다(to)

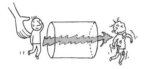

You **put** me **through** a lot of pain.
네가 날 많이 고통스럽게 했어.

I **put** all our kids **through** college.
나는 우리 아이들이 모두 대학 교육을 받게 했다.

I'll **put** you **through** to Dr. Kim.
곧 김 박사에게 연결해 드리겠습니다.

01 서류에 이름을 쓰세요.

Put your name _____ the document.

02 변기 (좌석) 좀 내려놔요.

Put the toilet seat _____ , please.

03 그는 이 계획에 많은 노력을 기울였어.

He put a lot of energy _____ this project.

04 긴 머리가 자꾸 거슬려서 묶어야겠어.

My long hair is getting in the way. I have to put it _____ .

05 난 매달 천 달러씩 저금해.

I put _____ 1,000 dollars every month.

06 그녀는 손목에 고무줄을 감았다.

She put a rubber band _____ her wrist.

07 의자 다 쓰면 제 자리에 갖다 놔.

Put the chair _____ when you're done with it.

08 조립하는 데 시간이 얼마나 걸릴 것 같아?

How long do you think it'll take to put that _____ ?

09 A : 난 언제나 다른 사람들을 위해 뭔가를 하면서 나 자신은 뒷전에 놓곤 해.
    B : 너 자신을 우선으로 여기고, 다른 사람의 문제들을 떠맡는 것을 그만 둬야 해.

I always find myself trying to please others and putting my own needs _____ the back burner.
You have to put yourself first and stop taking on other people's problems.

정답 01 on 02 down 03 into 04 up 05 aside[away] 06 around 07 back 08 together 09 on

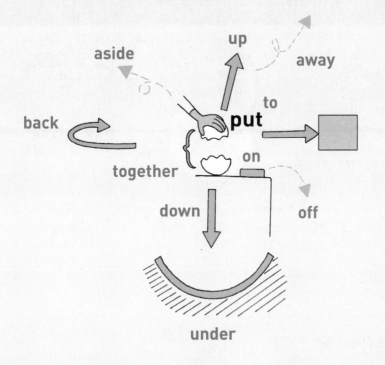

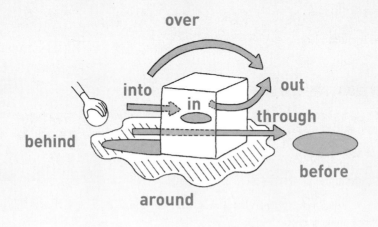

take
선택해서 잡아오는 take

Verb04.mp3

사물을 취하다

사람을 취하다

눈에 보이지 않는 것을 취하다

1. 무언가를 취하거나 잡다

take의 기본 의미는 '취하다, 잡다'입니다. get에 비해 선택의 의미가 강하죠. I didn't take the advice I got.은 advice를 해서 받기는(got) 했지만 그것을 선택하지는 않았다(didn't take)는 것입니다. take는 눈에 보이는 구체적인 사물을 취하면 '가지다, 빼앗다, 이용하다, 먹다'라는 뜻이 됩니다.

· He **took** my cellphone. 그는 내 휴대폰을 빼앗았다.
· I **took** some medicine. 나는 약을 먹었다.

2. 사람을 잡거나 데리고 가다

사람을 take할 수도 있습니다. 사람을 잡았다는 건 '잡아서 ~로 데리고 가다, 차지하다, 사로 잡다'라는 뜻이 되죠.

· He **took** me home. 그는 나를 집으로 데려다 주었다.

3. 눈에 보이지 않는 것을 잡다

눈에 보이지 않는 것도 잡을 수 있죠. 말이나 행동을 잡으면 '이해하다, 해석하다'가 되고, 시간이나 노력을 잡으면 '시간이나 노력이 들다'라는 뜻이 됩니다. 또 열이나 혈압 등을 재는 데도 take를 쓰죠.

· It **takes** time. 그건 시간이 걸려.

마지막으로 take는 '특정 활동을 취하다' 즉 '휴식, 목욕, 수업, 산책, 낮잠 등의 특정한 활동을 하다'라는 의미로도 많이 쓰입니다.

· Let's **take** a break. 잠깐 쉬자.

take in은 '안으로(in) 잡아들이다(take)' 즉 '~을 받아들이다'라는 뜻입니다. 사람이나 동물을 받아들이면 '집에서 먹고 자고 살 수 있게 해 준다'는 뜻이 되죠. 또 몸속으로 음식이나 영양분을 받아들이면 '섭취하다, 흡수하다', 읽은 것이나 들은 것을 받아들이면 '~을 이해하다'라는 의미가 됩니다. 안으로 잡아들이니까 '바지의 허리 같은 것을 줄이다'라는 의미로도 쓸 수 있습니다.

잡아서 **take** 안으로 **in** ▶▶▶ 숙박시키다, 이해하다, (옷 등을) 줄이다

She took me in.
그녀가 나를 집에서 지내게 해 줬어.

It's a lot to take in.
그건 이해하기 어려워.

I took in the waist on the pants.
나는 바지의 허리를 줄였다.

take out은 '밖으로(out) 가지고 나가다(take), 꺼내다'라는 뜻입니다. 사람일 때는 '데리고 나가다'라는 뜻이 되죠. 돈을 은행 밖으로 가지고 나가면 '찾다, 대출하다', 쓰레기를 밖으로 가지고 나가면, '버리다', 화를 밖으로 꺼내면 '화를 내다'라는 뜻이 됩니다. 꺼낸 화를 다른 사람에게 붙이면(on) '화풀이하다'가 되죠.

잡아서 **take** 밖으로 **out** ▶▶▶ 데리고 나가다, (쓰레기를) 버리다, 화내다(on)

Let me take you out for lunch.
널 데리고 나가서 점심 사줄게.

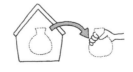

I'm taking out the trash.
나는 쓰레기 버리고 있어.

Don't take it out on me.
나한테 화풀이하지 마.

3 시작하고 차지하는 take up

take up은 '위로(up) 들어 올리다(take)'라는 뜻으로 일이나 취미를 들어 올리면 '일이나 취미 등을 시작하다, ~을 착수하다'라는 의미가 되고, 시간이나 공간을 들어 올리면 '시간이 들다, 공간을 차지하다'라는 뜻이 됩니다.

잡아서 **take** 위로 **up**

▶▶▶ (일이나 취미를) 시작하다, (시간이나 공간을) 차지하다

He **took up** smoking.

그는 담배를 피우기 시작했어.

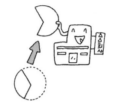

His job **takes up** a lot of his time.

그의 일은 시간을 많이 차지한다.

Her car **took up** two parking spaces.

그녀의 차는 주차장 두 칸을 차지했다.

4 잡아 내리고 받아 적는 take down

take down은 '잡아서(take) 아래로 내리다(down)'라는 뜻으로 '커튼이나 사진 같은 것을 내려놓다' 혹은 '사람이나 물건을 잡아서 밑으로 내리다'라는 의미로 쓰입니다. 또 down에는 고정한다는 의미도 있어서 '잡아서 고정하다' 즉 '무엇을 받아 적다'라는 뜻도 됩니다.

잡아서 **take** 아래로 **down** ▶▶▶ 끌어내리다, 받아 적다

Take down the curtain.

커튼을 뜯어내.

Take him **down**.

그를 끌어내려.

Take it **down**.

그것을 받아 적어.

5 승객도 책임도 잡아서 붙이는 **take on**

take on은 '잡아서(take) 붙이다(on)'라는 뜻입니다. 기차가 승객을 잡아서 붙이면 '승객을 태우다'가 되고, 직원을 잡아서 붙이면 '고용하다'라는 말이 되죠. 책임이나 업무를 잡아서 붙이면 '책임이나 업무를 맡다'라는 의미가 됩니다.

잡아서 **take** 붙이다 **on** ▶▶ 태우다, 고용하다, (책임이나 업무를) 맡다

The train stopped to take on some passengers.

기차가 승객들을 태우기 위해 멈췄다.

He took on a new worker.

그는 새로운 직원을 채용했다.

He needs to take on more responsibility.

그는 좀 더 많은 책임을 질 필요가 있다.

6 일도 책임도 떼어놓는 **take off**

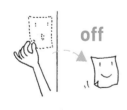

take off는 '잡아서(take) 떼어놓다(off)'가 기본 의미입니다. 병뚜껑을 잡아서 병에서 떼어놓으면 '뚜껑을 열다'가 됩니다. 기저귀를 벗기거나 벽에서 그림을 떼어낼 때도 take off를 씁니다. 시간이나 책임도 떼어낼 수 있습니다. 기간만큼을 일에서 떼어내는 이미지를 생각하면 되죠. 그 밖에도 '땅에서 떨어져 나가다'라는 의미에서 '비행기 등이 이륙하다, 가다'라는 의미로도 많이 쓰입니다.

잡아서 **take** 떼어내다 **off** ▶▶ 열다, (~ 동안) 쉬다, 떼어내다

Take the lid off.

병뚜껑을 열어.

I want to take a week off.

한 주 쉬고 싶어.

Take some of the responsibility off your shoulders. 책임을 좀 덜어.

7 인수하고 떠맡는 take over

over

take over는 '잡아서(take) 이쪽으로 가져오다(over)'라는 뜻입니다. 회사를 잡아서 이쪽으로 가져오면 '회사를 인수하다'가 되고, 남의 일을 이쪽으로 가져오면 '떠맡다'라는 뜻이 되죠. 마찬가지로 남의 자리나 땅을 가져오면 '차지하다, 장악하다'라는 의미가 됩니다. 운전대를 잡아서 가져오면 당연히 '운전을 하다'라는 뜻이 되겠죠?

잡아서 take 이쪽으로 over ▶▶▶ 인수하다, (자리를) 차지하다, 떠맡다

She's about to take over the company.

그녀가 회사를 인수하려고 한다.

She took over my space.

그녀가 내 자리를 차지했다.

I'll take over the wheel.

내가 운전할게.

8 빼앗아 가는 take away

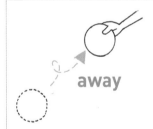

away

take away는 '잡아서(take) 멀리(away) 가져가다, 데리고 가다'라는 뜻입니다. 멀리 가져가니까 물건을 가져가면 '빼앗다', 고통을 가져가면 '없애다, 덜다, 줄이다'라는 의미가 됩니다. 오늘날의 톰 크루즈를 있게 한 영화 <탑건(Top Gun)>에 배경음악으로 삽입된 Take my breath away.(내 마음[목숨]을 가져가요.)가 들리는 것 같지 않으세요?

잡아서 take 멀리 away ▶▶▶ 빼앗다, 멀리 가다, 없애 주다

They took away my car.

그들이 내 차를 빼앗아 갔어.

My husband's job takes him away from home for weeks at a time. 남편은 일 때문에 한 번에 몇 주씩 집에 안 와.

I applied raw potato to the burn to take away the pain.

나는 불에 댄 곳(burn)에 통증을 없애주게 생감자를 붙였다.

9

목적지로 가져가는 take to

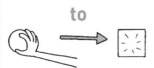

take to는 '사람이나 물건을 ~로(to) 가지고 가다(take), 데리고 가다'라는 의미입니다. 눈에 보이는 것뿐만 아니라 보이지 않는 것도 가져 갈 수 있습니다. take ~ to the next level이라고 하면 '~을 다음 수준까지 가지고 가다' 즉 '수준을 끌어 올리다'라는 뜻이 됩니다.

잡아서 **take** ~쪽으로 **to** ▶▶▶ ~로 데리고 가다, ~로 가지고 가다

She **took** me **to** the hospital.
그녀가 나를 병원에 데리고 갔다.

He **took** the dishes **to** the sink.
그가 접시들을 싱크대로 가지고 갔다.

We're ready to **take** our relationship **to** the next level and get married. 우리는 우리 관계를 발전시켜서 결혼할 준비가 되어 있다.

10

잡아서 가지고 가는 take along

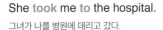

take along은 '잡아서(take) 쭉 따라(along) 가다'라는 뜻으로 어딘가를 갈 때 '사람을 동행하다, 물건을 소지하다'라는 의미입니다. '~을 같이 데리고 가다'라고 할 때는 along 뒤에 with를 쓰면 됩니다.

잡아서 **take** ~을 따라서 쭉 **along** ▶▶▶ 데려가다, 가져가다

Take him **along** with you.
그를 데리고 가.

I'd like to **take along** some CDs to listen to.
난 들을 음악 시디를 몇 장 가져 가고 싶어.

11 분해하는 take apart

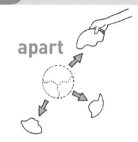

take apart는 '잡아서(take) 산산이 흩어 놓다, 뜯어 놓다(apart)' 즉 '분해하다, 분리하다'라는 뜻입니다. 사람을 take apart한다는 건 '패배시키다, 혼내 주다' 등의 뜻이 됩니다. I'll take you apart.라고 하면 '내가 널 혼내 주겠다.'라는 의미가 되죠. 컴퓨터가 잘 안 돌아갈 때 I'm going to take it apart.라고 하면 뭐가 문제인지 알아보려고 '분해할 거야.'라는 뜻입니다.

잡아서 **take** 산산이 **apart** ▶▶▶ 분해하다, 분리하다, 혼내 주다

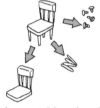 

I spent hours **taking** the chair **apart** and putting it back together. 나는 몇 시간에 걸쳐 의자를 분해했다가 다시 조립했다.

I'll **take** it **apart**.
내가 그것을 분해할 거야.

12 도로 갖다 놓는 take back

take back은 '원래 위치로 도로(back) 갖다놓다(take)'라는 뜻으로 남에게 주었다가 '도로 가져오다'라는 의미입니다. '했던 행동을 도로 갖다 놓다' 즉 '되돌리다', '내뱉은 말을 도로 갖다 놓다' 즉 '한 말을 취소하다'라는 뜻으로도 쓰입니다. 물건을 샀다가 다시 가게로 갖다 놓으면 '반품하다, 철회하다'가 되고, 또 과거의 시간으로 되돌려 놓으면 '과거를 회상시키다'라는 말이 되죠.

잡아서 **take** 도로 **back** ▶▶▶ 되찾아 오다, 반품하다, 회상시키다

  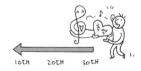

Take back your words.
네가 한 말 취소해.

Can I **take** this item **back** to the shop without a receipt?
영수증(receipt) 없이도 이 물건을 반품할 수 있나요?

That song **takes** me **back** to when I was a teenager.
그 노래를 들으면 10대 시절이 생각나.

01 머리를 짧게 자르니까 5년은 젊어
   보여.

Short hair takes 5 years ＿＿＿＿＿＿ your
age.

02 그들은 그에게서 인공호흡기를 떼
   어 냈다.

They took him ＿＿＿＿＿＿ the respirator.

03 내가 분해해 버린 컴퓨터를 어떻게
   다시 조립하지?

How do I put back together the
computer that I took ＿＿＿＿＿＿?

04 난 길에 버려진 고양이를 집으로 데
   리고 왔다.

I took ＿＿＿＿＿＿ a stray cat.

05 네가 다치기 전에 그 칼을 빼앗아야
   겠어.

I need to take ＿＿＿＿＿＿ that knife
before you hurt yourself.

06 난 직장에서 나쁜 일이 있으면, 남
   편한테 화풀이해.

When I have a bad day at work, I always
take it ＿＿＿＿＿＿ on my husband.

07 나는 토요일마다 아이들을 공원에
   데리고 가.

I take my children ＿＿＿＿＿＿ the park
every Saturday.

08 네가 나에 관해서 한 말 취소해.

Take ＿＿＿＿＿＿ what you said about me.

09 A : 자기야. 벽에 있는 자기랑 자기
       옛날 여자친구 사진 좀 내려주면
       안 될까?
   B : 진짜 미안해. 당장 뗄게.

Honey, would you mind taking ＿＿＿＿＿＿
the pictures of you and your ex?

Oh, I'm really sorry. I'll take them
＿＿＿＿＿＿ the wall right away.

정답 01 off 02 off 03 apart 04 in 05 away 06 out 07 to 08 back 09 down, off

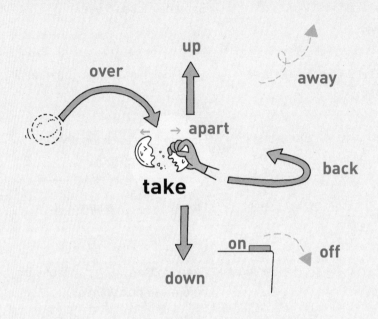

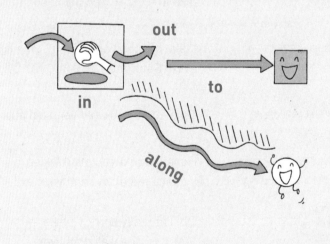

come
이리 오너라, come

다가오다

듣는 쪽으로 다가가다

~상태가 되다

1. 다가오다, 가까워지다

동사 come을 보통 '오다'라고만 생각하는데 정확히는 '어떤 기준점을 향해 다가오다, 가까워지다'라는 뜻입니다. 기준점은 대개 나, 즉 말하는 사람이고요. 다가올 수 있는 것은 많습니다. 사람이 올 수도 있고, 버스 같은 사물, 시간이나 계절 같은 추상적인 것도 올 수 있죠.

· Here **comes** the bus! 버스 온다!
· Summer has finally **come**. 드디어 여름이 왔다

2. 기준점을 다르게 볼 수 있다

꼭 말하는 사람이 있는 곳만 기준점이 되는 것은 아닙니다. 말하는 사람이 가려는 곳일 때도 있고, 듣는 사람이 있는 곳일 수도 있죠.

· I can't **come** to work today. 나 오늘 회사 못 가.
· Would you like to **come** with me? 저랑 같이 가주시겠습니까?

3. ~한 상태가 되다

이 밖에 동사 come은 '어떤 장소에 가까워지다'라는 의미에서 '~ 상태에 가까워지다' 즉 '~ 상태가 되다'의 의미로 확장되어 쓰입니다. come clean은 '깨끗한 상태에 가까워지다' 즉 '숨기는 것이 없는 상태에 가까워지다'라는 의미로 '숨기고 있는 것을 실토하다'라는 의미가 됩니다. come true는 꿈이 사실에 가까워지니까 '실현되다'라는 의미가 되는 것이고요.

· **Come** clean. 사실을 털어놔.
· His dream **came** true. 그의 꿈이 실현되었다.

1 다가오는 come up

come up은 '낮은 곳에서 높은 곳으로(up) 올라오다(come)'라는 뜻입니다. 눈에 보이지 않던 것이 표면 위로 올라오니까 '일이 생기다, 어떤 행사나 사건이 다가오다'라는 의미가 됩니다. come up 뒤에 with가 오면 '무엇을 가지고 나타나다' 즉 뭔가를 '생각해 내다'라는 의미로 쓰입니다.

오다 come (표면) 위로 up

▶▶▶ (일이) 생기다, (행사가) 다가오다, 생각해 내다(with)

Something came up.

갑자기 일이 생겼어.

The fashion show is coming up.

패션쇼가 다가오고 있어.

You have to come up with a Plan B.

넌 대안(Plan B)을 생각해 내야 해.

2 깎아주는 come down

come down은 '아래로(down) 내려오다(come)'라는 뜻입니다. 사물이나 사람이 위에서 내려올 수도 있고, 비도 내려올 수 있습니다. 사람이 병에 걸리면 눕게 되니 이것도 아래로 내려오는 것이지요. 열이나 가격도 수치가 아래로 내려오는 것이니, '열이 내리다', '가격을 깎아주다'라는 의미에도 come down을 씁니다.

오다 come 아래로 down

▶▶▶ 내려오다, (심각하지 않은 병에) 걸리다(with), (값을) 깎다

He will come down to eat dinner.

그가 저녁 먹으러 내려올 거야.

He came down with the flu.

그는 감기에 걸렸어.

Can you come down a little?

좀 깎아 줄래요?

3 들어오는 come in

come in은 '안으로(in) 들어오다(come)'라는 뜻입니다. 사람이 들어올 때도 쓰고, 기차나 버스가 들어올 때도 씁니다. come in 다음에 for를 붙여서 come in for a coffee라고 하면 '커피 한잔 마시러 들어오다'라는 말이 되죠. 또 '어떤 치수나 색으로 나오다'라고 할 때도 come in을 씁니다. 범위를 말해주는 in과 함께 in yellow, in size 7 이런 식으로 말하면 됩니다.

오다 come 안으로 in ▶▶▶ 들어오다, (옷이 ~색깔로) 나오다

You can't come in.
넌 못 들어와.

I saw the car coming in.
차가 들어오는 걸 봤어.

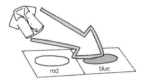

Does this shirt come in blue?
이 셔츠 파란색도 있나요?

4 나오고 빠지는 come out

come out은 '밖으로(out) 나오다(come)'라는 뜻입니다. 영화나 책 등이 세상에 나와서 '발매되는' 것도 come out을 쓰고 빗의 털이나 옷의 얼룩, 이가 밖으로 나와 '빠지는' 것도 모두 come out이라고 합니다.

오다 come 밖으로 out ▶▶▶ 나오다, 발매되다, (붙어 있던 데서) 빠지다(of)

Come out and play.
밖에 나와서 놀자.

His new album came out in February.
그의 새 앨범이 2월에 발매됐어.

The bristles keep coming out of the brush.
브러시의 털(bristle)이 자꾸 빠져나와.

5 어떤 상황에 이르는 **come to**

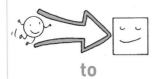

come to는 '~쪽으로(to) 다가오다(come)'라는 뜻입니다. 사람이나 사물뿐만 아니라 구체적인 장소로 다가올 수도 있습니다. 어떤 상황에 다가올 수도 있으니까 '어떤 상황에 이르다'라는 의미로도 쓰입니다. 결정으로 다가오면 '결정을 내리다', 금액으로 다가오면 '어떤 금액에 이르다'라고 하면 되겠죠?

오다 come ~쪽으로 to ▶▶▶ ~로 오다, ~이 되다, (총계가) ~에 이르다

He came to my office.
그는 내 사무실로 왔다.

They came to a decision.
그들이 결정을 내렸다.

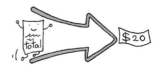

Your total comes to $20.
총 금액은 20달러입니다.

6 방문하는 **come over**

come over는 '멀리서 가까이(over) 이동해 오다(come)'라는 뜻으로 '들르다, 방문하다'라는 의미입니다. 말하는 사람을 중심으로 그 사람 가까이 온다는 뜻이지요. 또 지름신처럼 어떤 기운이나 기분이 오는 것도 come over를 씁니다. '어떤 기분이 들다, 감정이 밀려오다'라는 의미가 됩니다.

오다 come 건너서 over ▶▶▶ 다가오다, 방문하다(to), (어떤 기분이) 들다

Come over and sit next to me.
이리 와서 옆에 앉아 봐.

Would you like to come over (to my place) this weekend for dinner? 이번 주말에 (우리 집에) 저녁 먹으러 올래요?

Something came over me and I bought an iPhone yesterday.
뭔가에 씌었는지 어제 아이폰을 샀어.

7 떨어져 나오는 come off

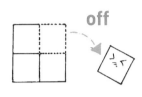

come off는 '떨어져(off) 나오다(come), 분리되어 나오다'라는 뜻입니다. 단추가 '떨어지다', 신발이 '벗겨지다', 셔츠의 얼룩이 '빠지다', 염색이 '빠지다', 또 립스틱이 '묻다' 등 모두 원래 있던 곳에서 분리되어 나오므로 come off를 씁니다. 또 묻었던 것이 지워질 때도 come off를 쓸 수 있습니다. '이 잉크는 잘 지워진다.'라는 말은 This ink comes off well.이라고 합니다.

오다 come 분리되어 off

▶▶ (단추 등이) 떨어지다, 벗겨지다, (립스틱이) 묻어나다

The button came off.
단추 떨어졌어.

My shoes came off.
신발이 벗겨졌어.

Her lipstick came off.
그녀의 립스틱이 묻어났다.

8 딸려 오는 come with

come with는 '~와 함께(with) 오다(come)'라는 뜻입니다. 사람과 함께 오면 '~을 동반하다'라는 의미가 되고, 치킨을 시키면 무가 따라오듯이 사물이 다른 것과 함께 오면 '부수되다, 따라오다'라는 의미로 쓰입니다.

오다 come ~같이 with ▶▶ 함께 오다, 따라오다, (나쁜 행동을 해서) 받다

I have to come with my mother or they won't let me in. 나는 엄마와 함께 와야 해 아니면 그들이 날 들여보내지 않을 거야.

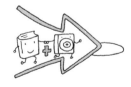

The book comes with a CD.
책을 사면 CD가 딸려온다.

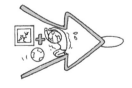

Bad behavior comes with a cost.
나쁜 행동을 하면 대가가 따른다.

9 손에 넣는 come by

come by는 '근처로(by) 다가가다(come)'라는 뜻입니다. 어떤 장소 근처로 가면 '잠깐 들르다'라는 의미가 되고, 어떤 물건의 옆으로 다가가면 가서 소유한다는 의미가 되어 '무엇을 손에 넣다, 입수하다'라는 뜻이 됩니다.

오다 come 옆에, 근처에 by ▶▶▶ 잠깐 들르다, 구하다, 입수하다

Come by my office.

내 사무실에 잠깐 들러.

Playoff tickets will be hard to **come by**.

플레이오프전 표는 구하기 어려울 거야.

How did you **come by** that information?

그 정보는 어떻게 입수했니?

10 잘 진행되는 come along

come along은 '~을 따라서(along) 움직여 오다(come)'라는 뜻입니다. 일이 생각대로 움직여 오면 '일이 잘 진행되다, 나아지다'가 되고, 사람을 따라서 가려는 방향으로 움직이면 '동행하다'라는 뜻이 됩니다. 또 쭉 따라와서 '도착하다, 나타나다'라는 의미도 됩니다.

오다 come 쭉 따라서 along

▶▶▶ (일이) 잘 진행되다, 따라오다, (기회가) 생기다

My work is **coming along** well.

내 일은 잘 진행되고 있어.

Come along if you can keep up.

따라올 수 있으면 같이 가자.

A great opportunity **came along**.

좋은 기회가 생겼다.

11 뚫고 오는 come through

come through는 '무언가를 뚫고(through) 오다(come), 통과해서 오다'라는 뜻입니다. 무언가를 뚫고 온다는 것은 '어려운 일을 해내다, 성공하다'라는 의미도 될 수 있습니다.

오다 come 통과해서 through ▶▶ 뚫고 지나가다, 끝까지 해내다, (이가) 나다

Make way. Coming through.
길 좀 비켜주세요. 지나갈게요.

He came through in the end.
그는 결국 해냈어.

My wisdom teeth are coming through.
사랑니(wisdom tooth)가 나고 있어.

12 모여서 하나 되는 come together

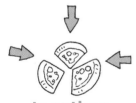

come together는 사람이나 사물이 '함께(together) 오다(come)'라는 뜻이므로 '모이다, 합쳐지다'라는 말입니다. 모두 모이니까 '어떤 일이 완성되다'라는 의미로도 쓰입니다. 또 함께 모이니까 '화해하다, 협력하다'라는 뜻으로 확장됩니다. 비틀스가 부르는 Come together right now over me.(지금 당장 모여서 내게로 와.)를 떠올리면 기억이 잘 되겠죠?

오다 come 함께 together ▶▶ 모이다, 완성되다, 정리되다

The entire family came together.
모든 가족이 다 모였다.

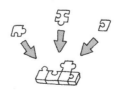

All the pieces of the puzzle came together.
모든 퍼즐 조각이 다 맞춰졌다.

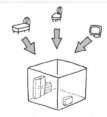

My room is coming together.
방 정리가 다 되어가.

01　풀이 떨어져 나가고 있어.　　Glue's starting to come ＿＿＿＿＿.

02　셔츠의 얼룩이 안 빠져.　　The stain in the shirt doesn't come

＿＿＿＿＿ .

03　이번 주 일요일에 점심 먹으러 잠깐 들러.　　Come ＿＿＿＿＿ my house this Sunday for lunch.

04　월요일에 우리 집에 건너 와.　　Come ＿＿＿＿＿ to my house on Monday.

05　나 지나갈게.　　I'm coming ＿＿＿＿＿ .

06　그들은 팀으로 뭉쳤다.　　They came ＿＿＿＿＿ as a team.

07　모든 물건은 어제 다 들어왔어.　　Everything came ＿＿＿＿＿ yesterday.

08　못이 벽에서 떨어졌어.　　A nail came ＿＿＿＿＿ the wall.

09　A : 10주년 고등학교 동창회가 곧 다가오는데, 입고 갈 옷이 없어.　　My 10-year high school reunion is coming ＿＿＿＿＿ . I can't seem to find anything to wear.

　　B : 말도 안 되는 소리. 옷장에 옷이 저렇게 많은데.　　You have got to be kidding! You have a closet full of clothes.

정답 **01** off **02** off[out] **03** by **04** over **05** through **06** together **07** in **08** off **09** up

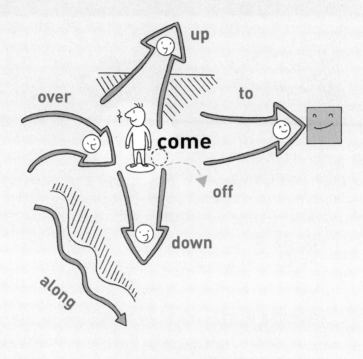

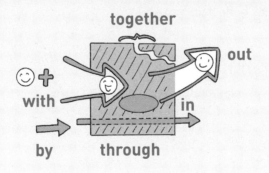

go
저리 가, go!

사물이 이동하다

진행되다

사라지다

1. 사람이나 사물이 가다

go는 '가다'라는 뜻인데, come과는 반대로 기준점을 중심으로 '기준점에서 멀어지다'라는 뜻입니다. 단순하게 'go+장소'로 있던 장소에서 떠날 때에도 쓰이지만, 사람이나 사물이 원래의 기능이나 상태에서 떠나서 기능이 없어지거나 상태가 변할 때도 쓰입니다.

· **I went home.** 나는 집으로 갔다.
· **Where does the book go?** 이 책이 어디로 갈까(이동할까)? → 이 책을 어디다 놓을까?

2. 어떤 상태로 진행되다

go는 '일정하게 가다' 즉 '어떤 일이 진행되어 가다'라는 의미도 됩니다. go 다음에 형용사가 오면 '어떤 상태로 진행되어 가다'라는 뜻이 되죠.

· **How did the interview go?** 인터뷰가 어떻게 진행됐니?
· **The milk has gone bad.** 우유가 상했어.

3. 사라지다, 없어지다

마지막으로 기준점을 중심으로 '너무 멀리 가버리다' 즉 '사라지다, 없어지다'라는 뜻으로도 확장됩니다.

· **My headache has gone.** 두통이 사라졌어.
· **Where did all the money go?** 돈이 다 어디로 가버렸지?

1 치솟는 go up

go up은 '낮은 곳에서 위로(up) 올라가다(go)'라는 뜻입니다. 사람이 사다리나 계단을 올라가는 것, 승강기가 올라가는 것도 go up입니다. 또 가격이 오르고, 열이나 기온이 오르는 것처럼 '수치나 양이 증가하다'라는 뜻으로도 쓰입니다. 건물이 go up in flames하면 '타오르다'라는 뜻이 됩니다.

가다 go 위로 up ▶▶ 올라가다, 타오르다(in flames), (열·기온·가격이) 오르다

I **went up** the roof.

난 지붕 위로 올라갔다.

The building **went up** in flames.

건물이 불타올랐다.

The price of milk has **gone up**.

우윳값이 올랐다.

2 가라앉는 go down

go down은 '높은 곳에서 낮은 곳으로(down) 내려가다(go)'라는 뜻입니다. '혈압이나 주식이 떨어지는 것처럼 수치나 양이 감소하는 것을 모두 go down으로 표현할 수 있죠. 혹이나 부기가 가라앉는 것도 go down으로 표현합니다. 비행기 등이 go down하면 '추락하다', 배·선원 등이 go down하면 '가라앉다'라는 뜻으로 쓰입니다.

가다 go 아래로 down ▶▶ 떨어지다, 내려가다, (배·선원·부기가) 가라앉다

My blood pressure **went down**.

내 혈압이 떨어졌어.

The helicopter **went down** in a field.

헬기가 들판에 추락했다.

The bumps **went down** and disappeared.

혹(bump)이 가라앉아서 없어졌어.

go with는 '~와 같이(with) 가다(go)' 즉 '동행하다'라는 뜻입니다. 그 유명한 영화 <바람과 함께 사라지다>의 영어 제목이 <Gone with the Wind>라는 거 아시죠? 또 넥타이가 셔츠와 같이 가고, 오징어와 땅콩이 같이 가는 것처럼 '~이 잘 어울리다'라는 의미로도 많이 쓰입니다. go with the flow(흐름) 하면 '대세를 따르다'라는 뜻이 되고, I can't go with the flow.는 '남들 하는 대로 따라 할 수는 없어.'라는 의미가 됩니다.

가다 **go** ~와 같이 **with** ▶▶ 함께 가다, (~와) 어울리다

I went with my friends.

난 친구들과 함께 갔어.

This tie goes with your shirt.

이 넥타이가 네 셔츠랑 어울려.

Wine goes with Italian food very well.

이탈리아 음식은 와인과 아주 잘 어울려.

go without은 '~없이(without) 가다(go)'라는 뜻입니다. go에 진행의 의미가 있다는 거 기억하시죠? 그래서 go는 '~없이 진행되다' 즉 '~없이 지내다, ~없이 견디다'라는 의미도 됩니다. '먹지 않고 견디다, 교육받지 못하다'라는 말도 go without으로 표현합니다.

가다, 지내다 **go** ~없이 **without**

▶▶ ~없이 가다, ~하지 않고 견디다, ~하지 못하다

If he won't go, go without him.

그가 가려고 하지 않으면, 혼자 가세요.

I went without food.

난 먹지 않고 지냈어.

I don't want my kids to go without a good education.

나는 아이들이 좋은 교육을 받지 못하는 걸 원치 않아.

5 선택하는 **go for**

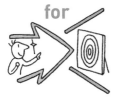

go for는 '~를 향해서(for) 가다(go)'라는 뜻입니다. 무엇을 향해 가니까 '~을 선택하다'라는 의미도 되고, '~하러 가다'라는 의미도 됩니다. 또 목표하는 바를 '얻고자 노력하다'라는 뜻도 되고요. Go for it!처럼 go for 다음에 대상을 쓰고 명령형으로 하면, '힘내!'라는 의미가 됩니다.

가다 **go** ~를 향해 **for** ▶▶ 선택하다, ~하러 가다, 얻고자 노력하다

She's not **going for** a black one.

그녀는 검은 것을 고르지 않을 거야.

Where can I **go for** help?

어디 가서 도움을 청하지?

We encouraged her to **go for** it.

우리는 그녀에게 힘내라고 격려해줬다.

6 맞서 가는 **go against**

go against는 '~에 맞서서(against) 가다(go)'라는 뜻인데 이때 go는 진행의 의미로 '맞선 상태로 진행되다, 지내다'라는 의미입니다. 법에 맞서 가면 '법을 어기다'가 되고, 아버지에게 맞서 가면 '아버지를 거스르다'가 됩니다. I don't want to go against the rules.라고 하면 '난 규칙에 어긋나고 싶지 않아.'라는 말이죠.

가다 **go** ~에 맞서서 **against** ▶▶ (법을) 어기다, ~에게 맞서다, ~을 거스르다

I would never **go against** the law.

나는 결코 법을 어기지 않을 것이다.

I **went against** my dad because I thought I was right.

나는 내가 옳다고 생각해서 아빠에게 대들었어.

I **went against** their wishes.

나는 그들이 원하는 바를 거슬렀다.

go into는 '(상황) 안으로(into) 들어가다(go)'라는 뜻으로, '어떤 상황이 진행되다'라는 의미가 됩니다. go into details라고 하면 '세부사항으로 들어가다' 즉 '자세하게 설명하다'라는 말이 되죠. go into politics처럼 어떤 분야에 뛰어드는 것도 go into로 표현합니다. 또 행동이나 일을 시작할 때도 go into를 씁니다. 행동이나 일의 안으로 들어가야 시작할 수 있으니까요.

가다 go ~(상황) 안으로 into ▶▶ 들어가다, 시작하다, (분야에) 뛰어들다

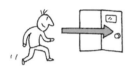

Go into your room.
네 방으로 가.

She **went into** labor.
그녀는 진통(labor)이 시작되었다.

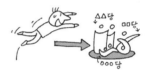

He **went into** politics.
그는 정치에 뛰어들었다.

out

go out의 뜻은 '밖으로(out) 나가다(go)'라는 뜻으로 for를 붙여서 '~을 하러 나가다'라는 표현으로 많이 쓰죠. 또 보통 데이트를 하면 식사를 하거나 영화를 보러 밖으로 나가니까 go out 자체가 '데이트를 하다'라는 뜻으로 확장되기도 합니다. 초대장이나 편지가 밖으로 나가면 '발송되다', 불이 밖으로 나가서 없어지면 '꺼지다'라는 의미가 됩니다.

가다 go ~밖으로 out ▶▶ 나가다, 데이트하다, 발송되다, (불이) 꺼지다

Will you **go out** with me?
나랑 데이트할래?

The invitations have **gone out**.
초대장은 다 보냈어.

The light **went out**.
불이 꺼졌어.

9 넘어가는 go over

go over는 '~위로(over) 가다(go), 넘어가다'라는 뜻입니다. go over 뒤에 to를 쓰고 장소를 쓰면 '~쪽으로 건너가다'라는 말입니다. I went over to his house.라고 하면 '나는 그의 집에 갔다.'라는 뜻이죠. '~위로 지나가다'라는 이미지에서 '~를 세밀히 검토하다, 조사하다'라는 의미로도 쓸 수 있습니다.

가다 go ~넘어서 over ▶▶ 넘어가다, 건너가다(to), 검토하다

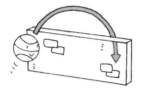

My basketball went over the wall.

내 농구공이 담을 넘어갔다.

She went over my report.

그녀는 내 보고서를 검토했다.

10 파산하는 go under

go under는 '아래로(under) 가다(go)'라는 뜻입니다. 아래로 간다는 건 '가라앉다'라는 의미가 되니까 '배가 가라앉다', '사업체 등이 가라앉다' 즉 '파산하다, 망하다'라는 말로도 쓰입니다. '수술대에 오르다'라는 표현도 영어로는 go under the knife라고 하는데 '칼 아래로 가다'가 '수술을 받다'라는 뜻이 된 것입니다.

가다 go ~밑으로 under ▶▶ 밑으로 가다, 가라앉다, 망하다

Please go under the table and find my pen.

테이블 밑으로 가서 내 펜 좀 찾아.

The ship went under.

배가 가라앉았다.

My business went under.

내 사업이 망했어.

11 이동하는 go to

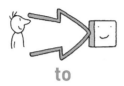

go to는 '~로(to) 가다(go)'라는 뜻으로 'to 다음에 나오는 대상으로 이동하다, ~에 쓰이다'라는 의미입니다. 돈이 자선단체로 가면 '기부되다'가 되고, 음식이 쓰레기로 가면 '버려지다'가 됩니다. 또 '상이 누구에게 돌아가다'라고 할 때도 the award goes to 다음에 사람을 씁니다.

가다 go ~로 to ▶▶ ~하러 가다, ~에 쓰이다, ~에게 주어지다

Mom, I can't go to sleep.
엄마, 잠이 안 와요.

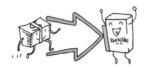

All the money went to charity.
모든 돈은 자선단체에 기부되었다.

I hope all this food doesn't go to waste.
이 음식을 모두 버리지 않기를 바래.

12 옆으로 가는 go by

go by는 '~의 옆을(by) 지나가다(go), ~에 잠깐 들르다'라는 뜻으로 쓰입니다. 영화 카사블랑카의 주제곡 As time goes by에서처럼 '시간이 지나다'라는 뜻으로도 쓰이고요. 윤미래도 같은 제목의 다른 노래를 불렀죠. '시간이 흐른 뒤(As time goes by)'라는. 이외에도 '규칙을 지키다, 준수하다'라는 의미로도 많이 사용됩니다.

가다 go ~옆으로 by ▶▶ 잠깐 들르다, (시간이) 흐르다, (규칙을) 따르다

I went by his place.
난 그의 집에 잠깐 들렀어.

Time is going by quickly.
시간이 빨리 간다.

I go by my mom's rules.
난 엄마의 규칙을 지켜.

13 이탈하는 **go off**

off

go off는 '벗어나다, 분리되어(off) 나가다(go)'라는 뜻입니다. 선을 넘어가거나 기차가 선로를 이탈하는 것도 선에서 벗어나는 거니까 go off라고 합니다. go off 다음에 to를 쓰고 장소를 써주면 '~로 가다'라는 뜻입니다. He went off to college.라고 하면 '그는 대학에 갔다.'가 되죠. 또 총이 발사되거나 폭탄이 터지고 알람시계가 울리는 것, 사람이 화를 내는 것도 전부 go off로 표현합니다.

가다 go 분리되어 off

▶▶ [선로를] 이탈하다, [알람이] 울리다, [화를] 내다(on)

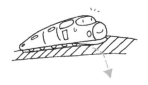

The train went off the track.
기차가 선로를 이탈했다.

The alarm went off.
알람이 울렸다.

My mom went off when I lied to her.
내가 거짓말했을 때 엄마는 화를 내셨다.

14 사라지는 **go away**

away

bye..

go away는 '멀리(away) 가다(go)'라는 뜻으로 '멀어지다, 가버리다'라는 의미가 됩니다. 멀어지고 가버리는 거니까 '사라지다, 없어지다'라는 의미로 확장됩니다. If you go away라는 오래된 팝송은 If you go away로 시작해서 If you go away로 끝나죠. 여러분은 떠나시면 안 됩니다. 이 책을 다 읽을 때까지는.

가다 go 멀리 away ▶▶ 떠나다, 없어지다, 사라지다

Go away!
꺼져!

My pain has gone away.
고통이 없어졌다.

His smile started to go away.
그의 미소가 사라지기 시작했다.

15 돌아다니는 go around

go around는 '돌아다니다, ~을 둘러싸서(around) 가다(go)'라는 뜻입니다. 또 케이크가 go around한다는 건 '~ 몫으로 분배되다'라는 뜻이고, 소문이 go around하는 건 '소문이 돌다, 퍼지다'라는 의미입니다. go around spreading rumors라고 하면 '소문을 내고 돌아다니다'라는 의미가 되죠.

가다 go 둥글게, 여기저기 around
▶▶▶ (~에) 두르다, 고루 돌아가다, (소문이) 돌다

The belt **goes around** the waist.

벨트는 허리에 둘러.

There is enough cake to **go around**.

모두에게 돌아갈 만큼 충분한 케이크가 있다.

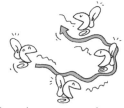

There is a rumor **going around**.

소문이 돌고 있어.

16 돌아가는 go back

go back의 뜻은 원래 있던 자리로 '되돌아(back) 가다(go)'입니다. 돌아갈 장소나 대상은 to를 써서 나타내죠. 돌아가고 싶은 것이라면 장소, 시간, 사람 등 무엇이든지 됩니다. 여러분은 어디로 돌아가고 싶으세요? 학교? 어린 시절? 그때 그사람?

가다 go 도로 back ▶▶▶ ~로 돌아가다(to), ~에게 돌아가다(to)

I have to **go back** to the office.
사무실로 돌아가야 해.

I **went back** to sleep.
나는 다시 잠자리에 들었다.

Don't **go back** to your ex-boyfriend.
전 남자 친구에게 돌아가지 마.

17 샅샅이 뒤지는 go through

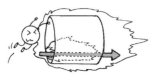

through

go through는 '통과해서(through) 가다(go)'라는 뜻입니다. 통과해서 가는 거니까 고통이나 어려움을 '뚫고 가다, ~을 겪다, 경험하다' 등의 의미로 쓰입니다. 이 표현이 들어간 멋진 노래가 있죠. I don't wanna talk(난 이야기하고 싶지 않아요) About the things we've gone through(우리가 겪었던 일들에 대해서). 또 무엇을 찾기 위해 샅샅이 뒤지는 것도 go through라고 합니다.

가다 **go** ~를 통과해서 **through** ▶▶▶ 겪다, 경험하다, 뒤지다

I **went through** a lot of pain after breaking up with my boyfriend.

남자친구와 헤어지고 나서 많이 힘들었어.

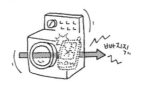

My cellphone **went through** the wash.

휴대폰을 세탁기에 빨았어.

He **went through** my bag.

그가 내 가방을 뒤졌다.

18 따라가는 go along

along

go along은 '~을 따라서(along) 가다(go)'라는 뜻으로 사람을 따라가면 '같이 가다'가 되고, 생각이나 계획을 따라가면 '생각이나 계획 등에 동의, 찬성하다'가 됩니다.

가다 **go** ~을 따라서 **along**

▶▶▶ ~와 동행하다(with), 동의하다, (계획·규칙 등에) 따르다

I **went along** with my brother.

난 남동생과 같이 갔어.

I will **go along** with your idea.

난 네 생각에 동의할 거야.

She will **go along** with your plan.

그녀는 너의 계획에 따를 거야.

동사와 전치사를 활용해, 다음 빈칸을 채워보세요.

01 내 주식이 떨어졌어.

My stocks went _____ .

02 나이 든 분에게 말대꾸하지 말라고
가정교육을 받았어.

It goes _____ my upbringing to talk
back to an older person.

03 그가 지난 몇 달 동안 내 휴대폰
사용내용을 조회해봤어.

He went _____ my cell phone records
for the past month.

04 그의 앨범은 곧장 1위가 되었다.

His album went straight _____ number
one.

05 냄새가 가시질 않아.

The smell won't go _____ .

06 그 목록을 다시 한 번 점검해.

Go _____ that list again.

07 어디에다 도움을 청해야 할지
모르겠어.

I have no idea where to go _____
help.

08 잃었던 믿음을 되찾아서
친구 관계로 돌아가고 싶어.

I want to earn my friend's trust back and
go _____ to being friends.

09 A : 엄마, 햄스터 키우고 싶어요.
B : 넌 아직 애완동물을 키우기에는
너무 어려. 애완동물을 키우는
건 많은 책임감이 따른단다.

Mom, I want a hamster.
You're too young to take on the
responsibility of a pet. A lot of
responsibility goes _____ owning a
pet.

정답 01 down 02 against 03 over 04 to 05 away 06 over 07 for 08 back 09 with

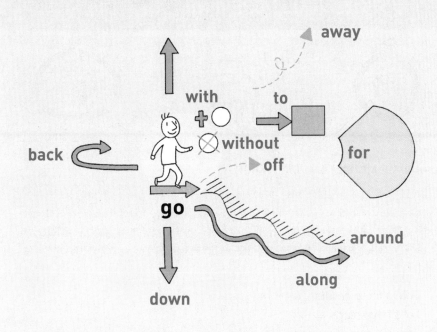

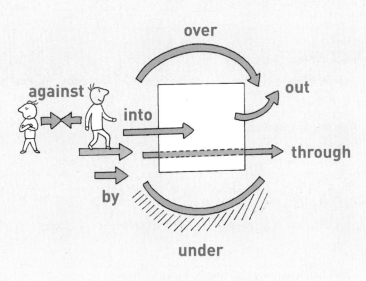

have
무엇이든 가지고 있는 have

Verb07.mp3

가지고 있다, ~이 있다

~속성이 있다

~하게 하다

1. 구체적인 사물부터 상황까지 가지다

have의 뜻은 '가지다'입니다. 이미 가지고 있는 상태를 나타내는 말로 '~이 있다' 정도의 뉘앙스입니다. have가 가질 수 있는 대상은 구체적인 사물부터 사람, 상황에 이르기까지 거의 제한이 없습니다. 음식을 가지면 '음식을 먹다', 감기 등의 병을 가지면 '병에 걸리다', 시간을 가지는 것은 '시간을 보내다'가 되고, 사람을 가지고 있으면 '사람을 손님으로 맞다'라는 의미가 됩니다.

· I **have** three children. 나는 아이가 셋 있어.
· Let's **have** pizza. 피자 먹자.
· I **have** a cold. 나 감기 걸렸어.

2. 속성을 가지다

have는 주어가 '어떤 속성이 있다'라는 뜻으로도 쓰입니다. 이때 주어는 사람뿐만 아니라 사물도 올 수 있죠.

· She **has** long hair. 그녀는 머리가 길어.
· The chair **has** four legs. 의자는 다리가 4개 있다.

3. ~이 되게 하다

have는 또 '~가 …을 하는 상황을 가지다'라는 의미에서 '~을 …하게 하다, …되게 하다'라는 뜻으로도 쓰입니다.

· I **had** him wash my car. 나는 그에게 내 차를 닦도록 했다.
· I **had** my lessons videotaped. 나는 내 수업을 비디오로 찍도록 했다.

1 초대하는 have in

have in은 '안에(in) 있다(have), 안으로 들이다'라는 뜻으로 사람을 안으로 들이면 '집으로 불러들이다, 초대하다'가 되고, 물건을 안으로 들이면 '비축하다'가 됩니다. 어떤 감정(it)이 안에 있으면 '나쁜 감정이나 원한을 안으로 가지고 있다' 즉 '나쁜 감정이나 원한 등을 품다'라는 의미가 됩니다. 이 경우 for 뒤에 감정의 대상을 밝혀주죠.

가지고 있다 **have** ~안에 **in**

▶▶ (집으로) 부르다, (~에게 나쁜 감정을) 품다(have it in for), ~이 있다

I **had** the plumber **in** last night to repair the pipes.

나는 어젯밤에 배관공(plumber)을 불러 파이프를 고쳤다.

I **have** it **in** for him.

난 그에게 나쁜 감정이 있어.

I **have** pain **in** my left arm.

왼쪽 팔이 아파.

2 터놓고 말하는 have out

have out은 '밖으로(out) 꺼내놓다(have)'라는 뜻입니다. 또 '할 말이나 감정(it)을 꺼내놓다' 즉 '터놓고 의논하거나 싸우다'라는 의미도 있습니다. 대상을 밝힐 때는 뒤에 with를 써주면 됩니다.

가지고 있다 **have** 밖으로 **out** ▶▶ 꺼내다, (터놓고 말해서) 결판을 내다(with)

We're not allowed to **have** our cellphone **out** in school.

우리는 학교에서 휴대폰을 꺼내 놓으면 안 돼.

I **had** it **out** with him.

나는 그와 해결을 봤어.

3　붙여 놓고 있는 **have on**

on

have on은 '~을 붙여 놓고(on) 있다(have)' 즉 붙여 놓은 상태를 가지고 있는 것이므로 붙여 놓은 대상이 옷이라면 '입고 있다', 휴대폰 등의 기기라면 '켜놓고 있다' 라는 의미로 쓰입니다.

가지고 있다 **have** 붙여 놓고, 작동 중인, 진행 중인 **on**
▶▶▶ 입고 있다, 켜놓고 있다

I **have** a sweater **on** me.
나는 스웨터를 입고 있다.

I **have** my cellphone **on** all the time.
나는 휴대폰을 항상 켜놔.

4　싫어하는 **have against**

against

have against는 '~에 맞대어(against) 있다(have), 맞서서 있다'라는 뜻으로 '벽에 의자 등을 기대어 놓다' 혹은 '무슨 이유로 ~을 싫어하다, 나쁜 감정을 품다'라는 의미로 쓰입니다.

가지다 **have** 맞서서, 맞대어 **against**
▶▶▶ 기대어 놓다, … 때문에 ~을 싫어하다, 나쁜 감정을 품다

I **had** a chair **against** the wall.
나는 의자를 벽에 기대어 두었다.

What do you **have against** me?
너 왜 나를 싫어하는 거야?

I **have** nothing **against** what you said.
난 네가 한 말에 감정 없어.

5

법정에 세우는 **have up**

up

have up은 '~을 올려놓고(up) 있다(have), 세워 놓고 있다'라는 뜻으로 '~을 걸거나 올려놓고 있다'라는 의미로 쓸 수 있고, 웹 사이트 등에 사진을 올리는 것(post)도 have up을 써서 말할 수 있습니다. 또 '사람을 법정에 세우다' 즉 '~을 기소하다'라는 의미로도 쓰입니다. 이유를 나타낼 때는 뒤에 for를 쓰죠.

가지고 있다 have ~위로 up ▶▶ **걸다, 올리다, (~을 이유로) 기소하다(for)**

I **had** the picture **up** on the wall.

나는 벽에 사진을 걸어놨어.

I **had** my picture **up** on an online dating site.

나는 내 사진을 온라인 데이트 사이트에 올렸다.

We **had** him **up** for murder.

우리는 그를 살인죄로 기소했다.

6

내려놓는 **have down**

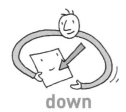

down

have down은 '아래로(down) 내려놓다(have)'라는 뜻으로 내려놓으니까 고정한다는 이미지에서 '~인 것으로 기정사실화하다'라는 의미로 확장됩니다. 결국 '사물이나 사람을 ~라고 여기다'라는 의미가 되죠. 또 시골로 사람을 내려오게 하다 즉 '시골이나 위치상 낮은 곳으로 초대하다'라는 의미로도 쓰입니다. '도시나 위치 상 위에 있는 곳 등으로 초대하다'라고 할 때는 반대로 up을 써서 말하면 되죠.

가지고 있다 have 아래로, 고정하는 down
▶▶ **내리다, (시골로) 초대하다, ~로 여기다(as)**

I **had** my friends **down** for the weekend.

나는 주말에 친구들을 초대했다.

I **had** it **down** as true.

나는 그것을 사실이라고 여겼다.

I **had** him **down** as a nut case.

나는 그를 괴짜(nut case)라고 여겼다.

7 돌려받는 **have back**

back

have back은 '도로(back) 가지다(have)'라는 뜻으로 '돌려받다, 되찾다'라는 의미로 쓰입니다. 사람을 되돌려 받는다는 건 '헤어졌던 연인이나 동료를 다시 맞이하다'라는 의미입니다.

가지다 **have** 도로 **back** ▶▶ 돌려받다, (떠났던 사람을) 다시 받아들이다

Can I **have** my book **back**?
제 책 돌려받을 수 있을까요?

We were glad to **have** him **back**.
그가 돌아와서 우리는 기뻤어.

01 나는 벽에 사진을 걸어 놨어.   I had the picture _____ on the wall.

02 너 뭐 입고 있니?   What do you have _____?

03 내 테니스 공 좀 돌려받을 수   Can I have my tennis ball _____?
    있을까?

04 너 신발 좌우를 바꿔 신은 것   It looks like you have your shoes
    같은데.   _____ the wrong feet.

05 나 돈 없는데.   I haven't got any money _____ me.

06 난 너한테 나쁜 감정 없어.   I have nothing _____ you.

07 걔를 생일파티에 꼭 초대해야 할 것   I felt obligated to have her _____ my
    같았어.   birthday party.

08 난 그와 터놓고 이야기할 필요가   I need to have it _____ with him.
    있어.

09 A : 왜 그래?   What's wrong?
    B : 샌드위치에 모래가 있어.   My sandwich has sand _____ it.

정답 01 up 02 on 03 back 04 on 05 on 06 against 07 in 08 out 09 in

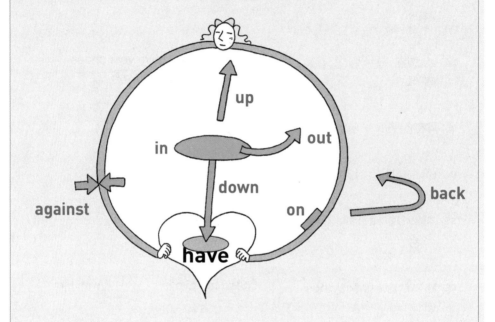

make
無에서 有를 만들어내는 make

Verb08.mp3

만들다

~이 되다

~하게 만들다

1. 뭔가를 만들다

make의 의미는 '만들다'입니다. 눈에 보이는 것뿐만 아니라 일, 기회, 실수, 문제, 의미, 시간 등 추상적인 개념들도 만들어낼 수 있습니다. 또 '만들어내다'라는 뜻에서 '성공하다, 해내다'라는 의미로도 확장됩니다.

· He **made** a fire. 그가 불을 피웠다.
· I **made** a mistake. 내가 실수를 했어.
· You can **make** it. 너는 할 수 있어.

2. 어떤 상태로 만들다

사람이나 사물에 어떤 소질이 있어서 '~로 만들다' 즉 '~이 되다'라는 의미로도 쓰입니다.

· She will **make** a good teacher. 그녀는 좋은 교사가 될 거야.
· Three and four **make** seven. 3 더하기 4는 7이 돼.

3. ~을 하게 만들다

make는 '사람이나 사물이 어떤 상황을 ~하게 만들다'라는 의미에서 '~하게 시키다, 만들다'라는 의미로도 쓰이죠. have나 let보다 강제로 시키는 의미가 강합니다. 또 make는 '~로 향하게 만들다'라는 뜻에서 '이동하다'라는 의미로도 확장됩니다.

· He **makes** me laugh. 그가 나를 웃게 한다.
· The smell **makes** me sick. 냄새 때문에 속이 안 좋아.
· Can you **make** it to the party? 파티에 올 수 있겠니?

1 알아보는 make out

make out은 '밖으로(out) 만들어 내다(make)'라는 뜻으로 만들어 내서 보이게 하니까 '해 나가다'라는 의미가 되기도 하고, with를 붙여서 '~와 잘 지내다'라는 의미도 됩니다. 너무 잘 지내서 '껴안고 키스하다'라는 의미도 되니 주의해서 써야 합니다. 잘 모르는 것이나 안 보이는 것을 만들어서 밖으로 내보내어 알아내고, 판별해 내니까 '알아보다, 분간하다'라는 의미로도 확장됩니다.

만들다 make 밖으로 out ▶▶▶ 해 나가다, 알아보다, 애무하다

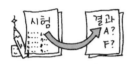

How did you **make out** on the exam today?

오늘 시험결과는 어떻게 됐니?

I can't **make out** your handwriting.

네 글씨를 못 알아보겠어.

He was **making out** with my girlfriend.

그가 내 여자 친구와 껴안고 키스하고 있었다.

2 변화시키는 make into

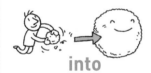

준비운동에서 into에 변화의 의미가 있다고 했죠? 다른 상태로 들어간다는 데서 '변화하는'이라는 의미로 확장된 거죠. 그래서 make into는 '만들어서(make) 변화시키다(into)'라는 뜻입니다.

만들다 make ~안으로 into ▶▶▶ ~으로 만들다

Don't **make** this **into** a big thing.

이걸 큰 문제로 만들지는 마.

I'd like to **make** this room **into** an office/living room.

나는 이 방을 사무실 겸 거실로 만들고 싶어.

I **made** an old pair of jeans **into** a purse.

나는 오래된 청바지를 가방으로 만들었다.

3 꾸며내고 보상하는 **make up**

make up은 '만들어(make) 올리다(up)'라는 뜻으로 어떤 한계까지 위로 쌓아 올리거나 up된 상태 즉 '좋은 상태, 완전한 상태로 만들어내다'라는 말입니다. 마음 을 쌓아 올리면 '결정하다', 이야기를 쌓아 올리면 '~을 구성하다, 이야기를 꾸며 내 다'라는 의미가 되고, 얼굴에 쌓아올리면 '화장하다'라는 뜻이 되죠.

만들다 make 위로 up

▶▶ 결정하다(one's mind), (이야기를) 꾸며내다, 화장하다

I already made up my mind.

나는 벌써 마음을 결정했어.

He made the whole story up.

그가 다 꾸며낸 얘기야.

Guys don't like girls who are too made up.

남자들은 화장을 너무 많이 한 여자를 좋아 하지 않아.

꾸며내고 보상하는 **make up**

또 물건이나 일의 잘못된 것이나 모자란 부분을 좋은 상태나 완전한 상태로 만들면 '보상하다, 보충하다'라는 의미가 됩니다. 무엇에 대한 보상인지는 for를 써서 밝혀 주죠. 그럼 사람과 깨어진 관계를 좋은 상태로 만들면 무슨 의미일까요? '화해하 다'죠.

만들다 make 위로 up ▶▶ 보상하다(for), 만회하다, 화해하다

I need to make up for forgetting my wife's birthday.

나는 아내의 생일을 잊어버린 것을 만회해야 돼.

Because I received a D in algebra, I have to make it up in summer school. 대수학에서 D를 받아서, 여름 학기 수업을 들어서 만회해야 해.

Let's kiss and make up. 우리 화해하자.

4 항해 가는 make for

make for는 '~을 향해(for) 길을 만들어 가는(make)' 이미지를 떠올리면 됩니다. ~로 향하게 만드니까 '~을 향해 가다'라는 뜻이 됩니다. '해변을 향해 가다'라고 할 때는 make for the shore라고 하면 되죠.

만들다 make 향해서 for ▶▶▶ 향하다, ~ 쪽으로 가다

She made for home alone.
그녀는 혼자 집으로 향했다.

He made for the door.
그는 문쪽으로 향했다.

5 급히 떠나는 make off

make off는 '있던 장소에서 분리되어 나가게(off) 만들다(make)' 즉 '급히 떠나다, 도망치다'라는 뜻으로 with와 함께 '~을 가지고 달아나다' 즉 '훔쳐가다'라는 의미로 많이 쓰입니다. '소매치기가 내 지갑을 가지고 달아났다.'라는 말은 A pickpocket made off with my purse.라고 하면 되죠.

만들다 make 떨어져서, 분리되어 off ▶▶▶ 급히 떠나다, 훔쳐가다(with)

Someone made off with my umbrella.
누군가가 내 우산을 가져갔어.

The thief broke into my car and made off with some valuables. 도둑이 차를 따고 들어와서 귀중품을 훔쳐갔다.

01 내가 너에게 보상할 수 있게 해줘.　　Let me make it _____ to you.

02 나는 확실히 결정을 못 내렸어.　　I haven't made _____ my mind for sure.

03 네가 무슨 말을 하는지 모르겠다.　　I can't make _____ what you're saying.

04 변명 좀 그만 꾸며 대.　　Don't make _____ excuses.

05 우리는 남는 침실을 손님방으로 꾸몄다.　　We made the extra bedroom _____ a guest room.

06 너한테 어떻게 보상하면 되겠니?　　How can I make it _____ to you?

07 나는 허비한 시간을 만회할 거야.　　I'll make _____ for lost time.

08 나는 그녀가 전혀 이해가 안 돼.　　I can't make _____ her at all.

09 A : 말도 안 되는 변명 좀 그만해. 우리 그만 헤어져.　　Stop making _____ lame excuses. I want to break up with you.

B : 정말 미안해. 내가 그동안 잘못한 거 다 보상할게. 우리 화해하자.　　I'm so sorry. I'll make _____ to you, I promise. Let's make _____.

정답 01 up　02 up　03 out　04 up　05 into　06 up　07 up　08 out　09 up, up, up

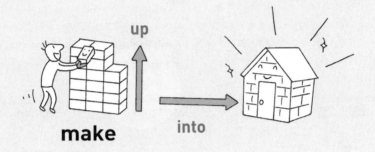

make up into

out off for

198

bring
가져오는 bring

Verb09.mp3

~을 가지고 오다

상황을 가져오다

데리고 오다

1. ~을 가지고 다가오다

bring의 기본 이미지는 come처럼 내가 있는 곳이나 상대방이 있는 곳으로 가까이 다가오는 것입니다. 그런데 혼자 오는 게 아니라 사물이나 사람을 가지고 옵니다. 무엇인가를 가지고 내 게서 멀어져 가는 take와 반대 개념이죠. 기본 의미는 '무엇을 가지고 가까이 다가오다'라는 뜻 입니다. 사람을 가지고 오면 '데려오다'라는 뜻이죠.

· Did you **bring** your passport? 여권 가지고 왔니?
· **Bring** your boyfriend with you. 남자 친구 데리고 와.

2. 추상적인 것을 가져오다

감정이나 변화 같은 '추상적인 개념'도 가져올 수 있습니다.

· He **brought** many changes to our school. 그는 우리 학교에 많은 변화를 가져왔다.
· He **brings** me great joy. 그는 나에게 큰 기쁨을 가져다준다.

3. 사물을 가져오다

사물도 얼마든지 주어가 되어 무엇이든 가지고 오고, 데려올 수 있습니다. 아래의 질문은 '어떤 일이(what) 너를 이곳으로 데리고 왔니?' 즉 어떤 일이 너를 여기로 오게 했느냐고 물어보는 거죠.

· What **brings** you here? 무슨 일로 오셨나요?

1 끌어올리는 **bring up**

bring up은 뭔가를 '가져다가(bring) 위로 올리다(up)'입니다. '끌어올린다'는 의미죠. 화제를 끌어올리면 '화제를 꺼내다'가 되고 사람을 끌어올리면 '사람을 크게 키우다' 즉 '기르다, 양육하다'라는 뜻이 되죠. 수치나 양을 끌어올리면 '증가시키다, 높이다'라는 의미로 쓰입니다.

가져오다 bring [표면] **위로 up** ▶▶ (화제를) 꺼내다, (아이를) 키우다, 높이다

He **brought up** the subject of marriage.

그는 결혼 문제를 꺼냈다.

I was **brought up** by my grandmother.

할머니가 나를 키우셨어.

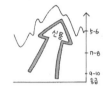

I need to **bring** my credit rating **up** to buy a house.

집을 사기 위해 신용등급(rating)을 높여야 한다.

2 끌어내리는 **bring down**

bring down은 '가져다가(bring) 끌어내린다(down)'는 의미입니다. 사람을 끌어내리면 '우울하게 하다, 파멸시키다'라는 뜻이 되고, 수치를 끌어내리면 '수치를 낮추다'라는 의미가 되죠. 부기를 끌어내린다는 건 '부기를 가라앉히다'라는 말이고요.

가져오다 bring 아래로 **down**
▶▶ 끌어내리다, 우울하게 하다, (부기를) 가라앉히다

I can't **bring down** the cat from the tree.

나무에서 고양이를 끌어내릴 수가 없어.

I didn't meant to **bring** you **down**.

널 우울하게 할 생각은 아니었어.

What can I do to **bring** the swelling **down** faster?

부기(swelling)를 빨리 빼려면 어떻게 해야 하지?

3 벌어들이는 **bring in**

in

bring in은 '안으로(in) 가지고 들어오다(bring), 데리고 들어오다'입니다. 무엇을 가지고 들어오느냐에 따라 '돈을 벌어들이다, 사람을 데리고 들어오다, 새로운 제도 등을 도입하다' 등의 다양한 의미로 쓰입니다.

가져오다 **bring** 안으로 **in** ▶▶ 가지고 들어오다, (돈을 벌어)들이다, 데려오다

She **brought in** a birthday cake to share with us.

그녀는 생일 케이크를 우리와 나눠 먹으려고 가져왔다.

My job **brings in** 2 million won a month.

내 일로 한 달에 200만 원 벌어.

I'm going to **bring in** a chef to cook everything for my party.

내 파티에 모든 것을 요리해 줄 요리사를 데리고 올 거야.

4 돋보이게 하는 **bring out**

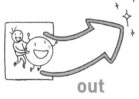

out

bring out은 '가지고(bring) 나오다(out), 데리고 나오다'라는 뜻입니다. 새로운 물건을 가지고 나오면 '신제품, 새 책 등을 선보이다'가 되고, 밖으로 끌어내는 거니까 '돋보이게, 두드러지게 해 주다'라는 의미도 됩니다.

가져오다 **bring** 밖으로 **out**
▶▶ (신제품을) 선보이다, 꺼내 오다, 돋보이게 해 주다

They **brought out** a new book.

그들은 새 책을 선보였다.

I **brought out** some wine.

나는 와인을 몇 병 꺼내왔다.

This color will **bring out** your eyes.

이 색이 네 눈을 돋보이게 할 거야.

5   사건을 일으키는 **bring on**

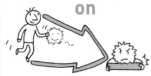

bring on은 '가지고 와서(bring) 붙여 놓다(on)' 즉 '가지고 와서 진행하다'라는 뜻으로 배우나 참가자를 '등장시키다, 불러오다', 사건이나 상황을 '가져오다, 일으키다'라는 말이 됩니다. 병을 갖다가 붙여 놓으면 '병을 일으키다'라는 뜻이 되죠.

가져와서 bring 붙이는, 진행시키는 on ▶▶ 불러오다, 가져오다, 일으키다

Bring on the next contestant.
다음 참가자(contestant)를 불러와.

I walk every day to help **bring** labor **on**.
진통(labor)을 빨리 오게 하려고 매일 걸어.

The rain has **brought on** cold weather.
비가 와서 더 추워졌다.

6   회상하는 **bring back**

bring back은 '원래 장소로 도로(back) 가져오다(bring), 데려오다'라는 뜻입니다. 기억을 다시 가져오면 '회상하다'가 되고, 죽은 사람을 도로 데려오면 '다시 살려내다'라는 의미가 되죠.

가져오다 bring 도로 back ▶▶ 도로 가져오다, 생각나게 하다, 다시 살려내다

I couldn't **bring** the book **back** in time.
난 책을 제때에 다시 가져올 수 없었다.

This song **brings back** memories.
이 노래는 추억을 생각나게 해.

Nothing will **bring** her **back**.
어떤 것도 그녀를 다시 살릴 수 없어.

7 설득하는 **bring around**

around

bring around는 '~을 근처로(around) 가지고 오다(bring), 데리고 오다'라는 뜻입니다. 또 '생각이 달라서 곁에 있지 않은 사람을 주위로 데려오다' 즉 '설득해서 찬성하게 하다'라는 의미로도 쓰입니다.

데려오다 **bring** ~주위로, 돌려놓는 **around**
▶▶▶ ~의 주위로 데려가다, 찬성하게 하다

I don't want to **bring** my children **around** people who are sick. 아이들을 아픈 사람들 근처로 데려 오고 싶지 않아.

She was against my idea, but I **brought** her **around**.

그녀는 내 생각에 반대했지만, 난 그녀를 설득시켜 동의하게 했다.

8 끌고 오는 **bring to**

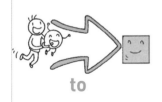

to

bring to는 사물이나 사람, 상황을 '어떤 지점이나, 결과, 상태로(to) 끌고 오다 (bring)' 즉 '~하게 되다, ~에 이르게 하다'라는 뜻입니다. 회의를 끝으로 끌어 오니까 '회의를 끝내다'가 되고, 물을 끓는 상태로 끌고 오니까 '끓이다'라는 의미가 되죠. 또 부정문으로 can't bring oneself to~라고 하면 '~할 마음이 생기지 않다, 내키지 않다'라는 의미가 됩니다.

가져오다 **bring** 어떤 지점으로 **to** ▶▶▶ ~하게 되다, ~에 이르게 하다

Let's **bring** the meeting **to** a close.

회의를 끝냅시다.

I can't **bring** myself **to** tell him.

나는 그에게 말할 수 없어.

Bring the water **to** a boil.

물을 끓여.

01 엄마가 주로 돈을 벌어 오셔.

My mom brings _____ most of the money.

02 책을 제시간에 반납하지 못하면 어떻게 돼요?

What if I can't bring it _____ in time?

03 그걸 끝내.

Bring it _____ an end.

04 그들을 다시 불러냅시다.

Let's bring them _____ out.

05 가수를 불러와.

Bring _____ the singer.

06 그는 음식을 꺼내왔다.

He brought _____ the dishes.

07 그는 나의 술 문제를 꺼냈다.

He brought _____ my drinking problem.

08 혈당이 높아서 낮춰야 해.

I have high blood sugar and need to bring it _____ .

09 A : 우리는 적은 고정 수입으로 살고 있어서 새 차를 살 형편이 안 돼.
   B : 돈을 좀 더 벌어야 하겠어.

We're on a small fixed income. We can't afford a new car.
We need to bring _____ more money.

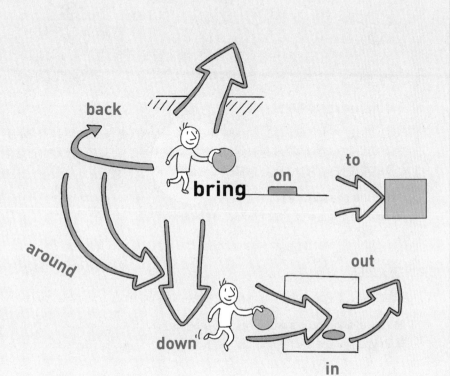

back

to

on

bring

around

out

down

in

keep
주~욱 유지하는 keep

Verb10.mp3

가지다, 보관하다

약속, 비밀 등을 지키다

잡아 놓다, 붙들어 놓다

1. 계속 어떤 상태로 유지하다

keep의 의미는 어떤 상태를 '계속 유지하다'입니다. 또 다른 행동을 하지 않고 해오던 행동을
계속한다는 의미에서 '새로운 행동을 못하게 하다, 방해하다'라는 의미로도 확장됩니다. 눈에
보이는 사물을 유지할 때는 '가지다, 보관하다, 관리하다'라는 뜻이 되지요.

· **Keep** the change. 잔돈을 가지세요.
· Where do you **keep** your books? 책은 어디에다 보관하니?

2. ~를 지키다

약속이나 비밀 등 눈에 보이지 않는 것을 유지할 때는 '약속이나 비밀을 지키다'라고 합니다.

· He always **keeps** his word. 그는 언제나 약속을 지켜.
· Can you **keep** a secret? 비밀 지킬 수 있겠어?

3. ~을 잡아 놓다

사람을 keep하면 '사람을 잡아 놓다, 붙들어 놓다'로 쓰이고, 특정 동작이나 상태를 유지할 때
도 쓸 수 있습니다.

· What's **keeping** you? 무엇이 너를 붙들고 있니? → 뭣 때문에 늦었니?
· She **kept** me from leaving. 내가 떠나지 못하게 그녀가 붙들고 있어.
· **Keep** the door open. 문 계속 열어 놔.

1 뒤처지지 않는 keep up

keep up은 '높은 상태를(up) 유지하다(keep)'라는 뜻입니다. 높은 상태란 물리적으로 높은 상태뿐 아니라 잠이 깬 상태나 좋은 상태, 양호한 상태를 의미하기도 하고 생활 수준이나 학업 등이 다른 사람에게 떨어지거나 뒤처지지 않는 상태를 의미하기도 합니다.

유지하다 keep 위로 up

▶▶▶ 유지하다, 밤잠을 못 자게 하다, 계속해서 하다(the good work)

Keep your chin **up.**

턱을 계속 들고 있어→기운 내.

My baby **kept** me **up** all night.

아기 때문에 밤새웠어.

Keep up the good work.

계속해서 잘해.

2 줄이는 keep down

keep down은 '낮은 상태를(down) 유지하다(keep)'라는 뜻으로 '몸을 낮추다, 소리 등을 줄이다, 경비 등을 줄이다' 등의 의미가 되죠. 또 '음식을 아래로 keep하다' 즉 '음식을 삼키다'라는 의미로도 쓰입니다.

유지하다 keep 아래로 down ▶▶▶ 삼키다, (소리를) 낮추다, (요금을) 줄이다

I can't **keep** my food **down** at all recently.

요새 소화가 전혀 안 돼.

Keep down the noise.

소음 좀 줄여.

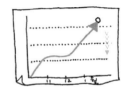

How do I **keep** my gas bill **down** during winter?

어떻게 하면 겨울에 가스 요금을 줄일 수 있을까요?

3 뭐든 계속하는 keep on

keep on은 '계속 붙여놓고(on) 있다(keep)'라는 뜻입니다. 옷이나 반창고, 가격표를 떼지 않고 붙여놓는 것을 말하죠. 또 '어떤 동작을 그만두지 않고 계속하다'라는 의미로도 많이 쓰이죠. Tom Jones가 부른 노래 중에 Keep on running, keep on hiding...이란 가사가 있습니다. '계속 뛰고, 계속 숨어라…' 그렇게 뛰어가다 잡힐까요, 안 잡힐까요? 궁금하신 분은 가사를 찾아보시길.

계속 keep 붙여놓는, 진행시키는 on
▶▶ 떼지 않다, 입은 채로 있다, 계속 ~하다(-ing)

Keep the tag **on** just in case.
만약을 대비해서 가격표를 떼지 마.

Keep your socks **on**.
양말 계속 신고 있어.

Keep on singing.
계속 노래해.

4 피하는 keep off

keep off는 '떨어진 상태를(off) 유지하다(keep)' 즉 '가까이 못 오게 하다, 떨어져 있게 하다'라는 뜻입니다. Keep off the grass. 많이 본 문구죠? '잔디밭에 들어가지 마시오.'란 뜻입니다. 기본 의미에서 확장되어 '특정 화제를 피하다, 특정 음식 등을 먹지 않다'라는 뜻으로도 씁니다. 예를 들어 keep off junk food는 '몸에 안 좋은 음식을 먹지 않다'라는 뜻이 되죠.

계속 keep 떨어뜨려 놓는 off
▶▶ 가까이 못 오게 하다, [특정 화제를] 피하다, 먹지 않다

Keep the dog **off** the bed.
개는 침대에 못 올라오게 해.

We **kept off** the subject.
우리는 그 화제를 피했다.

Keep off alcohol.
술은 먹지 마.

5 보관하는 keep in

keep in은 '계속 안에 넣어(in) 놓고 있다(keep)'라는 뜻으로 '안에 보관하다, 보내지 않고 남기다'라는 의미로 쓰입니다. 또 감정이나 화, 말을 안에 계속 넣어 놓고 있으니까 '감정이나 화를 참다, 억제하다'라는 말로도 쓰입니다.

계속 keep 안에 in

▶▶▶ 나가지 않도록 하다, (벌로 학생을) 붙들어두다, 명심하다(mind)

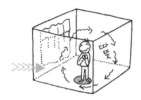

Shut your curtains to keep the warmth in.

따뜻한 공기가 나가지 않도록 커튼을 쳐.

The teacher kept the students in after school.

선생님은 학생들을 방과 후에 남겼다.

Keep it in mind.

그거 명심해.

6 들어오지 못하게 하는 keep out

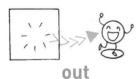

keep out은 '계속 밖에(out) 두다(keep), 들어오지 못하게 하다'라는 뜻입니다. 사물을 계속 밖에 두면 '밖에 내놓거나 들어오지 못하게 하다'라는 의미이고, 상황 밖에 두면 '그 상황에 빠지지 않게 하다'란 의미가 되죠.

계속 keep 밖에 out

▶▶▶ 들어오지 못하게 하다, 막다, (어려움에) 빠지지 않게 해주다(of)

Keep the dog out.

개는 밖에 내놔.

We hung up curtains to keep out the cold.

차가운 바람이 들어오지 않게 하려고 커튼을 달았다.

He will keep us out of trouble.

그가 우리를 어려움에 빠지지 않도록 해줄 거야.

7 계속 가는 keep to

keep to는 '계속(keep) ~을 향해(to) 있다'라는 의미로 '~에서 이탈하지 않다, ~를 계속 따라가다'라는 의미로 쓰입니다. 요점에서 이탈하지 않으면 요점만 '고수하다, 말하다'가 되고, 약속이나 비밀에서 이탈하지 않으면 '지키다'라는 의미가 되죠. keep to the schedule이라고 하면 '일정을 지키다'라는 말이 됩니다.

계속 keep ~쪽으로 to ▶▶ ~에 계속해 있다, (본론에서 이탈하지 않고 요점을) 고수하다, (약속이나 비밀을) 지키다

Keep to the left.
좌측통행

Keep to the point.
요점만 말해.

Keep it **to** yourself.
너만 알고 있어.

8 붙들어 놓는 keep from

keep from은 '~로부터(from) 멀리 붙들어 놓다(keep)'라는 뜻으로 멀리 붙들어서 접근하지 못하게 하니까 '~하지 못하게 하다'라는 의미가 됩니다. 뮤지컬 <헤어스프레이(Hairspray)> 대사에 이런 구절이 있습니다. Oh Tracy, they can keep us from kissing, but they can't stop us from singing! '그들은 우리가 키스를 못하게 할 수는 있지만, 노래를 멈추게 할 수는 없어!' 노래라도 하게 해 줘야겠죠?

붙들어 놓다 keep ~로부터 멀리 off ▶▶ 못하게 하다, ~하지 않게 하다, 억제하다

She **kept** me **from** leaving.
그녀는 나를 떠나지 못하게 했어.

I need some tips to **keep from** snacking before bed at night. 밤에 자기 전에 간식 먹지 못하게 할 조언이 필요해.

Her pride **kept** her **from** admitting that she was wrong.
그녀는 자존심 때문에 틀렸다는 걸 인정하지 않았다.

9 가까이하지 않는 keep away

keep away는 '계속(keep) 멀리(away) 두다, 가까이 오지 못하게 하다'입니다. from을 붙여서 '~을 멀리하다'라는 표현으로 많이 쓰이죠. keep away from him이라고 하면 '그를 멀리해, 가까이하지 마'라는 의미가 됩니다.

계속 keep 멀리 away ▶▶ 멀리 두다, 쫓다, 가까이하지 않다

Keep a knife **away** from the baby.

칼을 아기 멀리 둬.

Is there anything I can put on to **keep away** the mosquitoes? 모기 쫓기 위해 바르는 거 있나요?

An apple a day **keeps** the doctor **away**.

하루 사과 한 개면 의사가 필요 없다.

10 한데 모아놓는 keep together

keep together는 '한데 모아(together) 놓다(keep)'라는 뜻입니다. 결혼생활을 모아놓는 건 '결혼생활을 유지하다'라는 말이 되죠. 그럼 어느 부부 듀엣 가수가 부른 Love Will Keep Us Together라는 흥겨운 노래는 '사랑이 우리를 함께 하게 해요.'가 되겠죠?

계속 keep 모아서 together ▶▶ 한데 모으다, 유지하다

Keep your knees **together**.

무릎 붙이고 있어.

Can I **keep** these fish **together**?

이 물고기들을 같이 키워도 되나요?

We're trying hard to **keep** our marriage **together**.

우리는 우리의 결혼생활을 유지하려고 열심히 노력하고 있어.

01　난 비밀을 지킬 수 없어.　　　　　I can't keep it _____ .

02　목소리 좀 낮춰.　　　　　　　　Keep your voice _____ .

03　음식에 파리가 못 앉게 해.　　　Keep the flies _____ the food.

04　쓰레기를 최소한으로 줄여.　　　Keep waste _____ a minimum.

05　아기 보느라 새벽 3시까지 못 잤어.　My baby kept me _____ till 3 in the morning.

06　내가 나가 있는 동안 아기 좀 잘 봐.　Keep an eye _____ the baby while I'm out.

07　그녀가 너무 빨리 걸어서 따라잡기 어려워.　She walks too fast. It's hard to keep _____ with her.

08　수업시간에 누군가가 계속 떠들었다.　Someone kept _____ talking in class.

09　A : 음악 좀 켜놔도 괜찮겠니?　　Do you mind if I keep the music _____ ?
　　B : 괜찮아. 소리만 작게 하면 끄지 않아도 돼.　Not at all. You don't have to turn it off, just keep it _____ .

정답 01 in　02 down　03 off　04 to　05 up　06 on　07 up　08 on　09 on, down

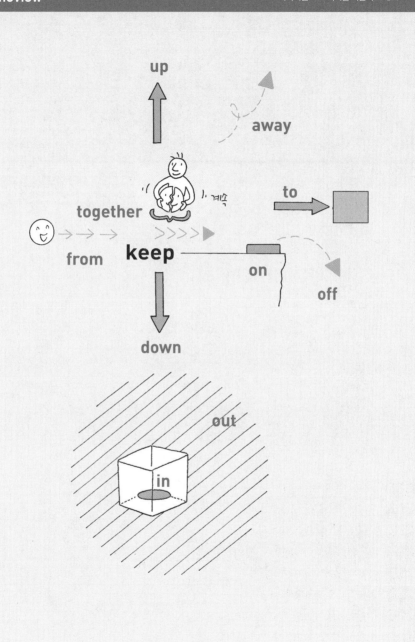

go up

fall in

go around

run to

hold up

get across

Part 3

구체적인 뜻의 동사

Part 2에서 자주쓰는 동사의 학습을 마쳤으면 이제 좀 더 구체적이고 세부적인 뜻을 가진 동사들을 학습할 차례입니다.

여기 실린 동사들을 전치사와 함께 학습하면 일상 생활에서 쉬운 단어로 자연스런 회화가 가능해집니다.

give
뭐든 주고 싶은 give

Verb11.mp3

사물을 주다

추상적인 개념을 주다

~ 행위를 해주다

1. ~을 주다

give의 기본 의미는 '주다'입니다. '주다'라는 이미지는 자신에게 있는 것을 자기 밖으로 내보내는 것입니다. 내보내는 대상은 사물에서부터 추상적인 개념에 이르기까지 다양합니다. 일단 사물을 줄 수 있습니다.

· **I gave** him a book. 나는 그에게 책을 주었다.
· **Give** it to me. 그걸 나에게 줘.

2. 추상적인 것을 주다

또 눈에 보이는 사물뿐만 아니라 눈에 보이지 않는 추상적인 것도 줄 수 있습니다.

· He **gave** me a hard time. 그가 날 괴롭혔어.

3. 어떤 행위를 해주다

그 외에 give는 '구체적인 행위를 주다' 즉 '어떤 행위를 해주다'라는 의미로도 많이 쓰입니다. 예를 들어 전화를 주면 '전화를 해주다', 충고를 주는 건 '충고를 해주다'가 되죠.

· **Give** me a call[ride]. 나한테 전화해 줘[나 좀 태워줘].
· **Give** me a hand. 날 좀 도와줘.
· He **gave** me a piece of advice. 그는 나에게 충고를 해줬어.

1 포기하는 give up

up

give up은 어떤 대상을 위까지 즉 '완전히(up) 줘버린다(give)'는 이미지에서 '포기하다'라는 의미로 쓰입니다. 자리를 give up하면 '양보하다'가 되고, 담배나 술을 give up하면 '끊다'가 되고, 범죄자가 자신을 give up하면 '자수하다'라는 의미가 되죠.

주다 **give** 위로 → 완전히 **up** ▶▶▶ 포기하다, 양보하다, (범죄자가) 자수하다

I can't bear to **give up** my house. 나는 집을 포기한다는 것을 견딜 수가 없다.

He **gave up** his seat to a pregnant woman. 그는 임산(pregnant)부에게 자리를 양보했다.

The murderer **gave** himself **up**. 살인자가 자수했다.

2 나눠주는 give out

out

give out은 '밖으로(out) 주다(give)'라는 뜻으로 물건을 밖으로 주면 '나눠주다, 배포하다', 정보를 밖으로 주면 '발표하다, 유출하다'라는 의미가 됩니다. 또 밖으로 나가면 없어지니까 '~이 닳다, 고장 나다, 바닥나다, 사람이 힘을 다 쓰고 지치다'라는 의미로도 쓰입니다.

주다 **give** 밖으로 **out** ▶▶▶ 나눠주다, 유출하다, 바닥나다

I **gave out** candies to the kids. 나는 아이들에게 사탕을 나눠줬다.

Never **give out** your personal information. 개인정보를 절대 유출하지 마.

My patience finally **gave out**. 내 인내심이 마침내 바닥났다.

3 굴복하는 give in

in

give in은 안으로(in) 주는(give) 거니까 '제출하다'라는 의미도 되지만, 나의 주장을 상대방에게 내주고 안으로 들어가 버리는 이미지에서 '상대방의 조건이나 요구를 어쩔 수 없이 받아들이다'라는 뜻으로 '항복하다, 굴복하다'라는 의미로 많이 쓰입니다.

주다 **give** 안으로 **in** ▶▶▶ 지다, 넘어가다, 굴복하다

I **give in** when my son cries. 난 아들이 울면 아들한테 져.

She didn't **give in** to the temptation. 그녀는 유혹에 넘어가지 않았어.

He won't **give in** to his disease. 그는 병에 굴복하지 않을 거야.

4 거저 주는 give away

give away는 '멀리(away) 줘버리다(give)'라는 뜻으로 물건을 멀리 주면 '거저 주다'가 되고, 비밀을 멀리 줘버리면 '누설하다, 폭로하다'가 됩니다. 결혼식에서 신부를 신랑에게 넘기는 것도 give away라고 합니다.

주다 give 멀리 away ▶▶ **거저 주다, 누설하다, 신부를 신랑에게 넘겨주다**

I **gave away** all my old sweaters to the poor. 나는 내 낡은 스웨터를 모두 가난한 사람들에게 주었다.

Don't **give away** my secret. 내 비밀 말하지 마.

Her dad **gave** her **away** at her wedding. 그녀의 아버지가 결혼식에서 그녀를 (신랑에게) 넘겨줬다.

5 되돌려 주는 give back

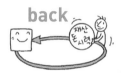

give back은 받았던 것을 '되돌려(back) 주다(give)'라는 뜻입니다. 재산 같은 것을 사회에 되돌려주면 '환원하다', 잃었던 시력 같은 기능을 되돌려주면 '회복시키다'라는 의미가 되죠. give back his property to society라고 하면 '재산을 사회에 환원하다'라는 말입니다.

주다 give 도로 back ▶▶ **돌려주다, 환원하다, 회복시키다**

Give me **back** my money. 돈 돌려줘.

Laser eye surgery **gave** me **back** my vision. 레이저 수술로 시력이 회복됐다.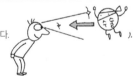

6 방출하는 give off

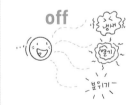

give off는 '떼어서(off) 줘버리다(give)'라는 뜻으로 열이나 빛, 냄새 등을 떼어주면 '방출하다'가 되고 어떤 인상이나 분위기를 떼어 주면 '풍기다'라는 의미가 됩니다.

주다 give 분리하여 off
▶▶ **(냄새가) 나다, (열 등을) 방출하다, (분위기를) 풍기다**

It's **giving off** a strong smell. 그거 냄새가 심하게 나.

He's **giving off** a feeling that he doesn't like me.
그는 내가 싫다는 낌새를 풍기고 있다.

01　의사들은 그를 포기했다.　　　　Doctors gave ＿＿＿＿ on him.

02　그들은 날이 어두워지자 수색을　They gave ＿＿＿＿ the search when it
　　포기했다.　　　　　　　　　　got dark.

03　그녀가 내 책을 돌려줬어.　　　She gave me ＿＿＿＿ my book.

04　펜들 좀 나눠주세요.　　　　　Please give ＿＿＿＿ the pens.

05　난 술을 그만 먹어야 해.　　　I need to give ＿＿＿＿ drinking.

06　그들이 공짜 선물을 주고 있다.　They are giving ＿＿＿＿ free gifts.

07　그들은 전단을 배부했다.　　　They gave ＿＿＿＿ the fliers.

08　포기하지 마.　　　　　　　　Don't give ＿＿＿＿ .

09　A : 너 날 피하는 거야?　　　　Are you dodging me?
　　B : 네가 나한테는 관심 없다는　You have been giving ＿＿＿＿ signals
　　　　느낌을 계속 줬잖아.　　　that you're not interested in me.

정답　01 up　02 up　03 back　04 out　05 up　06 away　07 out　08 up　09 off

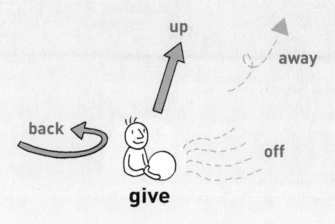

pull
무엇이든 끌어당기는 pull

잡아 당기다

자동차를 끌다

결과, 성과를 이끌어내다

1. ~을 끌어당기다

pull의 의미는 '끌다, 당기다'입니다. 주어 쪽으로 오게 하는 이미지죠. 머리카락이나 옷 같은 물건뿐만 아니라 사람을 끌고 가거나 잡아당기기도 하죠. 또 pull은 '주어가 당겨지다, 끌리다' 즉 '끌려서 움직이다'라는 의미도 됩니다.

· He's **pulling** my hair. 그가 내 머리를 잡아당기고 있어.
· He **pulled** me aside and warned me. 그가 나를 한쪽으로 끌고 가서 경고했다.

2. 차를 끌거나 움직이다

pull은 '차를 끌다, 차가 끌려서 움직이다' 즉 '차를 몰다, 차가 움직이다'라는 뜻으로 많이 쓰입니다. 우리말로도 '차를 끌고 가다'라고 하지요.

· **Pull** over your car. 차를 길가에 세워.
· The car **pulled** away. 차가 멀리 가버렸다.

3. ~를 이끌어내다

마지막으로 pull은 '어떤 결과나 성과, 승리 등을 이끌어내다'라는 의미가 있습니다. 차를 끌고 가는 것이나 결과나 승리를 이끌어내는 것 모두 '끌다'라는 의미가 있죠.

· I **pulled** it off. 내가 해냈어.
· She **pulled** it off in the end. 그녀가 마침내 해냈어.

1 당겨 올리는 pull up

pull up은 '위로(up) 당기다(pull), 끌어올리다'라는 뜻으로 소매나 옷 등을 끌어 올리거나 줄이나 사람을 끌어올리는 동작을 표현합니다. 또 마차의 고삐를 위로 당 기는 것에서 유래해서 '차를 세우다'라는 의미로 많이 쓰입니다.

당기다 **pull** 위로 **up** ▶▶ [소매를] 걷어 올리다, [차가] 서다, [몸을] 일으키다

Pull up your sleeves. 소매 걷어 올려.

Their car has **pulled up**. 그들의 차가 섰다.

The baby **pulled** himself **up** from the floor. 아기가 바닥에서 일어섰다.

2 끌어내리는 pull down

pull down은 '끌어(pull) 내리다(down)'라는 뜻입니다. '바지 등의 옷을 끌어내 린다'는 의미도 되고, 돈을 끌어내리면 '벌어들이다', 건물을 끌어내리면 '헐다, 무너 뜨리다'라는 의미가 됩니다.

끌다 **pull** 아래로 **down** ▶▶ [옷을] 내리다, [돈을] 벌어들이다, [건물을] 헐다

Pull down your pants. 바지 내려.

She is **pulling down** a million a year. 그녀는 1년에 백만달러를 벌어들이고 있다.

They **pulled** the old school **down** to build another one.
그들은 새 학교를 짓기 위해 오래된 학교를 헐었다.

3 잡아서 떼버리는 pull off

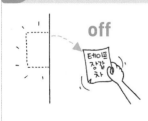

pull off는 '잡아당겨서(pull) 떼어내다(off)'라는 뜻입니다. 도로에서 차를 pull off하면 떼어내서 '길가에 대다'라는 의미죠. 또 '잡아당겨서 완성하다'라는 의미로 '어떤 결과나 승리 등을 이끌어내다'라는 뜻으로도 많이 쓰입니다. 그래서 pull off 는 '옷 등을 당겨서 벗다'라는 의미로도 쓰이지만 '의상이나 스타일에 성공해 내다' 즉 '잘 소화해 내다'라는 의미로도 쓰입니다.

잡아 당기다 **pull** 떨어뜨리는 **off** ▶▶ 잡아떼다, [차를 길가에] 대다, [옷을] 벗다

Pull the tape **off**. 테이프를 잡아 뜯어.

I **pulled** my gloves **off**. 나는 장갑을 벗었다.

I **pulled off** the road and took a nap.
나는 차를 길옆에 세우고, 잠시 눈을 붙였다.

pull in은 '안으로(in) 끌어들이다(pull)'라는 뜻입니다. 기차나 버스, 사람 등이 안으로 들어오면 '역이나 집에 도착하다'라는 의미죠. 차는 도착하면 서니까 차를 '세우다'라는 의미도 됩니다. 사람을 끌어들이면 '유치하다'라는 의미가 되고, 경찰이 심문을 위해 용의자를 끌어들이면 '연행하다' 등의 의미가 되죠.

끌다 pull 안으로 in ▶▶ [열차가 역에] 도착하다, [경찰이 용의자를] 연행하다

The train **pulled in**. 기차가 (역에) 도착했어.

The police **pulled** them **in** for questioning. 경찰이 심문하러 그들을 불러들였다.

5 **뽑아버리는 pull out**

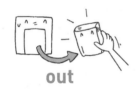

pull out은 '잡아당겨서(pull) 밖으로 빼내다(out)'라는 뜻으로 서랍이나 마개 같은 것을 잡아 빼는 동작을 표현합니다. 치아나 머리를 잡아 뽑거나 가방에서 책을 꺼내는 것, 사람을 끌어내는 것도 모두 pull out입니다. 있던 장소에서 빠져나가거나 계약 등에서 빠져나가면 '철수하다, 손을 떼다'라는 의미가 되죠. 차가 출발하는 것도 pull out이라고 합니다.

잡아당기다 pull 밖으로 out

▶▶ 빼다, 뽑다, 철수하다, 꺼내다, 끌어내다, [차가] 출발하다

He **pulled out** his hair. 그는 머리카락을 뽑았다.

Let's **pull out** of this spot. 이 지역에서 철수하자.

The train **pulls out** at 1 P.M. 기차가 오후 1시에 출발해.

6 **멀어지는 pull away**

pull away는 '멀리(away) 당기다(pull)'라는 뜻입니다. 멀리 당기면 있던 곳에서 움직여서 결국 '멀어지다'라는 의미가 됩니다. 차가 움직여 가는 것도, 사람이 멀어지는 것도 전부 pull away라고 하면 되죠.

당기다 pull 멀리 away ▶▶ 떠나다, 멀어지다

She **pulled away** from the traffic. 그녀는 차량으로부터 멀어졌다.

My cat **pulls away** whenever you try to pet her.
우리 고양이는 만지려고 할 때마다 도망가 버려.

He is **pulling away** from me and I don't know why.
그가 나에게서 멀어지고 있는데 이유를 모르겠어.

7 물러나는 pull back

pull back은 '뒤로(back) 당기다(pull), 끌려서 뒤로 움직이다'라는 뜻입니다. 뒤로 움직이는 거니까 '물러나다, 후퇴하다'라는 의미도 되죠. <슈렉 2(Shrek 2)>에 나오는 차밍 왕자의 대사 중에 이런 말이 있죠. pull back the gossamer curtains to find her...- gasp! '그녀를 찾아서 얇은 커튼을 젖혔습니다… 헉!'

당겨서 **pull** 뒤로 **back** ▶▶▶ 뒤로 당기다, 물러나다, 뒤로 빼다

They **pulled back** from the crowd. 그들은 군중들로부터 물러났다.

She **pulled back** her head when he tried to kiss her.
그가 키스하려고 할 때 그녀는 고개를 뒤로 뺐다.

8 힘을 합치는 pull together

pull together는 '당겨서(pull) 모으다(together)'라는 뜻으로 힘을 당겨서 모으다 즉 '힘을 합쳐서 일하다'라는 의미가 됩니다. 또 pull oneself together라고 하면 상심했거나 힘든 일을 겪고 있는 사람이 '자기 자신을 당겨서 모으다' 즉 '냉정함을 되찾고 기운을 내다'라는 의미가 됩니다.

당겨서 **pull** 모으는 **together** ▶▶▶ 힘을 합치다, 진정하다

Let's all **pull! together**. 우리 모두 힘을 합치자.

Pull yourself **together**. 기운 내고 정신 차려.

His eyebrows **pull together** when he frowns. 그가 인상을 쓰면 미간이 찌푸려진다.

9 잡아 뜯어 놓는 pull apart

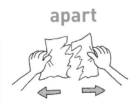

pull apart는 '잡아(pull) 뜯다(apart)'라는 뜻으로 물건을 잡아 뜯으면 한 덩어리로 된 물건을 '분해하다'라는 의미가 되고, 싸우는 사람을 잡아 뜯으면 '싸움을 말리다', 사람을 잡아 뜯으면 '괴롭히다'라는 의미가 됩니다.

잡아 당겨서 **pull** 산산이 **apart**
▶▶▶ 잡아 뜯다, 분해하다, 괴롭히다, 싸움을 말리다

They **pulled** my toy car **apart**. 그들이 내 장난감 차를 다 분해해 놨어.

It **pulled** me **apart** to see them together. 그들이 같이 있는 걸 봤을 때 난 괴로웠어.

The students were having a fight, but the teachers **pulled** them **apart**.
학생들이 싸웠지만 선생님들이 그 아이들을 말렸다.

01 의자 좀 빼 줄래?

Can you pull the chair _____ for me?

02 그녀는 손자들의 사진들을 꺼냈다.

She pulled _____ pictures of her grandchildren.

03 바지 올려.

Pull _____ your pants.

04 네가 날 끌어내리고 있어.

You're pulling me _____ .

05 나는 빨간 불에 섰다.

I pulled _____ to a red light.

06 그가 줄을 끌어 올렸다.

He pulled the rope _____ .

07 그가 총을 뽑았다.

He pulled _____ a gun.

08 턱을 안으로 당기세요.

Pull _____ your chin.

09 A : 남자친구가 갑자기 왜 나한테서
　　멀어지는지 모르겠어.
　　B : 좀 떨어져 지내면서 어떻게 된 건
　　지 알아봐.

I don't know why my boyfriend is pulling _____ from me all of a sudden.
Get some distance and then figure it out.

정답 01 out 02 out 03 up 04 down 05 up 06 up 07 out 08 in 09 away

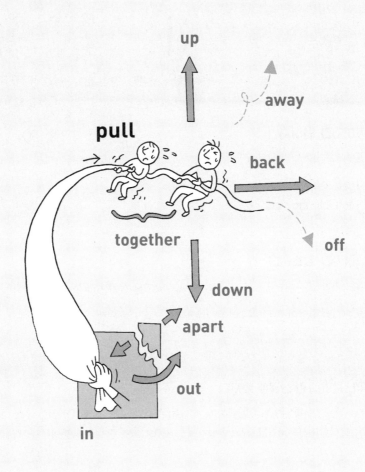

Verb 13

fall
떨어지고 빠지는 fall

Verb13.mp3

떨어지다

무너지다, 붕괴하다

~상태에 빠지다

1. 떨어지다, 넘어지다

fall의 기본 의미는 '떨어지다'입니다. '넘어지다'라는 행동도 결국 위에서 아래로 '떨어지는' 거죠.

· I **fell** down the stairs. 나는 계단에서 넘어졌어.
· I **fell** into the pool. 나는 수영장에 빠졌다.

2. 내려가다, 감소하다

기온, 이익 등의 수치가 '내려가다, 감소하다, 하락하다' 등의 의미로 확대되어 쓰입니다.

· The temperature **fell** below freezing. 기온이 영하로 떨어졌어.
· Our profits have **fallen** by 30 percent. 우리 이익이 30퍼센트 감소했어.

3. 무너지다, ~한 상태에 빠지다

또 아래로 떨어지는 거니까 '무너지다, 붕괴하다'라는 의미도 쉽게 연상할 수 있죠. 그리고 fall의 중요한 의미로 '어떤 상태로 떨어지다' 즉 '~한 상태에 빠지다, ~한 상태가 되다'라는 뜻도 있습니다.

· The building **fell** down. 건물이 무너졌어.
· I **fell** in love with him. 나는 그와 사랑에 빠졌다.

1 빠지는 fall in(to)

fall in은 '~안으로(in) 떨어지다(fall), 어떤 상태에 떨어지다'라는 뜻입니다. 사랑 안에 떨어지면 사랑에 '빠지다', 실수 안으로 떨어지면 실수를 '저지르다', ~한 상태 안으로 떨어지면 '~한 상태에 빠지다'라는 의미가 되죠. 사랑에 빠졌다 나오는 건 '사랑 밖으로 떨어지다' 즉 fall out of love라고 하면 됩니다.

떨어지다 **fall** ~(상황) 안으로 **in(to)** ▶▶ (사랑, 혼수상태에) **빠지다, 실수하다**

I **fell in** love. 나 사랑에 빠졌어.

Why do we **fall into** the same bad habits over and over again?
왜 우리는 똑같은 나쁜 습관에 반복하여 빠질까요?

She **fell into** a coma. 그녀는 혼수상태에 빠졌다.

2 빠져나오는 fall out

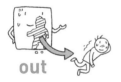

fall out은 '떨어져서(fall) 밖으로 나오다(out)' 즉 '떨어져 나오다, 빠져나오다'라는 의미입니다. 머리카락이나 이 등이 빠지는 것이나, 마음에서 떨어져 나오는 것 즉 사이가 안 좋아지는 것도 fall out이라고 합니다.

떨어지다 **fall** 밖으로 **out**
▶▶ (머리, 이 때운 게) **빠지다, 사이가 안 좋아지다(with)**

My hair is **falling out**. 머리가 빠져.

My filling has **fallen out**. 이 때운 게 떨어져 나왔어.

I **fell out** with my parents. 나는 부모님과 사이가 안 좋아.

3 홀딱 반하는 fall for

fall for는 '~을 향해서(for) 떨어지다(fall)'라는 뜻으로 사람이나 매력을 향해 떨어지면 '홀딱 반하다, 매혹되다'가 되고, 거짓말이나 광고를 향해 떨어지면 '~에 속아 넘어가다'라는 의미가 됩니다.

떨어지다 **fall** ~을 향해 **for** ▶▶ **홀딱 반하다, 속다**

I **fell for** her badly. 나는 그녀에게 푹 빠졌어.

I **fell for** his lies again. 나는 그의 거짓말에 또 속았어.

Don't **fall for** slick advertising. 번드르르한(slick) 광고에 속지 마.

4 어떤 날이 되는 **fall on**

on

바닥 날짜

fall on은 '떨어져서(fall) ~에 붙다(on)' 즉 '~위로 떨어지다, 넘어지다'라는 의미입니다. 기념일이나 생일이 특정한 날 위로 떨어지는 건 '어떤 날에 해당하다', 충고가 deaf ears(듣지 못하는 귀) 위로 떨어지면 '무시되다'라는 뜻입니다.

떨어지다 **fall** ~에 붙는 **on**

▶▶ 넘어지다, (충고가) 무시되다, (어떤 날에) 해당하다

I slipped and **fell on** the floor. 나는 미끄러져서 바닥에 넘어졌다.
Christmas **falls on** a Monday this year. 이번 크리스마스는 월요일이야.
His advice **fell on** deaf ears. 아무도 그의 충고를 듣지 않았다.

5 떨어져 나가는 **fall off**

off

fall off는 '떨어져서(fall) 원래 있던 곳에서 분리되어 나가다(off)'라는 뜻입니다. 사람이 사다리나 절벽 같은 곳에서 떨어지거나, 귀걸이, 단추, 신발 등이 떨어지거나 벗겨지는 것도 모두 fall off로 표현합니다.

떨어지다 **fall** 분리되서 **off** ▶▶ ~에서 떨어지다, ~이 떨어지다, ~가 빠지다

He **fell off** the ladder. 그는 사다리에서 떨어졌어.
A glass **fell off** the table. 유리잔이 탁자에서 떨어졌다.
My earring **fell off** my ear. 귀걸이가 빠졌어.

6 넘어지고 무너지는 **fall down**

down

fall down은 말 그대로 '아래로(down) 떨어지다(fall), 넘어지다'라는 의미입니다. 사람이 아래로 떨어지면 '넘어지다, 쓰러지다'라는 의미가 되고, 집이 아래로 넘어진다는 말은 집이 더는 서 있지 못하고 '무너지다'라는 뜻이죠.

떨어지다 **fall** 아래로 **down** ▶▶ 떨어지다, 쓰러지다

I **fell down** the stairs. 나는 계단에서 떨어졌다.
She drank too much and **fell down**. 그녀는 술을 너무 많이 먹어서 쓰러졌다.
Her house is **falling down**. 그녀의 집이 쓰러져 가고 있다.

7　실패로 끝나는 fall through

fall through는 '~를 통과해서(thorough) 떨어지다(fall)'라는 의미입니다. 통과해서 떨어져 나가니까 계획 등이 '무산되다, 수포로 돌아가다'라는 의미로도 확장됩니다.

떨어지다 fall 통과해서 through ▶▶ 떨어지다, 실패로 끝나다, 무산되다

I **fell through** a hole. 나는 구멍으로 떨어졌어.

My idea **fell through**. 내 아이디어는 실패했어.

My trip to India **fell through**. 나의 인도 여행은 무산됐어.

8　뒤처지는 fall behind

fall behind는 '뒤로(behind) 떨어지다(fall)' 즉 '뒤처지다, 뒤떨어지다, 밀리다'라는 의미입니다. 발달 단계상 뒤떨어지거나 경쟁에서 뒤처지는 것, 집세나 숙제 등이 밀리는 것을 나타냅니다.

떨어지다 fall 뒤로 behind ▶▶ 뒤처지다, 늦어지다, 밀리다

He is **falling behind** in school. 그가 학교에서 뒤떨어지고 있다.

Late talking toddlers may **fall behind**. 말이 늦는 유아(toddler)는 뒤처질 수도 있다.

I **fell behind** on my homework. 숙제가 밀렸어.

9　산산이 조각나는 fall apart

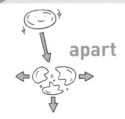

fall apart는 '떨어져서(fall) 산산이 부서지다(apart)'라는 뜻으로 '물건이 부서지거나 고장 나다, 사람이 정신적으로 황폐해지다'라는 의미입니다. The office would fall apart without them.은 '그들 없으면 사무실이 돌아가질 않을 거야.'라는 말이죠. 여러분이 없으면 사무실은 어떻게 될까요? 빙글빙글? 흔들흔들?

떨어지다 fall 산산이 apart
▶▶ 부서지다, 정신적으로 엉망이 되다, 몸이 안 좋아지다

The chair **fell apart**. 의자가 부서졌다.

I'm not **falling apart** over this. 나는 이만한 일로 무너지지 않아.

I feel like my body is **falling apart**. 몸이 안 좋아진 것 같아.

01　나는 침대에서 떨어졌어.

I fell ＿＿＿＿ the bed.

02　트럭이 고장 났어.

My truck fell ＿＿＿＿ .

03　그녀는 자기 엄마와 사이가 틀어졌어.

She's fallen ＿＿＿＿ with her mother.

04　그 파티 때 난 일하는 날이야.

The party falls ＿＿＿＿ a day that I work.

05　사랑이 그냥 식을 수도 있나요?

Can people just fall ＿＿＿＿ of love?

06　그가 우울증에 빠졌어.

He fell ＿＿＿＿ a state of depression.

07　여름휴가 계획이 무산됐다.

My summer vacation plan fell ＿＿＿＿ .

08　그는 오토바이에서 떨어졌다.

He fell ＿＿＿＿ the bike.

09　A : 앉아 있던 의자가 부서지고 실수로 휴대폰을 변기에 빠뜨렸어. 그게 끝이 아니야. 쇼핑몰에 있는 에스컬레이터에서 넘어지기까지 했다니까.
　　B : 내 생각에는 네가 끔찍한 저주에 걸린 것 같은데.

The chair I was sitting on fell ＿＿＿＿ and my cellphone accidentally fell ＿＿＿＿ the toilet. There's more.
I fell ＿＿＿＿ on the escalator at the mall.
I think you've fallen under a terrible curse.

정답 01 off　02 apart　03 out　04 on　05 out　06 into　07 through　08 off　09 apart, into, down

232

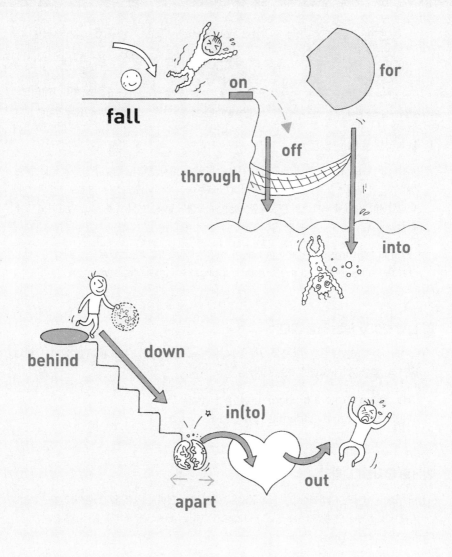

hold
꼭 붙잡고 있는 hold

사물이 ~을 수용하다

~ 감정을 품고 있다

~한 상태를 유지하다

1. 지속적으로 잡고 있다

hold의 이미지는 뭔가를 꽉 붙잡고 있는 것으로 '붙잡다, 쥐다, 안다, 들다' 등입니다. take가 순간적으로 '잡다'라는 동작을 나타내는 데 비해 hold는 잡고 있거나 들고 있는 경우로 지속의 의미가 강합니다. 사람이 아기를 안는 것처럼 가방이나 물병도 준비물이나 물을 '넣고 있다'라고 말할 수 있습니다.

· She is **holding** her baby in her arms. 그녀는 아기를 팔에 안고 있다.
· I need a bag to **hold** my school supplies. 학교 준비물을 넣을 가방이 필요해.

2. 눈에 보이지 않는 것을 잡다

눈에 보이는 것뿐만 아니라 눈에 보이지 않는 화나 분노, 좋은 생각 등도 hold할 수 있고, 행사나 파티, 회의 등도 hold할 수 있습니다.

· He doesn't **hold** a grudge. 그는 원한을 품지 않아.
· **Hold** on to happy thoughts. 좋은 생각만 해.

3. ~를 유지하다, 참다

꼭 '붙잡고 있다'는 의미에서 '~한 상태를 유지하다'라는 의미로 확장되어 쓰이기도 하고, 힘을 가해서 '붙잡거나 억제시키거나 막거나 유지하고 있다'는 뉘앙스가 있어서 '참다, 억제하다'라는 뜻으로도 많이 쓰입니다.

· **Hold** the door open. 문을 계속 열어놔.
· **Hold** your tongue. 입 다물고 있어.

1 들고 있는 hold up

hold up은 '위로 올린 상태를(up) 유지하다(hold)'라는 뜻으로 무엇을 '들어 올리고 있다'라는 의미로도 쓰이고 '힘든 가운데서도 up된 상태 즉 좋은 상태, 정상적인 상태를 유지하다' 즉 '견디다'라는 의미로도 쓰입니다. 또 뭔가를 잡아 놓고 있으니까 '정체시키다'라는 의미로도 쓰이죠.

붙잡다 hold 위로 up ▸▸▸ 들고 있다, 꿋꿋이 버티다, 정체시키다, 지연시키다

Hold up your hands and stay there. 손들고 거기 있어.

The accident **held up** traffic for an hour. 사고 때문에 교통이 1시간 동안 정체됐다.

2 누르고 있는 hold down

hold down은 '아래로(down) 붙잡고 있다(hold), 아래로 누르고 있다'라는 뜻으로 올라가려는 것을 억지로 아래로 붙들고 있는 이미지입니다. 사람을 '제지하다', 물가 등을 '억제하다' 등의 의미로도 쓰이죠. '아래로 누르고 있다'는 의미는 '고정하다, 안정시키다'라는 뜻을 포함하고 있으므로 hold down a job 즉 '직장을 잘 붙잡고 있다'라는 의미로도 쓰입니다.

붙잡다 hold 아래로 down ▸▸▸ 제압하다, 계속 누르다, 유지하다

I **held** him **down**. 나는 그를 제지했다.

My toilet won't flush unless you **hold down** the handle.
변기 손잡기를 계속 누르고 있어야 물이 내려가.

3 꼭 붙잡고 있는 hold on

hold on은 '~을 떨어지지 않게(on) 붙잡고 있다(hold)'라는 뜻으로 '고정하다'라는 의미가 되기도 하고 '떨어져 나가지 않고 붙어 있다'라는 뜻에서 '기다리다'라는 의미로도 많이 쓰이죠.

붙잡다 hold 붙어서 on ▸▸▸ 고정시키다, 꼭 붙잡고 있다, 기다리다

I need some bolts to **hold** my license plate **on** my car.
차 번호판을 고정할 나사가 좀 필요해.

Hold on tight. 꼭 잡아.

Can you **hold on** a minute? 잠시만 기다려 주시겠습니까?

4 늦추는 hold off

hold off는 '떨어뜨려서(off) 붙잡고 있다(hold)'라는 뜻으로 '보류하다, 미루다, 연기하다'라는 의미입니다. 홈쇼핑 채널에서 첨단기기를 보면 이런 말씀하지 않으세요? We could get one now or hold off until prices are lower. '우리가 지금 하나 살 수도 있고 가격이 더 내릴 때까지 미룰 수도 있어.'

붙잡다 hold 떨어뜨려서 off ▶▶ 연기하다, 늦추다, 미루다

He **held off** the meeting. 그는 회의를 연기했다.

Is there any way to **hold off** my period for a few days? 생리를 며칠 늦출 수 있을까요?

I **held off** (on) buying a cellphone until my daughter started school.
나는 딸이 학교 갈 때까지 휴대폰 사주는 것을 미뤘다.

5 참고 있는 hold in

hold in은 '안으로(in) 붙잡다(hold)'라는 뜻으로 화를 안으로 집어넣으면 화를 '참다, 억제하다'가 되고, 배를 안으로 붙잡으면 배에 힘을 줘서 '배를 집어넣다'가 됩니다. 재채기를 안으로 붙잡으면 재채기를 '참다'라는 의미가 되죠.

붙잡다 hold 안으로 in ▶▶ 집어넣다, 참다

I need a girdle to **hold in** my stomach. 나는 배를 안 나오게 해줄 거들이 필요해.

You shouldn't **hold in** all that anger. 화를 많이 참으면 안 돼.

I try to **hold in** my sneezes. 나는 재채기(sneeze)를 참으려고 한다.

6 내밀고 있는 hold out

hold out은 '밖으로 내민 상태를(out) 유지하다(hold)'라는 뜻입니다. 전치사 out은 '바깥까지' 즉 '끝까지'라는 의미가 있어서 '끝까지 유지하다' 즉 '버티다, 견디다, 재고 등이 남아있다'라는 의미도 있죠. 그래서 Hold out for more.라고 하면 '조금만 더 견뎌, 조금만 더 기다려.'라는 의미가 됩니다.

유지하다 hold 밖으로, 끝까지 out ▶▶ 내밀다, 버티다, 없어지지 않다

Hold out your hands. 손 내밀고 있어.

I **hold out** hope that he will come back. 나는 그가 돌아올 거라는 희망을 포기하지 않아.

How long can our money **hold out**? 우리 돈이 얼마나 오래 갈 수 있을까?

7 뒤로 감추는 hold back

hold back은 '앞으로 나가려는 것을 억지로 뒤로(back) 붙잡고 있다(hold)'라는 뜻으로 '저지하다, 방해하다'라는 의미가 됩니다. 눈물을 뒤로 붙잡으면 '참다', 감정을 뒤로 붙잡으면 '감정을 누르고 참다', 정보를 뒤로 붙잡으면 '비밀로 하다', 어떤 행동을 뒤로 붙잡으면 '제지하다'라는 의미죠. 뒤로 유지하니까 '망설이다, 자제하다'라는 말도 됩니다.

붙잡다 hold 뒤로 back ▶▶ (눈물이나 감정을) 참다, 숨기다, 자제하다

I **held back** my tears. 나는 눈물을 참았다.

I think they're **holding** something **back**. 그들이 뭔가를 숨기고 있는 것 같다.

I don't **hold back** when playing tennis against my brother.
남동생이랑 테니스 시합할 때 나는 물러서지 않아.

01 화를 참지 마.

Don't hold _____ your anger.

02 감정을 억누르는 건 좋지 않아.

It's not good to hold _____ your emotions.

03 손 머리 위로 들고 있어.

Hold your hands _____ over your head.

04 그녀는 전일제 직장을 계속 다녀.

She holds _____ a full-time job.

05 더 이상은 못 버티겠어.

I can't hold _____ any longer.

06 너 사람 때리는 것 자제할 필요가 있어.

You need to hold _____ from hitting people.

07 나는 주 70시간씩 일해.

I hold _____ a 70-hour-a-week job.

08 차가 막혀서 늦었어.

I was held _____ by the traffic.

09 A : 신용이 안 좋아서 차를 사려는 데 대출 신청이 안 돼.
    B : 차를 사기 전에 빚부터 갚아야지.

My poor credit is holding me _____ from applying for a car loan.
You should pay down some debt before buying a new car.

up

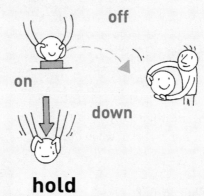

off

on

back

down

hold

in

out

turn
계속 돌리는 turn

Verb15.mp3

돌다, 돌리다

~하게 바뀌다, 변하다

1. 돌다, 돌리다

turn의 기본적인 뜻은 '돌다, 돌리다, 방향을 바꾸다'입니다. 그런데 돌다 보면 한 바퀴를 다 돌지 못할 때도 있고, 뒤집히기도 하고, 원더우먼이나 구미호처럼 다른 모습으로 변하기도 하죠. 이 모든 것이 turn에 해당합니다.

· **Turn** left. 왼쪽으로 돌아.
· **Turn** the door knob. 문 손잡이를 돌려.
· He never **turned** back. 그는 다시 돌아오지 않았다.
· My car wouldn't start when I **turned** the key. 시동을 걸어도 차가 출발을 안 했어.

2. ~로 바뀌다, 변하다

방향을 바꾼다는 의미에서 확장되어 변화의 의미 즉 '~하게 변하다, 바뀌다'라는 의미도 있습니다.

· It has **turned** cold. 날씨가 추워졌어.
· She **turned** pale. 그녀의 얼굴이 창백해졌다.
· Her hair **turned** grey. 그녀의 머리가 백발이 되었어.
· She **turned** 30 last month. 그녀는 지난달에 30세가 되었어.

1 나타나는 **turn up**

turn up은 '돌아서(turn) 위로 향하다(up)'라는 뜻으로 '돌려서 소리나 열, 빛 등을 크고, 세게, 밝게 하다'라는 의미입니다. 또 사람이 장소에 나타나거나, 없어졌던 물건이 나타날 때도 turn up을 씁니다.

돌려서 **turn** 위로 **up** ▶▶ (소리를) 높이다, 나타나다

Turn up the volume. 소리를 높여.
She didn't **turn up**. 그녀는 나타나지 않았어.
It'll **turn up**. 그거 나타날 거야.

2 거절하는 **turn down**

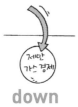

turn down은 '돌려서(turn) 내리다(down)'라는 뜻으로 '소리나 열, 빛의 세기를 돌려서 낮추다'라는 의미로도 쓰이고, '좋았던 것이 방향을 바꿔서 아래로 향하다' 즉 '나빠지다, 쇠퇴하다'라는 의미도 됩니다. 또 '제안을 아래로 돌려놓다' 즉 '거절하다'라는 의미로도 많이 쓰입니다.

돌려서 **turn** 내리는 **down** ▶▶ (소리를) 낮추다, 나빠지다, 거절하다

Turn down the gas. 가스 불을 낮춰.
The economy has **turned down**. 경제가 나빠진다.
I **turned down** his proposal. 나는 그의 제안을 거절했어.

3 변화하는 **turn into**

turn into는 '돌려서(turn) ~로 바꾸다(into), 변화시키다'라는 뜻입니다. 손님방이 아기방이 되고, 친구관계가 연인관계가 되는 것처럼 무엇이든 바꿀 수 있죠. Tonight I celebrate my love라는 남녀 듀엣곡 가사에도 이런 말이 있죠. Tonight we will both discover how friends turn into lovers ~ '오늘밤 우리는 둘 다 발견할 거예요. 어떻게 친구가 연인이 되는지를'.

돌려서 **turn** ~으로 변화 **into** ▶▶ ~으로 바꾸다, 변하다

I **turned** the guest room **into** a nursery. 나는 손님방을 아기방으로 바꿨다.
I'd like to **turn** part of the lawn **into** a flower bed.
나는 내 잔디밭의 일부를 꽃밭으로 만들고 싶어.

Can a 10 year friendship **turn into** a relationship?
10년 된 친구관계가 연인관계로 바뀔 수 있을까요?

4 제출하는 turn in

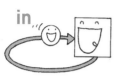

turn in은 '돌려서(turn) 안으로 향하다(in)'라는 뜻으로 받았던 과제를 돌려서 내서 '제출하다', '밖으로 나갔다가 방향을 돌려서 돌아오다' 즉 '잠자리에 들다'라는 의미로도 쓰이고, '방향을 돌려서 경찰서 안으로 넣다' 즉 물건이나 사람을 '신고하다'라는 의미로도 쓰이죠.

돌려서 turn ~안으로 in ▶▶▶ 제출하다, 잠자리에 들다, (경찰에) 자수하다

Turn in your paper. 과제 제출하세요.

It's about time to **turn in**. 잘 시간이다.

The murderer **turned** himself **in**. 살인범이 자수했다.

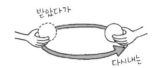

---

5 결과가 밝혀지는 turn out

turn out은 '돌아서(turn) 나오다(out)'라는 뜻으로 밖으로 나오니까 '결과가 ~로 밝혀지다, ~이 되다'라는 의미입니다. 또 '돌려서 밖으로 하다' 즉 '돌려서 없애다'라는 의미로 turn out the light처럼 '불이나 가스 등을 끄다'라는 의미로도 쓰입니다.

돌려서 turn 밖으로 out ▶▶▶ ~이 되다, ~로 밝혀지다

Everything **turned out** fine. 모든 일이 잘됐다.

It **turned out** to be a boy. 아들로 밝혀졌어.

---

6 넘겨주는 turn over

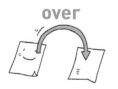

turn over는 '돌려서(turn) 엎다(over)' 즉 '뒤집다'라는 뜻입니다. 생선을 뒤집거나 몸을 뒤척이는 것도 모두 turn over라고 하죠. 또 '방향을 돌려서 저쪽으로 주다' 즉 '넘겨주다'라는 의미도 있어서 '사람이나 물건 등을 경찰에 넘겨주다' 즉 '경찰에 신고하다, 인도하다'라는 의미도 됩니다.

돌려서 turn 엎는 over ▶▶▶ 뒤집다, 뒤척거리다, 넘겨주다

Turn over the fish before it gets burnt. 생선이 타기 전에 뒤집어.

My husband hogs all the blankets when he **turns over** in bed.
남편은 자다 뒤척일 때마다 이불을 다 차지해(hog) 버려.

He **turned over** the gun to the police. 그는 경찰에게 총을 넘겼어.

7 흥분시키는 turn on

turn on은 '돌려서(turn) 붙다(on), 돌려서 진행·작동시키다'라는 뜻으로 '전원을 켜서 작동시키다'라는 의미로 많이 쓰입니다. '사람을 돌려서 작동시키다' 즉 '사람을 성적으로 흥분시키다, 흥미를 갖게 하다'라는 의미도 되고, 갑자기 방향을 바꿔서 붙으니까 '공격하다, 대들다'라는 의미로도 쓰입니다.

돌려서 **turn** ~붙는, 진행시키는 **on**

▶▶▶ (전원을) 켜다, 성적으로 흥분시키다, 공격하다

Turn on the TV. TV를 켜.

He **turns** me **on**. 그는 나를 흥분시켜.

His dog **turned on** me. 그의 개가 나를 공격했다.

8 흥미를 잃게 하는 turn off

turn off는 '돌려서(turn) 끊어놓다(off)'라는 뜻으로 '물, 전기, 가스, 불이나 차, 전기제품 등을 끄다'라는 의미입니다. 또 사람을 꺼버린다는 건 '흥미를 잃게 하다, 지루하게 하다'라는 뜻이 됩니다.

돌려서 **turn** 끊어놓는 **off** ▶▶▶ (전원을) 끄다, 잠그다, 흥미를 잃게 하다

I **turned** the car **off**. 나는 차 시동을 껐다. .

The water is still running. I forgot to **turn** it **off**.
물이 틀어져 있네. 잠그는 걸 잊었나 봐.

He **turns** me **off**. 그 남자 밥맛이야.

9 의존하는 turn to

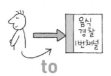

turn to는 '돌아서(turn) ~을 향하다(to)'라는 뜻으로 '채널을 돌려서 바꾸다'라는 의미로도 쓰이고, 또 '~에 문의하다, 의존하다'라는 의미로도 쓰입니다. turn to drugs라고 하면 '약에 의존하다', turn to food for comfort라고 하면 '위안을 얻으려고 음식에 의존하다'라는 말이 되죠.

돌아서 **turn** ~쪽으로 **to** ▶▶▶ 바꾸다, 의존하다, 요청하다

I **turned to** Channel 5. 나는 5번으로 채널을 바꿨다.

I **turn to** food when I feel lonely. 난 외로움을 느낄 땐 음식에 의존해.

You need to **turn to** the police for help. 경찰에게 도움을 요청해야지.

10 호전되는 **turn around**

around

turn around는 '돌아서(turn) 방향을 바꾸다(around), 회전하다'라는 뜻으로 망해가는 사업이나 안 좋았던 상황 등이 호전되고 나아지는 상황을 말할 때 많이 쓰입니다. '경제가 천천히 호전되고 있다.'라는 말은 The economy is slowly turning around.라고 하면 되죠. 빨리 그런 날이 와야 할 텐데 말입니다.

돌려서 turn 호전시키는 around ▶▶ 돌다, 살려내다, 유리하게 돌아가다

He **turned** the business **around**. 그는 사업을 다시 살려냈어.

Things will **turn around** for you. 모든 일이 너에게 유리하게 될 거야.

---

11 외면하는 **turn away**

away

turn away는 '돌려서(turn) 멀리 보내 버리다(away), 고개를 돌리다'라는 뜻으로 '쫓아 버리다, 손님 등을 돌려보내다, 외면하다'라는 의미로 쓰입니다. 또 '~으로부터(from) 몸을 돌리다' 즉 '~을 하지 않다'라는 의미로도 쓰이죠.

돌려서 turn 멀리 away ▶▶ 쫓아 버리다, 돌려보내다, 외면하다

How do I **turn away** a guy who is hitting on me? 나한테 찝쩍거리는 남자를 어떻게 쫓아 버리지?

The doorman **turned** him **away**. 경비원이 그를 돌려보냈다.

I **turned** my face **away** from him. 나는 고개를 돌려 그를 외면했다.

---

12 등을 돌리는 **turn against**

against

turn against는 '방향을 돌려서(turn) 무엇과 대립(against)하게 하다' 즉 '좋아했던 대상을 싫어하게 되거나 만들다, 등을 돌리다'라는 뜻입니다. A friend today may turn against you tomorrow. '오늘의 친구가 내일의 적이 될지도 모른다.' 무섭지만 있을 수 있는 일이죠. 이런 일이 생기지 않게 평소에 잘하자고요!

돌려서 turn 맞서는 against ▶▶ 싫어하게 되다, 반감을 품다, 등을 돌리게 하다

My dog **turned against** me. 우리 집 개가 나를 싫어해.

The people **turned against** their government.
사람들이 정부에 반감을 품게 되었다.

01 불 켜지 마.

Don't turn _____ the light.

02 그가 회의에 나타날까?

Will he turn _____ at the meeting?

03 거실이 파티장으로 바뀌었어.

The family room was turned _____ a party hall.

04 어디에 의지해야 할지 몰랐어.

I didn't know whom to turn _____ .

05 그는 제안을 거절했어.

He turned _____ the offer.

06 그 일이 내가 기대하던 대로 됐어.

It turned _____ how I expected.

07 TV 끄고 자러 가.

Turn _____ the TV and go to sleep.

08 전문가에게 의뢰해야겠어.

I need to turn _____ a professional.

09 A : 남자친구가 나를 물어서
　　 뱀파이어로 바꾸는 꿈을 꿨어.
B : 너 뱀파이어 책에 푹 빠졌구나.

I had a dream that my boyfriend bit me and turned me _____ a vampire. You're really into vampire books, aren't you?

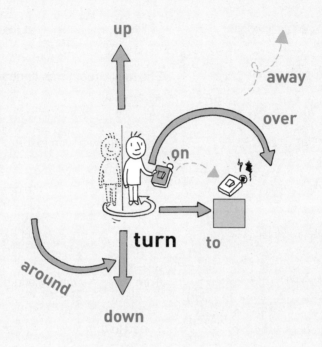

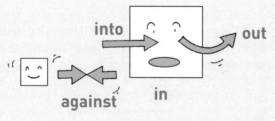

break
부수고 끊는 break

Verb16.mp3

깨다, 부수다

기록·약속·규칙을 깨다

나누다, 분할하다

1. 부수고 깨다

동사 break는 '부수다, 깨다, 끊다'가 기본 의미입니다. 부서지고 깨진다는 의미에서 '고장 나다, 부서지다'라는 의미로 확장되어 쓰입니다.

· He **broke** the window. 그가 창문을 깼다.
· My car **broke** down. 내 차가 고장 났어.

2. 관계나 약속 등을 깨다

눈으로 보이는 것뿐만 아니라 '관계가 깨지거나 규칙이나 약속, 습관, 기록이나 한계' 등을 깰 수도 있죠.

· He **broke** his promise. 그는 자기 약속을 깼어.
· He **broke** the speed limit. 그는 제한 속도를 위반했어.

3. ~을 나누다, 갑자기 발생하다

무언가를 '깨다'라는 의미에서 '나누다, 분할하다, 쪼개다'라는 의미로도 쓰이고, 어떤 상황이 갑자기 깨고 나온다는 의미로 '갑자기 시작하다, 발생하다, 갑작스러운 소식을 전하다'라는 뜻으로도 쓰여요.

· Can you **break** this bill? 이 지폐 좀 잔돈으로 바꿔주실래요?
· A fire **broke** out. 화재가 발생했다.
· She **broke** into tears. 그녀가 갑자기 울음을 터뜨렸다.

1 헤어지는 **break up**

up

break up은 '완전히(up) 깨져서 조각나다(break)'라는 뜻으로 깨져서 조각이 나니까 '분리되다, 분할하다'가 되고, 남녀관계가 깨져서 분리되니까 '헤어지다'라는 의미가 됩니다. '남녀 사이를 갈라놓다'라는 뜻으로도 많이 쓰입니다.

깨지다 break 완전히 up

▶▶ 헤어지다, (통화가) 끊기다, 산산이 조각나다(into)

We **broke up**. 우리 헤어졌어.

You're **breaking up**. I'll call you back. 네 소리가 자꾸 끊겨. 내가 다시 전화할게.

My plate **broke up** into pieces. 접시가 깨져서 산산이 조각났어.

2 고장 나는 **break down**

down

break down은 '부서져서(break) down 되다'라는 뜻입니다. 기계가 down 되면 '고장 나다', 회담이나 결혼생활 등이 down되면 '실패하다'라고 하죠. 사람이 down되면 울면서 쓰러지거나, 건강상태가 나빠졌다는 의미입니다. 또 큰 덩어리를 여러 개로 쪼개니까 이해하거나 분석하기 쉽게 '분류하다'라는 의미로도 쓰이죠.

부서져 break 아래로 down ▶▶ 울며 주저앉다(in tears), 고장 나다, 분류하다

She **broke down** in tears. 그녀는 울면서 주저 앉았다.

My car **broke down**. 내 차가 고장 났어.

Let me **break** it **down** for you. 내가 설명해 줄게.

3 뚫고 나가는 **break through**

through

break through는 '부수고(break) 통과하다(through), 돌파하다'라는 뜻입니다. 장애물이나 어려움을 부수고 통과하면 '어려움을 돌파하다, 난관을 뚫고 성공하다'가 되고, 이가 잇몸을 뚫고 나오면 '이가 나다'라는 말이 됩니다.

부수고 break 통과하는 through ▶▶ 부수고 통과하다, 뚫고 나가다

He **breaks through** the door. 그는 문을 부수고 나왔어.

How do hackers **break through** our firewall?
해커들이 어떻게 방화벽을 뚫고 들어오지?

My baby's first tooth just **broke through**. 우리 아기 첫 이가 났어.

4 침입하고 방해하는 **break in**

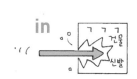

break in은 '부수고(break) 안으로 들어가다(in)'라는 뜻으로 부수고 안으로 들어오니까 '침입하다'라는 의미로 쓰입니다. Someone broke in.하면 '누군가 침입했어.'라는 뜻이죠. 상황을 깨고 들어가면 '어떤 상황에 끼어들어서 방해하다'가 되고, 새 신발이나 장갑 등을 부수고 들어가면 '길들이다, 적응시키다'라는 의미가 됩니다.

부수고 **break** 안으로 **in**

▶▶ 침입하다, 방해하다(on), (신발, 자동차 등을) 길들이다

I **broke in** on them while they were kissing. 나는 그들이 키스하는 걸 방해했다.

How can I **break in** my new running shoes? 새 운동화를 어떻게 길들이지?

5 탈출하는 **break out**

break out은 말 그대로 '부수고(break) 밖으로 나가다(out)'라는 뜻입니다. 감옥을 부수고 밖으로 나가면 '탈출하다'가 되고, 회의 상황을 부수고 나오면 '회의 도중에 나가다'라는 의미가 됩니다. 뭔가 부수고 밖으로 나온다는 이미지에서 피부에 뭐가 나는 것이나 전쟁이나 화재 등이 갑자기 발생하는 것도 break out이라고 합니다.

부수고 **break** 밖으로 **out**

▶▶ 탈출하다(of), 도중에 나오다(of), (여드름 등이) 나다

He **broke out** of jail. 그는 감옥을 탈출했어.

I can't **break out** of the meeting. 난 회의 도중에 나갈 수 없어.

I always **break out** before my period. 난 생리하기 전에 항상 뭐가 나.

6 갑자기 터뜨리는 **break into**

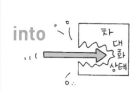

break into는 '부수고(break) 안으로 들어가다(into), 억지로 열다'라는 뜻으로 부수고 안으로 들어가니까 break in과 같이 '침입하다'라는 의미가 됩니다. 상황 안으로 깨고 들어가면 '끼어들다, 방해하다'가 되고, 어떤 상태 안으로 깨고 들어가니까 '갑자기 ~하기 시작하다'라는 의미도 됩니다.

부수고 **break** ~(상황) 안으로 **into**

▶▶ 부수고 들어가다, 끼어들다, 갑자기 ~하기 시작하다

I had to **break into** my car. 난 내 차를 부수고 들어가야 했어.

He **broke into** our conversation. 그가 우리 대화에 끼어들었어.

She **broke into** tears. 그녀는 갑자기 울음을 터뜨렸어.

7

일탈을 꿈꾸는 break away

break away는 '부수고(break) 멀리 가다(away)' 즉 '떨어져 나가다'라는 뜻입니다. 속해 있던 집단이나 관계를 깨고 나와서 멀리 가버리면 '벗어나다, 이탈하다, 탈퇴하다'라는 의미가 되죠.

부수고 break 멀리 away

▶▶ 떨어져 나가다(from), 관계를 끊다(from), 벗어나다(from)

The branch **broke away** from the tree. 가지가 나무에서 떨어져 나갔다.

Is there anything I can do to **break away** from my depression?
우울증에서 벗어날 방법이 있을까요?

꺾이고 부러지는 break off

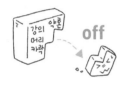

break off는 '부서져서(break) 떨어져 나가다(off)'라는 뜻으로 '꺾다, 부러지다, 떨어져 나가다' 등의 의미로 쓰입니다. 머리가 break off한다는 건 머릿결이 상해서 부서져 떨어져 나가는 걸 말합니다. 눈에 보이는 것뿐만 아니라 '관계나 연락을 끊다', '하던 말이나 일을 중단하다'라는 의미로도 많이 쓰입니다.

부서져서 break 분리되는 off

▶▶ 떨어져 나가다, (관계·연락 등을) 끊다, 중단하다

My hair is starting to **break off**. 머리 끝이 부서지기 시작했어.

She **broke off** the engagement. 그녀는 파혼했어.

She **broke off** in the middle of her lecture. 그녀는 강의 도중에 갑자기 중단했어.

9

갈라놓는 break apart

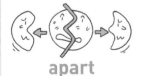

break apart는 '부수어(break) 산산이 떨어뜨리거나 갈라놓다(apart), 흩어놓다'라는 의미입니다.

부수다 break 산산이 apart ▶▶ 흩어지다, 가르다, 갈라놓다

The clouds **broke apart**. 구름이 산산이 흩어졌다.

Break the bread **apart**. 빵을 갈라.

Nothing can **break** us **apart**. 어떤 것도 우리를 갈라놓을 수 없어.

01	군중이 장애물을 돌파했다.	The crowd broke _____ the barriers.
02	그와의 관계를 끝내야 할 것 같아.	I think I should break it _____ with him.
03	얘들아, 흩어져.	Guys, break it _____.
04	학생이 울면서 쓰러졌어.	My student broke _____ in tears.
05	살인자가 감옥에서 탈출했어.	The murderer broke _____ of prison.
06	그가 문을 부숴 넘어뜨렸어.	He broke _____ the door.
07	그는 약혼을 깼다.	He broke _____ their engagement.
08	그녀가 우리 부모님의 결혼을 끝장냈어.	She broke _____ my parents' marriage.
09	A : 아버지가 우리 사이를 갈라놓겠다고 협박하셔. 우리 결혼을 허락하지 않으실 거야. B : 걱정하지 마, 자기야. 아무것도 우리를 갈라놓을 수 없어.	My dad is threatening to break us _____. He doesn't approve of our marriage. Don't worry, honey. Nothing at all can break us _____.

정답 01 through 02 off 03 up 04 down 05 out 06 down 07 off 08 up 09 up, apart

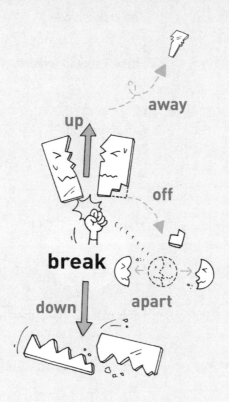

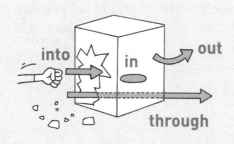

run
달리고 움직이고 흐르는 run

Verb17.mp3

달리다

사업을 운영하다

액체가 흐르다

1. 달리다

동사 run의 기본 의미는 '달리다, 달리게 하다'입니다.

· I **ran** from the bus stop. 나는 버스정류장에서부터 뛰었어.
· A car **runs** on gasoline. 차는 휘발유로 달린다.

2. 진행하다, 운영하다

'회의가 진행되다, 기계 등을 작동시키다, 사업체나 가게 등을 운영하다, 영화나 TV프로그램을 방영하다, 신문이나 잡지에 기사를 싣다'라는 의미로 확장되어 쓰입니다.

· The meeting **ran** for an hour. 회의가 한 시간 동안 진행되었다.
· I **run** a small business. 나는 작은 사업체를 운영한다.
· I **ran** a personal ad in my local paper. 나는 지역 신문에 개인 광고를 냈다.

3. 쭉 이어지다

또 run은 '액체가 계속 달리다' 즉 '물 등의 액체가 흐르다'라는 의미로도 쓰이고, '길이나 선, 파이프 등이 흐르듯이 연결되다' 즉 '~이 쭉 이어져 있다'라는 의미로도 쓰입니다. 또 '유전적인 형질이 가족 안에 흐르다' 즉 '~이 가족 내력이다'라는 의미로도 확장됩니다.

· His nose is **running**. 그는 콧물이 계속 나오고 있어.
· A gas pipe **runs** along my kitchen. 가스관이 부엌 벽을 따라 설치되어 있다.
· Diabetes can **run** in the family. 당뇨가 유전될 수 있어.

1 달려 들어가는 run into

run into '~안으로(into) 달려가다(run)'라는 뜻입니다. 안으로 달려오는 거니까 '~에 부딪히다'라는 의미가 되죠. 어디에 부딪힌다는 건 의도하지 않고 일어나는 일이니까 '우연히 ~을 마주치다'라는 의미로도 쓰입니다.

달리다 run ~안으로 into ▶▶▶ 부딪히다, (어려움에) 빠지다, 우연히 만나다

I **ran into** a glass door. 나는 유리문에 부딪혔다.
I **ran into** trouble. 나는 어려움에 빠졌어.
I **ran into** my friend on the way home. 집에 오는 길에 친구를 우연히 만났다.

2 달려나가는 run out

run out은 '달려서(run) 밖으로 나가다(out)'라는 뜻입니다. ~의 밖으로 나가니까 '~이 부족하다, ~이 바닥나다'라는 의미가 됩니다. Time ran out.이나 I ran out of time.은 '(정해진) 시간이 (바닥나서) 다 되었다.'라는 의미죠. 또 run out 뒤에 on을 써서 '사람을 떠나다'라는 의미로도 씁니다.

달리다 run 밖으로 out ▶▶▶ 바닥나다, (사람을) 떠나다(on)

We **ran out** of sugar. 우리는 설탕이 바닥났어.
I'm **running out** of excuses. 나는 변명이 바닥났어.
He **ran out** on me. 그는 나를 떠났다.

3 치고 달리는 run over

run over는 '빠르게 움직여서(run) 넘어가다(over)'라는 뜻으로 액체가 run over하면 '위로 넘치다', 차가 run over하면 '~을 치고 달리다', 서류를 run over하면 '~을 빠르게 훑어보다'라는 의미입니다.

달리다 run ~위로 over ▶▶▶ (액체가) 넘치다, (차로) 치다, 훑어보다

My toilet is **running over**. 변기가 넘치고 있어.
I **ran over** a cat. 나는 차로 고양이를 쳤어.
Let's **run over** tomorrow's schedule. 내일 일정을 한 번 훑어봅시다.

4 달려 올라가는 run up

run up은 '달려(run) 올라가다(up)'라는 뜻으로 '계단 등을 뛰어 올라가다, 달려서 ~에 접근하다'라는 의미가 되기도 하고 달려서 올라가니까 지출이나 빚 등을 '늘리다'라는 의미로도 확장됩니다.

달리다 run 위로, 접근하는 up

▶▶ 뛰어 올라가다, ~에 뛰어가다(to), (빚을) 늘리다

He **ran up** the stairs. 그는 계단을 뛰어 올라갔다.

My son **ran up** to me for help. 아들이 도움을 청하러 나에게 달려왔다.

Do not **run up** credit card debt. 카드빚을 늘리지 마라.

5 달려 내려가는 run down

run down은 '뛰어(run) 내려오다(down), 흘러내려 오다'라는 뜻입니다. 페인트칠이나 마스카라가 흘러내려 오는 거나 통증이 타고 내려오는 것도 모두 run down이라고 하죠. 아래로 내려오니까 '건전지 등이 닳다, 사람이 지쳐서 녹초가 되다'라는 의미로도 쓰이고, '차가 달려서 사람을 쓰러뜨리다' 즉 '차로 치다'라는 의미로 많이 쓰입니다.

달리다 run 아래로 down ▶▶ 흘러내리다, 내려오다, 차로 치다

She has mascara **running down** her cheeks.
그녀의 마스카라가 뺨으로 흘러내리고 있다.

My friend was **run down** by a bus. 내 친구가 버스에 치였다.

6 ~쪽으로 달려가는 run to

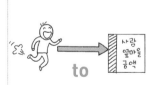

run to는 '~쪽으로(to) 달려가다(run)'라는 뜻입니다. '수량이나 금액이 ~에 달하다', '길 등이 ~까지 이어지다'라는 의미로도 쓰이죠. 이쯤에서 생각나는 노래 있으시죠? 여러 가수가 불렀죠. Run To You. 뭐니 뭐니 해도 달려갈 데는 You가 최고죠.

달려가다 run ~쪽으로 to

▶▶ ~에게 뛰어가다, (수량이) ~에 이르다, ~까지 연결되어 있다

I **ran to** him. 나는 그에게 뛰어갔다.

My savings have **run to** $10,000. 내 저축액이 만 달러에 이른다.

The road **runs to** the next town. 그 길은 옆 마을까지 연결된다.

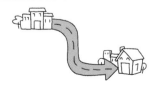

7 도망치는 run away

run away는 '멀리(away) 달려가다(run)' 즉 '달아나다, 도망치다'라는 의미입니다. 사람과 함께 도망가면 '사랑의 도피행을 하다'라는 뜻이 되죠.

달리다 run 멀리 away ▶▶▶ 달아나다, 피하다, 도망가다

My dog **ran away**. 우리 집 개가 달아나 버렸어.

He **ran away** with my money. 그가 내 돈을 가지고 도망쳤어.

He's **running away** from his responsibilities. 그는 책임을 회피하고 있다.

8 달아나 버리는 run off

run off는 '빨리 움직여서(run) 떨어지다(off)'라는 뜻으로 '달아나다, 도망가다, 급히 가다' 등의 의미가 되죠. with와 함께 쓰이면 '~을 가지고 달아나다'라는 의미가 됩니다. 또 '달려서 떨어지다' 즉 달려서 ~에서 벗어나는 거니까 '탈선하다, 탈선시키다'라는 의미로도 쓰이고 '액체 등이 흘러서 떨어지다'라는 의미로도 쓰입니다.

달리다 run 떨어지는 off ▶▶▶ 도망가다, (차를) 탈선시키다, 흘러서 떨어지다

He **ran off** with my purse. 그는 내 지갑을 가지고 달아났어.

He **ran** me **off** the road. 그가 나를 차선 밖으로 몰아냈다.

Sweat is **running off** his nose. 그의 코에서 땀이 흘러내리고 있다.

9 이리저리 뛰어다니는 run around

run around는 '뛰어서(run) 주변을 돌아다니다(around), 원을 그리며 돌다'라는 뜻으로 '바쁘게 뭔가를 하면서 돌아다니다'라는 의미로도 쓰입니다.

달리다 run 이리저리 around

▶▶▶ 뛰어 돌아다니다, 바쁘게 돌아다니다, 설치고 다니다

Stop **running around**. 그만 뛰어다녀.

I'm **running around** preparing for her birthday party.
나는 그녀의 생일파티를 준비하러 바쁘게 돌아다니고 있다.

They are **running around** in circles. 그들은 원을 그리며 뛰고 있다.

run through는 '달려서(run) ~을 통과하다(through)'라는 뜻으로 무엇을 빠르게 훑어보는 것도 run through라고 합니다.

달리다 **run** 통과해서 **through** ▶▶▶ ~을 무시하고 달리다, (머리를 손가락으로 쓸어) 넘기다(one's fingers through hair), 대충 훑어보다

I **ran through** a red light. 나는 빨간 불을 무시하고 달렸다.

He **ran** his fingers **through** his hair. 그는 손가락으로 머리를 쓸어 넘겼다.

Let's **run through** the list. 목록을 훑어보자.

01　그는 정부와 함께 도망쳐 버렸다.　　He ran ＿＿＿＿＿ with his mistress.

02　낯선 사람으로부터 도망쳐.　　Run ＿＿＿＿＿ from strangers.

03　(차)기름이 떨어져 가.　　We're running ＿＿＿＿＿ of gas.

04　나는 옛 친구와 우연히 마주쳤다.　　I ran ＿＿＿＿＿ an old friend.

05　내 인내심이 바닥나고 있어.　　I'm running ＿＿＿＿＿ of patience.

06　그건 가족 내력이야.　　It runs ＿＿＿＿＿ the family.

07　그와 우연히 마주치기를 기대하고 있어.　　I'm looking forward to running ＿＿＿＿＿ him.

08　벽에서 페인트칠이 흘러내리고 있어.　　The paint is running ＿＿＿＿＿ the walls.

09　A : 생각이 너무 많을 때는 어떻게 잠을 자지?
　　B : 눈을 감고 100부터 숫자를 거꾸로 세어봐. 도움이 될 거야.

How can I go to sleep when I have a lot of thoughts running ＿＿＿＿＿ my mind? Close your eyes and count backward from 100. That'll help.

정답 **01** off **02** away **03** out **04** into **05** out **06** in **07** into **08** down **09** through

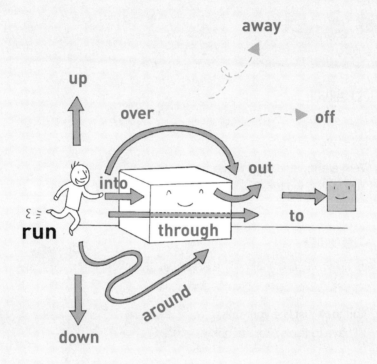

look
눈으로 보는 look

Verb18.mp3

보다, 보이다   ~와 닮다, ~처럼 보이다

1. 보다, 보이다

look의 의미는 눈으로 '보다, 보이다'입니다. see보다 '적극적으로 주의 깊게 쳐다보다'라는 의미가 함축되어 있습니다.

· Turn around and **look** at me. 돌아서서 나를 봐.
· You **look** good today. 너 오늘 멋져 보인다.

2. ~처럼 보이다

어떤 대상과 '비슷하게 보이다'라는 의미에서 '~와 닮다'라는 의미로도 쓰이고 '어떤 대상을 뒤에서 보다' 즉 '보살피다'라는 의미로도 많이 쓰입니다.

· You **look** just like your father. 너는 꼭 아빠를 닮았구나.
· I'll have to **look** after my baby. 나는 아기를 돌봐야 해.

3. 찾다, 기대하다

그 밖에 '찾다, 조사하다'처럼 눈으로 보는 것을 포함한 동작을 말할 때 많이 쓰이죠. 단순히 눈으로 보는 동작뿐만 아니라 '앞날을 보면서 기대하다' 또 '과거를 돌아보다' 등의 의미로 응용해서 쓸 수도 있습니다.

· What are you **looking** for? 무얼 찾고 있니?
· I'm **looking** forward to spending time with you.
  나는 너와 함께 시간을 보낼 것이 정말 기대돼.

1　꼼꼼히 들여다보는 look into

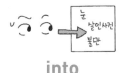

look into는 '~안을 들여다(into) 보다(look)'라는 뜻으로 내부를 꼼꼼히 들여다보니까 '~을 조사하다'라는 의미로 확장됩니다.

보다 **look** ~안으로 **into** ▶▶ ~안을 들여다보다, 조사하다

I **looked into** her eyes. 나는 그녀의 눈을 들여다보았다.

The police are **looking into** the murder case.
경찰이 살인사건을 조사하고 있어.

They'll **look into** your complaint. 그들이 당신의 불만사항을 조사할 것이다.

2　바깥을 경계하는 look out

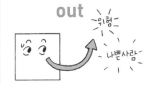

look out은 '바깥쪽을(out) 보다(look)'라는 뜻으로 '바깥을 내다보다' 혹은 '바깥쪽에 위험한 것이 있는지 살피다, 주의하다, 경계하다'라는 의미도 있습니다.

보다 **look** 바깥쪽으로 **out** ▶▶ 조심하다, 밖을 쳐다보다

Look out! 조심해!

You need to **look out** for bad people. 너는 나쁜 사람들을 조심해야 해.

I like **looking out** the window of the car. 나는 차 창밖을 내다보는 걸 좋아해.

3　~을 찾는 look for

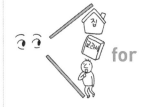

look for는 '~을 향해(for) 바라보다(look)'라는 뜻으로 '~을 찾다'라는 의미도 됩니다. 구체적인 사물이나 사람뿐 아니라 trouble 같은 것에도 look for를 사용할 수 있습니다. Let's not look for trouble!이라고 하면 '사서 고생하지 맙시다.'란 뜻이 되죠.

보다 **look** ~을 향해 **for** ▶▶ 찾다

I'm **looking for** a house. 나는 집을 찾고 있어.

I'm **looking for** my textbook. 내 교과서를 찾고 있어.

You're the one I've been **looking for**. 네가 바로 내가 찾던 사람이야.

4 올려다보는 look up

look up의 뜻은 '위를(up) 보다(look), 올려다보다'입니다. '봐서 위로 올리다' 즉 '~을 찾다'라는 의미로도 쓰이는데, 목적어로 사람이 오면 '오랫동안 못 보던 사람과 연락하거나 만나다'라는 뜻이 됩니다. 또 '경기나 상황이 호전되다'라는 의미로도 쓰이고 to를 붙여서 '~를 존경하다'라는 뜻으로도 쓰이죠.

보다 look 위로 up

▶▶ (사전 등으로) 찾아보다, (상황이) 호전되다, ~을 존경하다(to)

Look it **up** in the dictionary. 그거 사전에서 찾아봐.

The economy is **looking up**. 경제 전망이 밝다.

I **look up** to my teacher. 나는 우리 선생님을 존경한다.

5 내려다보는 look down

look down은 '아래로(down) 보다(look)'라는 뜻입니다. on을 붙이고 사람이 오면 아래로 보는 거니까 '무시하다'라는 뜻이 됩니다. look up to와 반대되는 의미죠.

보다 look 아래로 down ▶▶ 아래를 보다, ~을 무시하다(on)

Don't **look down**. 아래를 보지 마.

He always **looks down** on me. 그는 언제나 나를 무시해.

He **looks down** on what I did. 그는 내가 한 일을 무시한다.

6 뒤돌아보는 look back

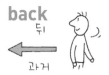

look back은 '뒤돌아(back) 보다(look)'라는 뜻입니다. 비유적 의미로 '과거를 돌아보다'라는 의미로 쓰이기도 하죠. 영화제에서 레드카펫 행사가 열리는 곳이라면 어디에서나 Look back!을 들을 수 있대요. '뒤를 봐 주세요!'라는 뜻으로 스타가 측면에 있거나, 뒤돌아 서 있을 때, 좀 더 오랫동안 보고 싶을 때도 외쳐대는 말이랍니다.

보다 look 뒤로 back ▶▶ 뒤돌아보다, 과거를 돌아보다

Don't **look back**. 뒤돌아보지 마.

Look back at your past. 과거를 돌아봐.

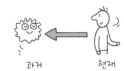

7 둘러보는 look around

look around는 '주위를(around) 보다(look)'라는 뜻으로 '주위를 둘러보다, ~ 주위를 보다'라는 말이 됩니다. 외국에서 온 손님을 안내할 일이 있으면 Where do you want to look around today? '오늘은 어디를 둘러보고 싶으세요?'라고 하면 딱 맞죠.

보다 **look** 주위를 **around** ▶▶ ~의 주위를 보다, ~을 보며 돌아다니다, 둘러보다

Look around you. 네 주위를 둘러봐.

I **looked around** the museum. 나는 박물관을 둘러봤다.

Can I **look around**? 제가 둘러봐도 될까요?

8 훑어보는 look over

look over는 '~위로 넘어서(over) 보다(look)'라는 뜻입니다. '~을 빠르게 훑어보다' 혹은 '전체적으로 둘러보고 문제점 등이 없나 살펴보다'라는 의미죠. 또 look over your shoulder는 운전할 때 옆 차선으로 진입하기 전 '어깨 위로 살짝 돌아보고 확인하다'라는 뜻입니다.

보다 **look** 넘어서 **over** ▶▶ 훑어보다, 검사하다

He **looked over** the book. 그는 책을 훑어봤다.

Look over your shoulder before changing lanes.
차선을 변경하기 전에 어깨 위로 보고 확인해.

9 조사도 하고 무시도 하는 look through

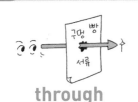

look through는 '~을 통해서(through) 보다(look)'라는 의미로도 쓰이고 '~을 통해서 보다' 즉 '~을 읽어 보거나 검토하다, 조사하다, 뒤져보다'라는 의미로도 쓰입니다. 또 '무엇을 그냥 통과해서 보다' 즉 '보고도 못 본 체하거나 무시하다'라는 의미도 있죠.

보다 **look** 통(과)해서 **through**
▶▶ ~을 통해 보다, ~을 충분히 검토하다, ~을 뒤져보다

I'm **looking through** some paperwork. 나는 서류들을 검토하고 있어.

My mom **looked through** my room and found cigarettes.
엄마가 내 방을 뒤져서 담배를 찾으셨어.

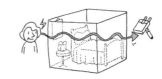

01 나는 내가 뭘 찾고 있는지 정확히
모르겠어.

I don't know exactly what I'm looking
....

02 그들이 집을 둘러보러 왔다.

They came to look the house ....

03 내가 그걸 조사하고 있어.

I'm looking .... it.

04 과거를 보지 말고 앞날을 생각해 봐.

Don't look .... Look forward.

05 마음껏 둘러보세요.

Feel free to look ....

06 그녀는 나를 못 본 체했다.

She looked straight .... me.

07 난 우리 엄마를 존경해.

I look .... to my mother.

08 난 어린 남동생을 돌봐야 했어.

I had to look .... my younger
brother.

09 A : 네가 노래할 차례야.
B : 잠깐만 기다려줘. 좋아하는
노래를 찾고 있어.

Now it's your turn to sing.
Just a moment. I'm looking ....
my favorite song.

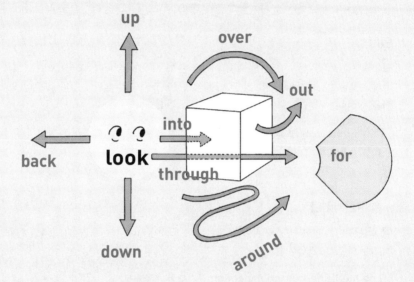

help
도와서 수월하게 해주는 help

Verb19.mp3

돕다

완화시키다

삼가다, 피하다

1. 돕다

help의 기본 이미지는 '무엇인가를 위해 이런 저런 행동을 하다'입니다. 그러다 보면 그 일을 '도와서 수월하게 해주다'라는 의미가 되죠. 거기에서 help의 기본 의미인 '돕다, 도움이 되다'가 나온 것입니다.

· May I **help** you? 도와 드릴까요?
· You're not **helping**. 넌 별로 도움이 안 돼.

2. ~를 완화시키다

약 같은 것이 help한다면 '(병 따위를) 고치는 데 도움이 되다'니까 '통증이나 증세를 완화시키다'라는 의미로도 쓰입니다.

· The medicine **helped** my cough. 약이 내 기침을 완화시켰다.

3. 피하다, 삼가다

또 help는 주로 부정문에서 '피하다, 삼가다'라는 의미로 많이 쓰입니다. cannot help ~는 '무엇인가를 위해 이도 저도 할 수 없다'라는 의미이니 '~하는 것을 피할 수가 없다' 즉 '~할 수밖에 없다'라는 뜻이 되죠.

· I couldn't **help** it. 나도 어쩔 수 없었어.
· I couldn't **help** laughing. 나는 웃을 수밖에 없었어.

1 ~하는 것을 돕는 help with

help with는 '…가 ~(을 하는 것)을(with) 도와주다(help)'라는 뜻입니다. 어린아이에서부터 노인까지 실생활에서 아주 많이 쓰는 표현이죠. '책상 옮기는 것을 돕다'는 help me with the desk, '보고서 쓰는 것을 돕다'는 help me with the report라고 하면 됩니다.

돕다 help ~을 **with** ▶▶▶ **~을 도와주다**

Can you **help** me **with** my homework? 내 숙제 좀 도와줄래?

Help me **with** the dishes. 설거지 좀 도와줘.

Help me **with** the party. 파티 준비하게 도와줘.

2 구출해주는 help out

help out은 '도와서(help) 밖으로 빼주다(out)'라는 뜻입니다. 특정한 곳 밖으로 help out하면 '도와서 나가게 하다'라는 의미이고, 곤란 등에서 help out하면 '구출하다, 해결하도록 도와주다'라는 의미가 되죠.

도와서 help 밖으로 **out**
▶▶▶ **도와서 나가게 하다, (어려움을 해결하도록) 도와주다**

Help me **out**. 나 좀 도와줘.

He **helped** me **out** of the car. 그는 내가 차에서 내리도록 도와줬다.

Kids can **help out** around the house. 아이들도 집안일을 도울 수 있어.

3 태워주는 help into

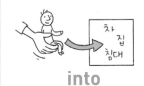

help into는 '도와서(help) 안으로 들어가도록 하다(into)'라는 뜻으로 '차나 집, 잠자리 등에 들도록 도와주다'라는 의미로 쓰입니다. 또 help me into my suit에서처럼 '옷 입는 것을 도와주다'라는 의미로도 쓰이죠.

도와서 help ~안으로 **into**
▶▶▶ **(차에) 태워주다, (집안으로) 부축해 주다, (잠자리에 드는 걸) 도와주다**

He **helped** me **into** the car. 그가 부축해서 내가 차에 타는 것을 도와줬어.

He **helped** me **into** the house. 그는 내가 집안으로 들어가도록 도왔다.

I **helped** my kids **into** their beds. 나는 아이들이 잠자리에 드는 것을 도왔다.

4 도와서 위로 올리는 **help up**

help up은 '도와서(help) 일어나는 거나 올라가는 것을(up) 수월하게 해주다'라는 뜻입니다. 바닥에 있는 사람을 help up하면 '부축해서 일으키다'라는 의미이고, 계단 등을 올라가는 것을 help up하면 '도와서 올라가게 하다'라는 의미가 됩니다.

도와서 **help** 위로 **up** ▶▶▶ 부축해서 일으키다, 올라가는 것을 도와주다

He **helped** me **up** from the floor. 그가 바닥에서 나를 부축해서 일으켜 줬어.
Help me **up** the stairs. 내가 계단 올라가는 것 좀 도와줘.

5 도와서 착용시키는 **help on**

help on은 with와 함께 쓰여 '도와서(help) 붙이다(on)' 즉 '도와서 옷 등을 입거나 걸치는 것을 수월하게 해 주다'라는 뜻입니다. help ~ put on을 많이 쓰지만, 이런 표현도 알아두면 좋죠. 또 기차나 버스에 help on하면 '타는 것을 도와주다'라는 의미가 되죠.

도와서 **help** 붙이는 **on** ▶▶▶ 착용을 도와주다(with), 타는 것을 도와주다

Can you **help** me **on** with my watch? 시계 차는 것 좀 도와줄래?
I **helped** him **on** with his jacket. 나는 그가 재킷을 입는 것을 도와줬다.

6 도와서 떼어내는 **help off**

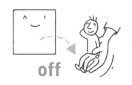

help on과 반대로 help off는 '도와서(help) 떨어뜨리다(off)' 즉 '도와서 차에서 내리거나 옷 등을 벗는 것을 수월하게 해 주다'라는 뜻입니다. Please help me off with my Korean socks. '버선 벗는 것 좀 도와줘요.' 명절 때 유용하게 써 먹을 수 있겠죠?

도와서 **help** 떼어내는 **off**
▶▶▶ 부축해서 차에서 내리게 해주다, 벗는 것을 도와주다(with)

I **helped** him **off** the train. 나는 그가 기차에서 내리도록 부축해 주었다.
I **helped** my kids **off** with their coats. 나는 아이들이 코트를 벗는 것을 도와줬다.

7 ~쪽으로 도와주는 help to

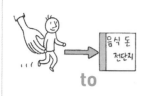

help to는 '도와서(help) ~로 향하는(to) 것을 수월하게 해주다'라는 뜻입니다. 어떤 사물과 마주한 상황에서 help to하면 '그 사물을 얻게 하다'라는 의미가 됩니다. 주로 oneself를 목적어로 하여 to 뒤에 음식이 오면 '마음껏 먹다', 돈 같은 것이 오면 '마음대로 취하다'라는 뜻입니다.

도와서 **help** ~쪽으로 **to**

▶▶▶ 도와서 얻게 하다, 마음껏 먹다(oneself to), 마음대로 취하다(oneself to)

Help yourself **to** the food. 마음껏 드세요.

The thief **helped** himself **to** the money. 도둑이 그 돈을 가져갔다.

Help yourself **to** these brochures. 이 책자들을 마음껏 가져가세요.

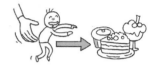

8 도와서 통과시키는 help through

help through는 '도와서(help) ~을 통과하게 해주다(through), 이겨내게 해주다'라는 뜻입니다. You helped me through the most difficult part of life. '당신이 가장 힘든 시간을 이겨내도록 도와 줬잖아요.'라며 프러포즈하는 드라마가 있던데 단지 고마워서만 청혼한 것은 아니겠죠?

도와서 **help** ~을 통과하다 **through** ▶▶▶ ~을 이겨내도록 도와주다

Help me **through** this week. 이번 주에 나 좀 도와줘.

I **helped** him **through** his grief. 나는 그가 슬픔을 극복하도록 도와줬다.

I drank coffee to **help** me **through** the night.
밤새는 데 도움이 되게 커피를 마셨어.

01 제발 내 컴퓨터 좀 봐줘.

Please help me _____ my computer.

02 누가 날 좀 도와줘요!

Somebody help me _____ !

03 의자에서 내려오게 도와줘.

Help me _____ the chair.

04 외투 좀 입게 도와줄래요?

Can you help me _____ my coat?

05 그는 내가 곤경에서 빠져나오도록 도와줬어.

He helped me _____ of trouble.

06 음료수는 마음껏 가져다 드세요.

Help yourself _____ a drink.

07 강도가 내 돈을 훔쳐갔다.

The robber helped himself _____ my money.

08 냉장고에 있는 건 뭐든지 꺼내 먹어.

Help yourself _____ anything in the fridge.

09 A : 직장 문제로 이사를 하려고 해요. 어떻게 아이들이 이 변화를 이겨내도록 도울 수 있을까요?

B : 아이들이 새로운 장소에서 좋아하는 활동에 참가할 수 있도록 해보세요.

We are relocating for a job. How can I help my children _____ this transition?
You can get them involved in activities relate to their interests at a new place.

정답 01 with 02 out 03 off 04 into 05 out 06 to 07 to 08 to 09 through

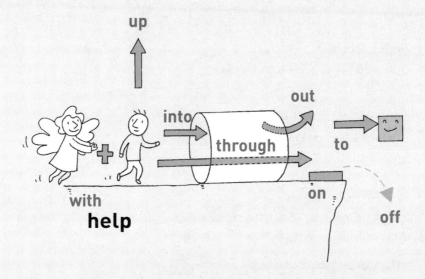

Verb 20

stick
찌르거나 딱 붙이는 stick

Verb20.mp3

찌르다

붙이다

~곁에 있다

~에 끼여서 옴짝달싹 못하다

1. 찌르다, 찔러 넣다

stick의 기본 의미는 막대기 같은 것으로 '찌르다, 찍다, 찔러 넣다'라는 뜻입니다. 또한 '찔러서 고정시키다'라는 의미에서 풀 등으로 '붙이다, 붙다'라는 의미도 있습니다.

· The nurse **stuck** a needle in his arm. 간호사가 그의 팔에 주사 바늘을 찔러 넣었다.
· I **stuck** labels on the bottles. 나는 라벨을 병에 붙였다.

2. 가까이에 있는

어떤 장소에 붙어 있으면 멀리 가지 않고 '가까이에 있다, 기다리다'가 되고 사람 옆에 붙어 있으면 '~곁에 있다, ~에 충실하다'라는 뜻으로 확장됩니다.

· I'll **stick** by you. 내가 네 곁에 있을게.
· **Stick** around. We'll be right back. 어디 가지 말고 기다리세요. 바로 계속됩니다.

3. ~에 끼어있는

주로 수동형으로 '~에 끼여서 옴짝달싹 못하게 되다'라는 의미로도 많이 쓰입니다.

· I'm **stuck** in traffic. 교통체증에 꼼짝 못하고 있어.
· My heels are getting **stuck** in the mud. 구두굽이 진흙에 빠져.

1 찔러 넣는 stick in

stick in은 '안으로(in) 찔러 넣다(stick)'라는 뜻으로 '주사를 찌르다, 찔러 넣다' 등 뭔가를 직선으로 찔러 넣는 동작을 표현할 때 쓰입니다. 마음에 찔러 넣으면 '가 슴에 박혀 있다, 잊히지 않다'라는 뜻이 되죠. 그 말이 바로 stick in one's mind 입니다.

찌르다 stick ~안으로 in ▶▶ 찌르다, 찔러 넣다, 넣다

The nurse **stuck** a needle **in** my arm. 간호사가 팔에 주사를 찔렀다.

He **stuck** the papers **in** his desk drawer. 그는 서류들을 책상 서랍에 찔러 넣었다.

Don't **stick** your hand **in** your pocket. 주머니에 손 넣지 마.

2 삐죽 튀어나오는 stick out

stick out은 '밖으로(out) 돌출되어 있다(stick), 밖으로 내밀다'라는 뜻으로 막대 기처럼 무언가가 삐죽 튀어나와 있거나 돌출해 있어서 눈에 잘 띄는 것이나 몸 일 부를 내밀고 있는 모습을 표현할 때 쓰입니다.

삐죽 나오다 stick 밖으로 out ▶▶ 삐져나오다, 내밀다

Your shirt is **sticking out**. 셔츠가 삐져나와 있어.

Would you **stick out** your tongue? 혀 좀 내밀어 볼래요?

Don't **stick** your head **out** of the car. 차 밖으로 머리 내밀지 마.

3 한 곳에 콕 붙어 있는 stick at

stick at은 '어떤 지점에 콕(at) 붙어 있다(stick)'라는 뜻으로 '~을 꾸준히 하다'라 는 의미입니다. Stick at it!하면 '힘들어도 참고 꾸준히 해!'라는 뜻이고요. 회사 그 만두겠다는 동료에게도 영어 공부 그만하겠다는 친구에게도 이 한마디면 충분하겠 죠?

붙어있다 stick ~지점에 at ▶▶ 꾸준히 하다

Stick at it. 꾸준히 해.

How long did you **stick at** your first job? 첫 직장에서 얼마나 오래 일했나요?

4 솟아 있는 stick up

stick up은 '위로 솟아 있거나 튀어나와(up) 있다(stick)'라는 말로 '튀어나와 있다', '손 등을 위로 들다'라는 의미로도 쓰이고, for와 함께 쓰여 '~를 위해 솟다' 즉 '~의 편을 들어주다, ~를 지지하다'라는 의미도 됩니다. 또 stick에 붙인다는 의미도 있어서 벽이나 게시판 등 높은 곳에 '~을 붙이다'라는 의미로도 쓰입니다.

삐죽 나오다, 붙이다 **stick** 위로 **up**
▶▶▶ (머리가) 뻗치다, 게시하다, 편을 들어주다(for)

My hair is **sticking up**. 머리가 뻗쳤어.
He always **sticks up** for me. 그는 언제나 내 편을 들어준다.
They're **sticking up** the posters. 그들은 포스터를 붙이고 있다.

5 서로 달라붙어 있는 stick together

stick together는 '서로(together) 달라붙어 있다(stick), 서로 달라붙게 하다'라는 뜻입니다. 사람이 서로 달라붙어 있으면 '붙어 다니다, 힘을 합치다'라는 뜻이 되죠. 셋이 붙어 다니는 사람들에게는 이런 말을 잘하죠. They always stick together as a threesome. '그들은 언제나 삼총사처럼 붙어 다닌다.'

붙어있다 **stick** 함께 **together** ▶▶▶ 붙이다, 뭉치다, 붙어 다니다

I'm **sticking** the two papers **together**. 나는 종이 두 장을 붙이고 있다.
My mascara makes my eyelashes **stick together**. 내 마스카라를 쓰면 속눈썹이 뭉쳐.
They **stick together** all the time. 그들은 언제나 붙어 다닌다.

6 ~쪽으로 달라붙는 stick to

stick to는 '~에(to) 달라붙다(stick), ~에 붙이다'라는 뜻으로 '계획이나 결심, 약속 등을 고수하다, 충실하다, ~에서 벗어나지 않다'라는 의미로 확장됩니다.

붙어있다 **stick** ~쪽으로 **to** ▶▶▶ ~에 붙이다, 달라붙다, 고수하다

Stick it **to** the board. 그거 게시판에 붙여.

How do you get fish not to **stick to** the frying pan?
어떻게 하면 생선이 프라이팬에 들러붙지 않게 할 수 있나요?

Let's **stick to** the original plan. 우리 원래 계획대로 하자.

7 ~와 붙어 있는 stick with

stick with는 '~와 함께(with) 꼭 붙어 있다(stick)'라는 뜻으로 '사람에게 꼭 붙어 있다, 한 번 한 결심이나 선택을 바꾸지 않다, 끝까지 충실하다'라는 뜻입니다. '바꾸지 않고 계속하다'라는 면에서 stick at이나 stick to와 비슷한 의미입니다.

붙어있다 stick ~와 with ▶▶▶ 꼭 붙어 있다, 바꾸지 않다

Stick with your choices. 네 선택을 바꾸지 마.

I told my kids to **stick with** me on the way to school.
나는 학교 가는 길에 아이들에게 내 옆에 꼭 붙어 있으라고 했다.

01 가족이란 언제나 서로 뭉쳐야
    한다.

Family are supposed to stick ＿＿＿＿＿＿
through thick and thin.

02 우표를 붙여야 해.

You need to stick ＿＿＿＿＿ a stamp.

03 벽에 사진을 걸 거야?

Will you stick the picture ＿＿＿＿＿ on
the wall?

04 우리는 일심동체가 되어야 해.

We've got to stick ＿＿＿＿＿.

05 지금 당면한 문제에 집중하자.

Let's stick ＿＿＿＿＿ the issue at hand.

06 나는 내 친구 편을 들어줬어.

I stuck ＿＿＿＿＿ for my friend.

07 저한테 꼭 붙어 다니세요.

Stick ＿＿＿＿＿ me, please.

08 너희 둘은 항상 붙어 다니는구나.

You two always stick ＿＿＿＿＿.

09 A : 맥주 마실래?
    B : 아니, 됐어. 나 오늘 운전하기로
       했어. 물이나 마실래.

Would you care for a beer?
Nothing for me, thanks. I'm the
designated driver. I'll stick ＿＿＿＿＿
water.

정답 01 together 02 on 03 up 04 **together** 05 to 06 up 07 with 08 together 09 to

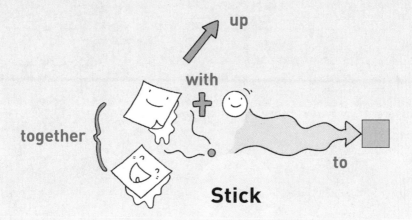

Stick

go up

fall in

go around

run to

hold up

get across

Part 4

까다로운
의미의 동사

이제 까다롭게 보이는 동사를 학습할 차례입니다. 여기
모아놓은 동사는 네이티브가 쓰는 표현 중에도 까다로운
표현입니다.
이 Part까지 학습한다면 이제 실전에서 세련된 영어
표현을 할 수 있습니다. 구동사의 끝이 이제 보입니다!

집어내는 **pick**, 떨어뜨리는 **drop**

Verb21.mp3

---

pick

쑤시다, 후비다

괴롭히다, 비난하다

열매를 따다, 꽃을 꺾다

고르다, 가려내다

1. 집어내다

pick의 기본 이미지는 '뭔가를 세심하게 찍거나 쪼는 모습' 혹은 '집어 올리는 모습'입니다. 신체 특정 부위를 쑤시거나 후비는 모습, 새들이 모이를 쪼거나 사람이 음식을 조금씩 깨작거리면서 찍어 먹는 모습도 pick으로 표현합니다.

· Don't **pick** your teeth. 이 쑤시지 마.
· Stop **picking** your nose. 코 그만 후벼.

---

2. ~을 괴롭히다, 까다롭게 고르다

pick은 '누군가를 겨냥해서 콕 집어내거나 계속해서 쪼아대다'라는 의미로 '~를 괴롭히다, 비난하다'라는 의미로도 쓰입니다. 세심하게 찍어서 집어 올리는 모습에서 '고르다, 가려내다'의 이미지도 쉽게 떠오르죠.

· Stop **picking** on your sister. 네 여동생 좀 그만 괴롭혀.
· We finally **picked** a name for our baby. 우리는 마침내 아기의 이름을 골랐다.

---

3. 꽃을 꺾거나 열매를 떼어내다

열매를 따거나 꽃을 꺾는 것, 집어서 떼어내는 것도 pick을 쓰죠.

· He **picked** some flowers for her. 그는 그녀를 위해 꽃을 좀 꺾었다.
· I **picked** all the cherries off the cake. 케이크에서 체리를 모두 떼어냈다.

drop

떨어지다

~를 떨어뜨리다

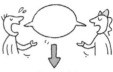
~를 그만하다

1. 떨어뜨리다

drop은 주로 갑자기 떨어질 때에 '떨어지다, 떨어뜨리다'라는 의미로 쓰입니다. 물이 땅으로 방울져 떨어지거나, 온도 등의 수치가 내려가는 것, 사람이 아래로 쓰러지는 것을 모두 drop으로 표현합니다.

· The water **drops** to the ground. 물이 땅으로 떨어진다.
· The temperature **dropped**. 온도가 내려갔다.

2. 실수하다

drop은 눈에 보이는 물건뿐만 아니라 다양한 것을 떨어뜨릴 수 있습니다. drop the ball은 '공을 떨어뜨리다'인데 비유적으로 '실수하다'라는 의미가 있죠. 편지를 떨어뜨리니까 '연락하다'가 되고, 몸무게를 떨어뜨리는 건 '몸무게를 빼다'가 됩니다.

· I guess I **dropped** the ball. 내가 실수한 것 같아.
· **Drop** me a line. 연락해.

3. 그만하다, 들르다

'하던 일이나 말을 떨어뜨리다' 즉 '그만하다'라는 의미로도 쓰입니다. Drop it.이라고 하면 '그만해.'라는 뜻이죠. 화제를 떨어뜨리는 건 '그 화제를 그만 얘기하자'라는 말이 되죠. 또 '사람이 ~로 떨어지다' 즉 '~에 잠시 들르다'라는 의미로도 쓰입니다.

· Let's **drop** the subject. 그 얘기는 그만 하자.
· Please **drop** by sometimes. 가끔 들르세요.

집어 올리는 pick up

pick up은 '집어(pick) 올리다(up)'라는 뜻입니다. 어질러진 것을 집어 올리면 '치우다'가 되고, 물건을 집어 올리면 '사다', 차에 사람을 집어 올리면 '태워주다'라는 말이 됩니다.

집다 **pick** 위로 **up** ▶▶ 치우다, 사다, 태워주다

Let's **pick up** your crayons and put them back in the box.
네 크레용을 주워서 다시 상자 안에 담자.

Pick up some milk on your way home. 오는 길에 우유 좀 사와.

He **picked** me **up** from work today. 그가 오늘 퇴근할 때 날 태워줬어.

외국어를 집어 올리면 '익히다'가 되고, 속도나 매출을 집어 올리는 것은 '속도를 내다, 매출이 늘다'라는 말이죠. 병세가 나아지는 것도 pick up으로 표현할 수 있습니다.

집다 **pick** 위로 **up** ▶▶ 익히다, (매출 등이) 늘다, (병세가) 나아지다

I need to **pick up** some Japanese. 난 일본어를 좀 배워야 해.

Sales **picked up** a bit today. 오늘 매출이 조금 늘었어.

His mood **picked up** a bit today. 그의 기분은 오늘 약간 나아졌어.

전화를 집어 올리면 전화를 '받다'가 되고, 이성을 집어 올리는 건 '꾀다'가 됩니다. 채널 등을 집어 올리면 '수신하다'라는 의미가 되죠.

집다 **pick** 위로 **up** ▶▶ (전화를) 받다, (이성을) 꾀다, (채널을) 수신하다

Pick up the phone. 전화받아.

He is trying to **pick up** a girl. 그는 여자를 꾀려는 중이야.

I can't **pick up** Channel 1. 1번 채널이 안 나와.

2 골라내는 pick out

pick out은 '집어서(pick) 밖으로 꺼내 들다(out)'라는 뜻으로 '고르다, 식별하다'라는 의미로 쓰입니다. Will you help me pick out colors of the curtains in my room?은 '내 방 커튼 색깔 고르는 거 도와줄래?'라는 말이죠.

집다 pick 밖으로 out ▶▶ 고르다, 찾아내다

I will help you **pick out** a ring. 내가 반지 고르는 거 도와줄게.

Can you **pick** me **out** in this old photo?
이 옛날 사진에서 나를 찾아낼 수 있겠니?

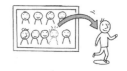

3 떨어뜨려 주는 drop off

drop off는 '떨어뜨려서(drop) 분리하다(off)'라는 뜻으로 '차에서 물건이나 사람을 내리다, 세탁소 등에 옷을 맡기다'라는 의미로 주로 쓰입니다. 또 '깜빡 졸다, 차츰 없어지다'라는 의미로도 쓰입니다. I dropped off some clothes at the dry cleaner's.는 '나는 세탁소에 옷을 맡겼다.'라는 뜻이죠.

떨어뜨리다 drop 분리되는 off ▶▶ 내려주다, 맡기다, 깜빡 졸다

I **dropped** them **off**. 나는 그들을 내려줬다.

I **dropped off** while watching TV. 나는 TV 보다가 깜빡 잠이 들었다.

4 떨어져 나가는 drop out

drop out은 '밖으로(out) 떨어져 나가다(drop)'라는 뜻으로 '어떤 활동이나 학교, 단체 등을 도중에 그만두다'라는 뜻입니다. drop-out의 형태로 '중도탈락'이란 의미로도 일상생활에서 많이 쓰입니다.

떨어지다 drop 밖으로 out ▶▶ 중퇴하다, 탈락하다

I **dropped out** of school. 나는 학교를 중퇴했어.

He **dropped out** of the race. 그는 경주 도중에 탈락했다.

5 잠시 들르는 **drop in**

drop in은 '안으로(in) 떨어지다(drop), 떨어뜨리다'라는 뜻으로 '불쑥 잠깐 들르다'라는 뜻으로도 많이 쓰입니다. '잠깐 들르다'의 의미로는 drop by도 많이 쓰입니다. Drop in[by] anytime.은 '언제든지 들러.'라는 의미죠.

떨어지다 **drop** 안으로 **in** ▶▶ 떨어뜨리다, 잠깐 들르다

I **dropped** my pen **in** the bin. 나는 펜을 쓰레기통에 떨어뜨렸다.
Drop in when you can. 시간 나면 들러.

6 배달하는 **drop around**

drop around는 '주위로(around) 떨어지다(drop), 떨어뜨리다'라는 뜻으로 '근처에 잠시 들르다', 또 물건을 주위로 떨어뜨리니까 '배달하다'라는 의미로 쓰입니다.

떨어지다 **drop** 주위로 **around**
▶▶ 주위로 떨어뜨리다, 근처로 잠깐 들르다, (유인물을) 돌리다

I **dropped** the papers **around**. 나는 회의 전에 유인물을 돌렸다.
We **dropped around** to collect my stuff before the meeting.
우리는 회의 전에 내 물건을 가지러 잠깐 들렀다.

01 언제든 내 사무실에 들러.

_____ _____ to my office anytime.

02 엄마가 어제 잠깐 들르셨어.

My mother _____ _____ yesterday.

03 나는 카펫에서 페인트 얼룩을 떼어냈다.

I _____ the paint _____ the carpet.

04 나는 일 년 만에 프랑스어를 익혔다.

I _____ _____ French in a year.

05 셔츠를 올리세요.

_____ _____ your shirt.

06 아들을 주려고 옷을 좀 골랐어.

I _____ _____ some clothes for my son.

07 몇 시에 데리러 올래?

What time are you going to _____ me _____?

08 나는 세탁물을 찾아왔다.

I _____ _____ the laundry.

09 A : 너 버스 탈거니?

　 B : 아니. 엄마가 와서 데리고 가실 거야.

Are you going to take a bus?

No. My mom will _____ _____ to _____ me _____.

pick

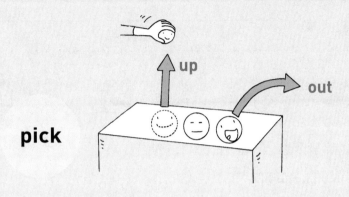

up

out

drop

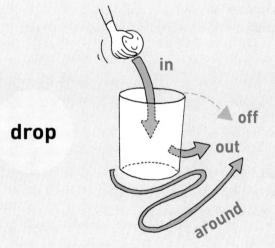

in

off

out

around

보여주는 show, 불어서 날리는 blow

Verb22.mp3

---

show

보여주다

안내하다

본성이나 성질이 드러나다

1. 보이다, 보여주다

show의 기본 의미는 '보이다, 보여주다'입니다. 길을 보여주는 것은 '길을 알려주는 것'이고, 물건이나 공연을 보여주는 건 '전시하다, 공연하다'입니다. 작동 방법 등을 보여주는 건 '알려주다'가 되죠.

· **Show** me your passport, please. 여권 좀 보여주세요.
· Will you **show** me the way? 나에게 길을 알려줄래?
· Can you **show** me how it works? 그게 어떻게 작동하는지 알려줄래?

---

2. 손님을 맞다

특히 '손님을 안으로 보여주다'라는 말은 '손님을 맞이하다', '손님을 밖으로 보여주다'는 '손님을 배웅하다'가 되고, 손님을 데리고 여기저기 보여주면 '안내하다, 구경시켜주다'라는 의미가 됩니다.

· He **showed** me in. 그가 나를 맞이해 줬어.
· He **showed** me out. 그가 나를 배웅해 줬어.
· I'll **show** you around. 내가 안내해 줄게.

---

3. 본성을 드러내다

본성이나 성질을 보여주는 건 '본성이나 성질을 드러내다'라는 의미가 되죠.

· He **showed** his true colors. 그가 본색을 드러냈다.

blow

바람이 불다

기회나 일을 망치다

1. 불다, 날리다

blow의 기본 의미는 '불다, 바람에 날리다, 내뿜다'입니다. 바람이나 폭풍이 부는 것, 코를 풀거나 담배 연기를 내뿜는 것, 비눗방울을 불거나 음주 측정기를 부는 것 모두 blow를 쓰면 되죠.

- The house was **blown** down by the storm. 집이 폭풍에 날려 무너졌다.
- I **blew** my nose. 나는 코를 풀었다.
- I like to **blow** bubbles. 난 비눗방울 부는 걸 좋아해.
- The breath analyzer read 0.1 when I **blew** into it.
  음주 측정기를 불었더니 혈중 알코올 농도가 0.1이 나왔다.

2. 망쳐버리다

날려버린다는 이미지에서 '기회나 일 등을 날려버리다, 망쳐버리다'라는 의미로도 쓰입니다. '위장(한 것)을 날려버린다'는 건 '위장(한 것)이 탄로 나다'라는 뜻이 되죠.

- I **blew** it. 내가 망쳐버렸어.
- I **blew** million dollar deal to get out here for our relationship.
  너를 위해 여기에 나오느라 백만 달러짜리 계약을 날려버렸어.
- You've **blown** your cover. 네가 위장한 것이 탄로 났어.

1 모습을 드러내는 show up

show up은 '위로(up) 보이다(show)'라는 뜻으로 '눈에 띄다, 두드러지다'라는 의미입니다. 또 '약속 장소에 나타나거나, 곤란한 행동 등으로 당황하게 하다'라는 의미로도 많이 쓰이죠.

보이다 show 위로 up

▶▶ 두드러져 보이다, (약속 장소에) 나타나다, 당황하게 하다

He didn't **show up**. 그는 나오지 않았어.

The spot **showed up** on the photograph. 그 점이 사진에서 두드러졌다.

She **showed** me **up** when she arrived drunk at my wedding.
그녀가 술에 취해서 내 결혼식에 나타났을 때 난 너무 당황했다.

2 눈에 띄게 보여주는 show off

show off는 '분리되어(off) 보여주다(show)'라는 뜻으로 자신이 가진 것을 드러내어 보여줄 때에 쓰여 '과시하다, 자랑하다, 돋보이게 하다'라는 의미가 됩니다. She showed off her diamond ring.은 '그녀는 자기 다이아몬드 반지를 자랑했다.'라는 뜻이죠.

보여주다 show 분리되어 나가는 off

▶▶ 자랑하다, 과시하다, 돋보이게 해주다

He's **showing off** his muscles to impress the girls.
그는 여자들에게 잘 보이기 위해 근육을 과시하고 있어.

The lipstick really **shows off** your lips. 립스틱이 네 입술을 돋보이게 해줘.

3 비쳐 보이는 show through

show through는 '~을 통과해서(through) 보이다(show)'라는 뜻으로 뒤나 아래에 있는 것이 '비쳐서 보이다', 안에 있는 감정이나 기질이 '드러나다'라는 의미로 쓰입니다.

보이다 show 통과해서 through ▶▶ 비치다, 드러나다

Your bra is **showing through**. 네 브래지어가 비친다.

His anger **showed through**. 그가 화난 게 티가 나.

4 불어서 멀리 날리는 **blow away**

away

blow away는 '멀리(away) 날려버리다(blow)'라는 의미로 비유적으로 사람을 멀리 날리다' 즉 '~를 놀라게 하다, 깊은 인상을 주다'라는 의미도 있습니다.

불어서 **blow** 멀리 **away** ▶▶ 바람에 날리다, 불어서 날리다, 놀라게 하다

My hat **blew away**. 내 모자가 바람에 날아갔다.

I **blew away** a mosquito off my arm. 나는 팔에 앉은 모기를 불어서 쫓아버렸다.

He **blew** me **away** with his song. 그는 자기 노래로 나를 놀라게 했어.

5 밖으로 불어 나가는 **blow out**

out

blow out은 '불어서(blow) 밖으로(out) 날리다'라는 뜻으로 불어서 out 시키니까 '불어서 없애다, 끄다'라는 의미도 되고 밖으로 불어서 나가니까 '터지다'라는 뜻도 됩니다. 또 사람이 있던 장소에서 나가는 것도 blow out이라고 합니다.

불어서 **blow** 밖으로 **out** ▶▶ (촛불 등을) 끄다, (타이어가) 터지다, 떠나가다

He **blew out** the candle. 그는 촛불을 껐다.

A tire **blows out**. 타이어가 터졌다.

I'm going to **blow out** of here now. 나 이제 그만 가봐야 할 것 같아.

6 불어서 넘어가는 **blow over**

over

blow over는 '위로(over) 불다(blow), 불어서 넘어가다'라는 뜻으로 종이가 바람에 위로 흩날리는 모양을 생각하면 됩니다. '소문 등이 불어서 지나가다' 즉 '소문이 가라앉다, 잊히다' 혹은 '어떤 일이 별 탈 없이 지나가다'라는 뜻으로도 쓰여요.

불어서 **blow** 넘어가는 **over**▶▶ 위로 날리다, (폭풍·소문이) 가라앉다

The papers **blew over**. 종이가 바람에 날렸다.

The storm will **blow over** soon. 폭풍은 곧 가라앉을 것이다.

The scandal will **blow over** quickly. 그 소문은 곧 가라앉을 거야.

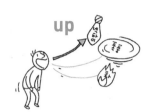

7 불어 올리는 blow up

blow up은 '불어(blow) 올리다(up)'라는 뜻으로 위로 불어 올리니까 '크기가 up 되다' 즉 '확대하다, 부풀리다'라는 의미도 되고, '강도가 up되다' 즉 '강도가 세지다' 라는 의미도 됩니다. '폭탄 등이 터지거나 파열되다'라는 의미로도 쓰입니다. 사람 이 blow up하면 '화내다'라는 의미가 되죠.

불어서 blow 위로 up

▶▶ 위로 날리다, 부풀리다, 세지다, (폭탄이) 터지다, ~에게 화를 내다(at)

The wind **blew up** my tie. 바람이 내 넥타이를 위로 날렸다.

A fearful storm **blew up**. 무서운 폭풍이 세차게 불었어.

I **blew up** at my husband and now he's not talking to me.
남편한테 화를 냈더니, 남편이 지금 나랑 말도 안 해.

Blow up the balloon. 풍선을 불어.

The bomb **blew up**. 폭탄이 터졌다.

Whenever we have a disagreement, it **blows up** into a big fight.
우리의 의견 차이는 언제나 큰 싸움이 돼버려.

8 불어서 떨어뜨리는 blow off

blow off는 '불어서(blow) 떨어뜨리다(off)'라는 뜻으로 사물을 불어서 떨어뜨리 면 '~이 날아가다', 열(steam)을 불어서 떨어뜨리면 '발산시키다' 즉 '화를 식히다' 라는 말이 되죠. 예정된 모임이나 약속을 불어서 떨어뜨리면 '참석을 취소하다'가 되 고, 사람이나 사람의 말, 행동을 불어서 떨어뜨리는 건 '무시하다'라는 뜻이 됩니다.

불어서 blow 떨어뜨리는 off

▶▶ 날아가다, 화를 식히다(steam), 취소하다, 바람맞히다, 무시하다

My hat was **blown off**. 모자가 바람에 벗겨졌다.

The storm **blew** the roof **off**. 폭풍에 지붕이 날아갔어.

I need to **blow off** some steam. 나 화 좀 식혀야겠다.

He **blew off** the meeting. 그는 회의에 참석하지 않았다.

He **blew** me **off** at the last minute. 그는 마지막 순간에 나를 바람 맞혔다.

They **blew off** what I said. 그들은 내가 한 말을 무시해버렸다.

01　그녀는 회의에 나타나지 않았어.

She didn't _____ _____ at the meeting.

02　빛이 커튼을 뚫고 비치고 있다.

The light is _____ _____ the curtain.

03　제가 밖까지 안내할게요.

I'll _____ you _____ .

04　그가 날 바람 맞혔어.

He _____ me _____ .

05　아무도 안 나타나면 어쩌지?

What if nobody _____ _____ ?

06　그를 들여보내세요.

_____ him _____ , please.

07　그가 도시 여기저기를 나에게 안내해주었다.

He _____ me _____ the city.

08　전구가 터졌어.

The lightbulb _____ _____ .

09　A : 인터넷으로 알게 된 남자를 처음 직접 만나기로 했는데, 안 나타났어. 문자 메시지를 수십 통 보내도 연락도 없고.
　　B : 내 생각엔 네가 바람 맞은 것 같은데.

I was supposed to meet a guy I chatted with online, but he didn't _____ _____ . I sent him dozens of messages but got no response.
I think he _____ you _____ .

정답 　01 show up　02 showing through　03 show, out　04 blew, off　05 shows up　06 Show, in　07 showed, around　08 blew up　09 show up, blew, off

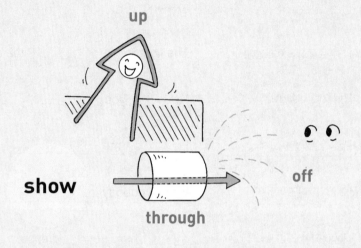

show

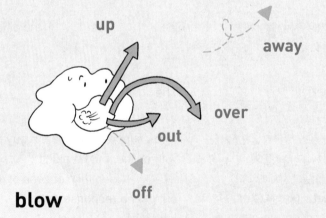

blow

점점 자라는 grow, 자르고 끊는 cut

Verb23.mp3

---

grow

자라다

재배하다

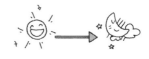

점점 ~상태로 변화하다

1. 자라다

grow는 '점점 커지다' 즉 '성장하다, 자라다'라는 뜻입니다.

· Sam is really **growing** up, isn't he? 샘이 많이 컸죠, 그렇죠?
· Your hair will **grow** out soon. 네 머리카락은 곧 자라날 거야.

---

2. 키우다

농작물 등을 '키우는 것'도 grow라고 하죠.

· She **grows** flowers. 그녀는 꽃을 키워.
· They **grow** apples. 그들은 사과를 재배해.

---

3. ~한 상태로 변화하다

자란다는 것은 하루아침에 이뤄지는 것이 아니라 오랜 시간에 거쳐 조금씩 변화해 가는 것이므로 grow는 '점점 어떤 상태로 변화해가다'라는 의미도 있습니다.

· It **grew** dark. 점점 어두워졌다.
· I **grew** to like her. 나는 그녀가 점점 좋아졌다.

cut

자르다, 베다

흐름 등을 끊다

줄이다, 삭감하다

1. 자르다

cut은 '자르다, 베다, 끊다'가 기본 의미입니다. 손가락이나 실처럼 눈에 보이는 것을 '자르다, 베다'라는 의미로 쓰이죠.

· I **cut** my finger. 손가락을 베었어.
· I **cut** the string. 나는 실을 잘랐다.

2. 중단하다

또 cut은 눈에 보이는 것뿐만 아니라 흐름을 끊고 '중단하다', '끼어들다', '연락을 끊다', '관계를 끊다', '공급을 끊다' 등 눈에 보이지 않는 것을 끊을 때도 쓰입니다.

· I **cut** ties with my family. 나는 가족과의 관계를 끊었다.
· The water supply will be **cut** off. 수도 공급이 중단될 것입니다.

3. 내리다, 줄이다

cut의 '잘라내다'라는 의미에서 '값을 깎다', '소비를 줄이다', '예산 등을 삭감하다' 등의 뜻으로도 확장됩니다.

· They **cut** down the prices. 가격을 내렸다.
· I need to **cut** down on sugar. 나는 설탕 섭취를 줄여야 해.

1   자라서 변화하는 grow into

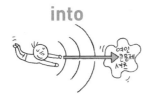

grow into는 '자라서(grow) ~상태 안으로 들어가다(into)' 즉 '자라서 ~이 되다' 라는 뜻입니다. '사람이 자라서 어른이 되다', 옷 등이 '맞게 되다', 변화나 역할에 '적 응하다'라는 의미가 됩니다.

자라서 grow ~로 변화는 into ▶▶▶ ~으로 자라다, ~가 되다, 자라서 옷이 맞다

My daughter has **grown into** a beautiful lady. 나의 딸은 자라서 아름다운 여인이 되었다.

It has **grown into** a big problem. 그것이 큰 문제가 되었다.

She'll **grow into** this sweater. 그녀가 자라면 이 스웨터가 맞을 거야.

2   밖으로 자라나는 grow out

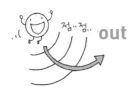

grow out은 '자라서(grow) 밖으로 나가다(out)'라는 뜻입니다. 수염이나 머리는 피부 밖으로 자라니까 grow out이라고 하면 됩니다. grow into와 반대 의미로 '자라서 더는 ~을 하지 않게 되다, 자라서 옷 등이 맞지 않게 되다'라는 의미로 쓰 입니다.

자라서 grow 밖으로 out ▶▶▶ (수염 등이) 자라게 두다, 자라서 ~을 하지 않게 되다(of), 자라서 ~을 못 입게[신게] 되다(of)

He let his beard **grow out**. 그는 턱수염을 자라게 내버려 두었다.

My son has **grown out** of his toys. 우리 아들은 커서 더는 장난감이 필요하지 않아.

She's **grown out** of her sweater. 그녀가 커서 더는 스웨터가 맞지 않아.

3   점점 끌리는 grow on

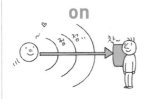

grow on은 '점점 커져서(grow) ~에 붙다(on)'라는 말로 '처음에는 별로 좋아하 지 않다가 점점 좋아하게 되다'라는 의미입니다.

자라서 grow ~에 붙다 on ▶▶▶ ~에게 점점 끌리다, ~이 점점 좋아지다

He has **grown on** me. 나는 그에게 점점 끌려.

Your cologne is **growing on** me. 네 향수 냄새가 점점 좋아진다.

cologne 오드콜로뉴(연한 향수의 일종)

4   자르고 들어가는 **cut in**

cut in은 '자르고(cut) 들어가다(in)'라는 뜻으로 줄을 자르고 들어가면 '새치기하다', 차선을 자르고 들어가면, '차가 바짝 끼어들다', 대화에 끼어들면 '참견하다, 간섭하다' 등의 의미가 됩니다.

잘라서 cut 안으로 in ▶▶ 새치기하다, 참견하다, (차가) 끼어들다

He **cut in** line. 그는 새치기했다.

She **cut in** on our conversation. 그녀가 우리 대화에 말참견했어.

A car suddenly **cut in**. 차가 갑자기 끼어들었다.

5   잘라내는 **cut out**

cut out은 '잘라서(cut) 밖으로(out) 꺼내다' 즉 '잘라내다, 제거하다'라는 의미입니다. 또 '~하게끔 딱 맞게 재단되어 나오다'라는 의미로 '~할 자질이 있다'라는 말로도 쓰입니다.

잘라서 cut 밖으로 out ▶▶ ~에서 빼버리다(of), ~가 될 자질이 있다(to do)

I **cut** him **out** of my life. 나는 그를 내 인생에서 빼버렸다.

I **cut** bread and sugar **out** of my diet. 나는 빵과 설탕을 식단에서 뺐다.

I'm not **cut out** to be a supermom. 나는 슈퍼 맘이 될 자질이 없어.

6   완전히 자르는 **cut up**

cut up은 '완전히(up) 자르다(cut)'라는 의미에서 '여러 조각으로 썰다, 분할하다'라는 뜻으로 쓰입니다.

자르다 cut 완전히 up ▶▶ 자르다, 토막 내다

I **cut up** all my credit cards. 나는 신용카드를 전부 잘라버렸다.

I **cut up** some chicken to feed my toddler. 나는 아기(toddler)가 먹기 좋게 닭고기를 좀 토막 냈다.

7 잘라서 줄이는 cut down

cut down은 '잘라서(cut) 넘어뜨리다(down) 혹은 잘라서 크기 등을 줄이다'라는 의미입니다. 가격을 잘라서 줄이면 '낮추다', 소비나 섭취를 잘라서 줄이면 '줄이다'라는 의미로 확장되어 쓰입니다.

잘라서 cut 아래로 down

▶▶▶ 베어서 넘어뜨리다, (가격을) 내리다, (소비를) 줄이다(on)

He **cut down** the tree. 그는 나무를 베어 넘어뜨렸다.

Cut down the price. 가격을 내려.

Cut down on your shopping. 쇼핑 좀 줄여.

8 잘라서 짧게 쳐내는 cut back

cut back은 '잘라서(cut) 원래의 수준으로 돌리다(back), 짧게 쳐내다'라는 뜻입니다. 그래서 '비용이나 인력 등을 삭감하다, 건강을 위해 음식 섭취나 일 등을 줄이다'라는 의미로 쓰입니다. 특히 '소비나 섭취를 줄이다'라는 의미로 쓰일 때 cut back on과 cut down on은 거의 차이가 없습니다.

잘라서 cut 뒤로 back ▶▶▶ (일·건강에 좋지 않은 음식 등을) 줄이다

I've **cut back** on fatty foods. 나는 기름기 많은 음식을 줄였다.

If your schedule is too stressful, **cut** it **back** a little. 일정이 너무 빡빡하면 좀 줄여.

9 잘라서 멀리 버리는 cut away

cut away는 '자르거나 베어서(cut) 멀리(away) 버리다'라는 뜻으로 고기의 비계, 잡초, 사진의 가장자리 등 '쓸모없는 부분을 잘라 버리다'라는 의미입니다.

잘라서 cut 멀리 away ▶▶▶ 잘라내다

When I eat pork, I **cut away** all the fat. 나는 돼지고기의 비계(fat)는 다 잘라내고 먹는다.

I **cut away** unwanted grass. 잡풀들을 다 잘라냈다.

I **cut away** the edges of a photo. 나는 사진의 가장자리를 잘라냈다.

10 차단하고 끊어버리는 cut off

cut off는 '잘라서(cut) 떼어내다(off), 끊어놓다'라는 뜻으로 '잘라내다, 전기, 돈 등의 공급을 끊다, 대화를 중단시키다'라는 의미로 쓰입니다. 또 무엇을 잘라서 떼어놓으니까 '차단하다, 고립시키다'라는 의미도 됩니다.

잘라서 cut 차단시키는, 끊는 off

▶▶ 잘라내다, 경제적 지원을 끊다, 고립시키다

She **cut off** a quarter of the cake. 그녀는 케이크의 4분의 1을 잘라냈다.

I'm **cutting** you **off** for good. 나는 너에게 영원히 경제적 지원을 안 할 거야.

He was **cut off** from the world. 그는 세상으로부터 고립됐어.

01 그는 성장해서 부모에게서 독립했어.　　He _____ _____ away from his parents.

02 자식들은 모두 다 컸어.　　All of my kids have _____ _____.

03 나는 파티에서 소외감을 느꼈어.　　I felt _____ of the party.

04 그가 자라서 셔츠가 안 맞아.　　He has _____ of the shirt.

05 가지치기했어.　　I _____ _____ the branches that were bunched up.

06 철 좀 들어! 애처럼 굴고 있잖아.　　_____ _____! You act like a child.

07 나는 염색한 머리가 자라도록 두고 있어.　　I'm letting my colored hair _____ _____.

08 그는 유산 상속에서 나를 제외했어.　　He _____ me _____ of his will.

09 A : 식비가 일주일에 20만 원 안팎으로 들고 있어. 어떻게 식비를 좀 줄일 순 없을까?
B : 우리가 직접 길러 먹어 보면 어떨까?

Our groceries have been running around 200,000 won a week. How can we _____ _____ on our grocery bills?
How about growing our own food?

on

grow

into

out

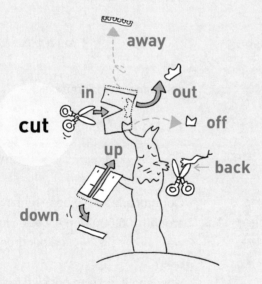

away

in

cut

out

off

up

back

down

들어 나르는 carry,
지나가고 통과하는 pass

Verb24.mp3

carry

들어 나르다

버스 등이 실어 나르다

취급하다

1. ~를 들고 움직이다

carry의 기본 의미는 '~을 들고 이동하다'로 구체적인 사물부터 추상적인 개념까지 다양한 것을 들어 나를 수 있습니다. 아기를 들어 나르는 건 '임신하고 있다'라는 뜻이 되고, 책임이나 부담을 들어 나르는 건 '책임이나 일, 부담 등을 감당하다'라는 의미가 되죠. 들고 이동하니까 '나르다, 운반하다'라는 뜻도 됩니다.

· She's **carrying** a baby. 그녀는 임신 중이야.
· He is **carrying** a heavy burden on his shoulders. 그는 무거운 부담을 어깨에 지고 있어.

2. 엘리베이터나 버스 등이 사람을 태우다

사람뿐만 아니라 엘리베이터나 버스가 사람을 태워 나를 때에도 carry를 쓸 수 있습니다.

· The bus **carries** 45 passengers. 버스가 45명을 태운다.
· This lift cannot **carry** more than 12 people. 이 승강기는 12명 이상은 탑승할 수 없다.

3. 어떤 속성이 있다

'상점이 물건을 들고 있다'는 것은 결국 '상점이 어떤 물건을 취급하다'라는 의미가 되고, 사람이나 사물이 '어떤 속성을 들고 있다'는 '~ 속성이 있다'라는 말이 됩니다.

· I'm afraid we don't **carry** that brand. 우리는 그 상표를 취급하지 않습니다.
· Her words **carry** a sting. 그녀의 말엔 가시가 있어.

pass

지나가다

넘겨주다, 건네주다

통과하다

1. 지나가다

pass의 기본 의미는 사람이나 사물, 상황 등이 '지나가다'입니다.

· Help me **pass** through this crowd. 이 군중을 뚫고 지나가게 도와줘.
· I **passed** by her without saying a word. 나는 아무 말 없이 그녀를 지나쳐 갔다.

2. 넘겨주다

'사물이 이쪽에서 저쪽으로 지나가다' 즉 '넘겨주다, 건네주다'라는 의미도 됩니다.

· **Pass** me the salt, please. 소금 좀 건네주세요.
· She **passed** the ball to me. 그녀가 공을 나에게 패스했다.

3. 통과하다

무사히 지나가니까 '통과하다'라는 의미도 됩니다. 또 멀리 통과해 버리면 '사라지다, 죽다'라는 뜻이 됩니다. '무언가를 하지 않고 지나가다' 즉 '~를 하지 않고 넘어가다'라는 뜻도 되죠.

· The bill was **passed** by Congress. 그 법안은 의회에서 통과되었다.
· He **passed** the bar exam. 그는 변호사 시험에 합격했다.
· My grandmother **passed** away. 할머니가 돌아가셨어.
· I think I'll **pass** on dessert. 후식은 안 먹을래.

1 너무 멀리 데려가 버리는 carry away

away

carry away는 말 그대로 '멀리(away) 데려 가다(carry), 운반하다'라는 뜻인데 주로 수동태로 get[be] carried away '너무 멀리 데려 가서 정상적인 범위를 벗어나다' 즉 '너무 흥분하거나 몰두해서 자제력을 잃고 지나치게 하다, 오버해서 행동하다'라는 의미로 쓰입니다.

나르다 carry 멀리 away

▶▶▶ 멀리 데려 가다, (수동태로) 몰두하다, 자제력을 잃고 오버하다

I was **carried away** in his arms. 나는 그의 팔에 안겨 나갔다.

I got **carried away** with the painting. 나는 그림 그리기에 몰두했다.

2 실행하는 carry out

out

carry out은 '들고(carry) 밖으로 나르다(out)'라는 뜻으로 '~을 실행하다', 혹은 '과업을 완성하다'라는 의미로 쓰입니다. 약속을 carry out하면 '지키다', 명령을 carry out하면 '수행하다'라고 하죠.

나르다 carry 밖으로, 끝까지 out ▶▶▶ 실행하다, 수행하다

Please, **carry out** the instructions. 지시사항을 실행하세요.

He could **carry out** his threat. 그는 자기 협박을 실행에 옮길 수도 있어.

Carry out your promise. 약속을 지켜.

3 넘겨주는 carry over

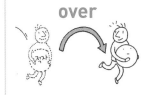

over

carry over는 '~을 넘어서(over) 나르다(carry), 진행되다'라는 뜻으로 '일 등이 이어지다, 계속되다', '금액을 다음 달로 넘기다' 즉 '이월하다'라는 의미로 쓰입니다.

나르다 carry 넘어서 over

▶▶▶ ~ 위로 건네주다, (다른 상황까지) 계속되다, 이월하다

My dad **carried** me **over** the puddle. 아빠가 나를 웅덩이 위로 건네주셨어.

The meeting **carried over** into lunch time. 회의는 점심시간까지 계속되었다.

Can I **carry** this year's losses **over** to next year? 올해의 손실분을 내년으로 이월시킬 수 있나요?

4 계속 나르는 **carry on**

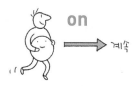

carry on은 '계속(on) 들고 다니다(carry)' 즉 '계속해서 ~을 하다'라는 뜻으로 '전통 등을 계속 이어나가다'라는 의미로도 쓰입니다.

나르다 carry 계속 on

▶▶▶ (하던 일을) 계속하다(with), (전통 등을) 계속 이어가다

They **carried on** with their fighting until this morning.
그들은 오늘 아침까지 계속해서 싸웠다.

I need a son to **carry on** the family name.
나는 우리 가문을 이어갈 아들이 필요해.

5 채가는 **carry off**

carry off는 '날라서(carry) 떨어뜨리다(off)' 즉 '~을 채가다, 빼앗아 가다'라는 뜻으로 병이 목숨을 빼앗아 가는 것을 표현하기도 하고, '상이나 어려운 일을 채가다' 즉 '상을 획득하다, 어려운 일을 멋지게 해내다'라는 의미로도 쓰입니다.

날라서 carry 떨어뜨리다 off ▶▶▶ (병이 목숨을) 빼앗다, (상을) 획득하다, (어려운 것을) 잘 해내다, 소화해내다

She was **carried off** by cancer. 암이 그녀의 목숨을 앗아갔다.
He **carried off** first prize. 그는 일등상을 획득했다.
You can't **carry off** that dress. 넌 그 드레스가 안 어울려.

6 여기저기 가지고 다니는 **carry around**

carry around는 '여기저기로(around) 들고 다니다(carry)' 즉 '가지고 다니다, 지니고 다니다'라는 뜻입니다.

나르다 carry 여기저기 around ▶▶▶ 지니고 다니다, 안고 다니다

I **carry** my baby's picture **around** everywhere. 나는 우리 아기 사진을 어디든 갖고 다녀.
My arms are killing me from **carrying** my baby **around**. 아기를 안고 돌아다녔더니 팔이 너무 아파.

7 지나쳐가는 pass by

by

pass by는 '~옆을(by) 지나가다(pass), 지나치다'라는 뜻입니다. 사람이 지나갈 때뿐 아니라 시간이나 기회 등이 아무런 영향도 주지 않고 지나쳐 갈 때도 쓰는 표현입니다. I passed her by without saying a word.는 '나는 말 한마디 하지 않고 그녀를 지나쳤다.'라는 뜻이죠.

지나가다 pass 옆으로 by ▶▶ (시간·기회가) 지나가다, 그냥 지나치다

How do I make time **pass by** fast in school?
어떻게 하면 내가 학교에 있을 때 시간이 빨리 가게 할까?

The chance for a promotion **passed** me **by**. 승진의 기회가 지나가 버렸다.

8 나눠주는 pass out

out

pass out은 '밖으로(out) 건네주다(pass)' 즉 '나눠주다'라는 의미입니다. 또 의식이 밖으로 나가니까 '의식을 잃다'라는 의미로도 쓰입니다.

건네주다 pass 밖으로 out ▶▶ 의식을 잃다, 나눠주다

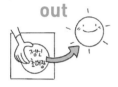

He got drunk and **passed out**. 그는 술에 취해서 의식을 잃었다.

She was **passing out** invitations to her birthday party.
그녀는 생일파티 초대장을 나눠주고 있었어.

9 ~로 통하는 pass for

PASS?

pass for는 '~로(for) 통과하다(pass)' 즉 '(가짜가) ~로 통하다, 받아들여지다'라는 의미로 쓰입니다. 나이에 비해 젊어 보이는 분들에게 이렇게 말하면 좋아하죠. You could pass for twenty. '20대라 해도 통할 거예요.'

통과하다 pass ~로 for ▶▶ ~로 통하다, ~로 여겨지다

for

I couldn't **pass for** an 18-year-old. 나는 18살로 통하진 않을 거야.

She could **pass for** an American. 그녀는 미국인으로 여겨질 수도 있어.

This painting **passed for** the real thing. 이 그림은 진품으로 여겨졌다.

10 포기하는 pass up

pass up은 '위로 완전히(up) 건네줘 버리다(pass)'라는 뜻으로 '기회를 포기하다, 거절하다, 놓치다'라는 의미로 쓰입니다. That's too good a chance to pass up.은 '그것은 거절하기엔 너무 좋은 기회다.'라는 뜻이죠.

건네주다 **pass** 위로 **up** ▶▶▶ (기회 등을) 놓치다, 거절하다, 포기하다

I wouldn't **pass up** this job. 나는 이 일자리를 놓치지 않을 거야.

She **passed up** the opportunity to be a model. 그녀는 모델이 될 기회를 포기했다.

11 전달하는 pass on

pass on은 '전달해서(pass) ~에 접촉하다(on)' 즉 '~을 전달하다'라는 의미로 쓰입니다. 또 '~을 하지 않고 거르다'라는 의미로도 쓰일 수 있습니다. I'll pass on dinner tonight. I don't feel well.은 '오늘 몸이 별로 안 좋아서 저녁은 거를래.'라는 뜻이죠.

건네서 **pass** 붙이는 **on** ▶▶▶ 전달하다, 넘겨주다, ~을 하지 않고 거르다

Pass it **on**. 전달해.

He **passed** his property **on** to his son. 그는 자기 재산을 아들에게 넘겼다.

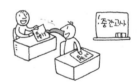

2 통과해 가버리는 pass off

pass off는 '통과해서(pass) 떨어져 나가다(off)'라는 뜻으로 '행사 등이 잘 끝나다'라는 의미로도 쓰이고, '~로 여겨져서 통과되다, 통과시키다' 즉 '~인 척하다'라는 의미로도 쓰입니다.

통과하다 **pass** 떨어져 나가는 **off**
▶▶▶ 잘 끝나다, ~로 속여 넘기다(as), ~인 척하다(as)

The party **passed off** without a problem. 파티는 아무 문제 없이 잘 끝났다.

They **passed off** the fake jewelry as real gems.
그들은 가짜 보석을 진품이라고 속였다.

He **passed** her **off** as his sister. 그는 그녀를 자기의 여동생이라고 속여 넘겼다.

01 유인물을 모두에게 나눠줘.

_____ these papers _____ to everyone.

02 하던 말 계속해 봐.

_____ _____ with what you were talking about.

03 나는 지나가다가 사고를 봤다.

I was _____ _____ and saw an accident.

04 회의가 아침까지 계속되었다.

The meeting _____ _____ into the morning.

05 과제를 수행하세요.

Please, _____ _____ the task.

06 메시지를 전달해.

_____ _____ the message.

07 우리 할머니는 80살에 돌아가셨다.

My grandmother _____ _____ at the age of 80.

08 내 친구가 구급차에 실려 갔다.

My friend was _____ _____ to an ambulance.

09 A : 이런 유행하는 스타일을 소화하기에는 내가 너무 늙은 것 같아.

B : 무슨 소리! 넌 20대라고 해도 사람들이 믿을 거야.

I'm too old to _____ _____ this trendy look.
Absolutely not! You could _____ _____ twenty.

정답 01 Pass, out 02 Carry on 03 passing by 04 carried over 05 carry out 06 Pass on
07 passed away 08 carried away 09 carry off, pass for

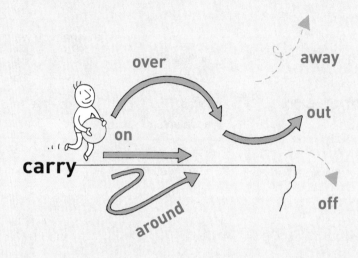

carry

over
away
out
on
off
around

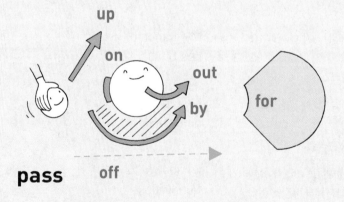

up
on
out
by
for
pass

걸고 매달리는 hang, 서고 세우는 stand

Verb25.mp3

hang

걸다, 매달다

버티다, 견디다

매달려 있다

1. 걸다, 매달다

hang은 '걸다, 매달다, 매달리다'가 기본 의미입니다. 옷이나 액자 같은 것을 '걸다, 매달다', 또 '사람의 목을 걸다' 즉 '목을 매다, 교수형에 처하다'라는 의미로도 쓰입니다.

· **Hang** your clothes to dry. 옷을 널어서 말려.
· Where can I **hang** my coat? 코트를 어디에 걸까요?
· He was **hanged** for murder. 그는 살인죄로 교수형에 처했다.

2. 버티다

매달려 있으니까 '버티다, 견디다'라는 의미로도 확장됩니다.

· **Hang** in there. I know exactly what you're going through.
버텨야 해. 네가 어떤 일을 겪고 있는지 나도 잘 알아.

3. 매달려 있다

또 hang은 사물이 걸려 있거나 매달려 있는 모습을 묘사할 때도 쓰입니다. 뱃살이 늘어져 있 거나 강아지의 귀가 밑으로 쳐져 있는 것, 그림이 벽에 걸려 있거나 하늘에 구름이나 무지개가 걸려 있는 것도 전부 '매달려 있다'라고 보고 hang을 쓰죠.

· My belly is **hanging** over my pants. 내 뱃살이 늘어져서 바지 위로 삐져나온다.
· Her hair **hangs** down to her waist. 그녀의 머리는 허리까지 온다.
· The picture is **hanging** on the wall. 그림이 벽에 걸려 있다.

stand

서다

~상태에 서 있다

참다, 견디다

1. 서다

stand는 '서다, 세우다'가 기본 의미입니다.

- She is **standing** in front of me. 그녀는 내 앞에 서 있다.
- I **stood** the lamp against the wall. 나는 램프를 벽에 기대 세웠다.

2. ~한 상태로 있다

또 stand는 '~상태로 있다, ~상황이나 위치에 있다'라는 뜻으로도 쓰입니다. 또 '어떤 단위나 수치 등에 서 있다' 즉 '단위나 눈금이 ~를 나타내다'라는 의미로도 많이 쓰이죠.

- **Stand** still. 가만히 서 있어.
- I **stand** second in my class. 나는 우리 반에서 2등이야.
- The thermometer **stands** at 35 degrees Celsius. 온도계가 35도를 가리키고 있다.

3. 참다, 견디다

움직이지 않고 계속 서 있는 이미지는 무언가를 '참다, 견디다'라는 의미로 확장됩니다. 주로 부정문이나 의문문에서 이 의미로 쓰이죠.

- I can't **stand** that smell. 그 냄새 못 참겠어.
- I can't **stand** it anymore. 나는 더는 그걸 못 참겠어.

1 전화를 끊는 hang up

hang up은 '위로(up) 걸다(hang)'라는 뜻입니다. 전화기를 위로 걸면 '전화를 끊다'라는 의미가 되고, 'on'을 붙이면 '~를 상대로 통화 중에 일방적으로 전화를 끊어 버리다'라는 말이 됩니다.

걸다 **hang** 위로 **up**

▶▶▶ 걸다, 전화를 끊다, 일방적으로 전화를 끊어 버리다(on)

Please **hang up** your coat. 코트 걸어주세요.

Hang up the phone. 전화 끊어.

Don't **hang up** on me. 먼저 전화 끊지 마.

2 빈둥거리는 hang out

hang out은 '밖에(out) 매달려 있다(hang)' 즉 '~에서 시간을 많이 보내다'라는 뜻으로 주로 '~와 어울려서 시간을 보내다, 별로 하는 일 없이 빈둥거리다'라는 의미로 쓰입니다. '빨래 같은 것을 밖에 매달다' 즉 빨래를 밖에 너는 것도 hang out이라고 하죠.

걸다, 매달려 있다 **hang** 밖에 **out**

▶▶▶ (빨래 등을) 밖에 널다, ~와 어울리다(with), 놀다

My parents won't let me **hang out** with guys.
우리 부모님은 내가 남자들과 어울리는 걸 허락하지 않으셔.

Let's **hang out** at home today. 오늘은 집에서 놀자.

3 붙잡고 매달리는 hang on

hang on은 '~에 붙어서(on) 매달려 있다(hang)'라는 뜻으로 말 그대로 '~을 꽉 붙잡고 매달리다'라는 의미입니다. 꽉 잡고 매달리니까 '기다리다, 팔거나 처분하지 않고 가지고 있다, 놓지 않다'라는 의미로도 확장됩니다.

매달려 있다 **hang** ~에 붙어서 **on**

▶▶▶ 기다리다, 그만두지 않다, ~에 매달리다(to)

Hang on, I'll be with you in a minute. 기다려, 곧 너한테 갈게.

Hang on to your job. 그 일자리 그만두지 마.

My son **hangs on** to my pants when he wants something.
우리 아들은 뭔가 원하는 게 있으면 내 바짓가랑이를 잡고 늘어진다.

4

시간을 보내는 hang around

hang around는 '주위에(around) 매달려 있다(hang)' 즉 '하는 일 없이 ~주변에서 시간을 보내다,' '기다리다'라는 뜻입니다. 공원 같은 데서 돌아다니다 아는 사람 만났을 때 쓰기 좋은 표현이죠. We are just hanging around here.라고 하면 '우린 그냥 여기서 시간 보내는 중이야.'라는 뜻이죠.

매달려 있다 **hang** 여기저기, 주위에 **around**

▶▶▶ 시간을 보내다, 어슬렁거리며 기다리다

They **hang around** the bar after work.
그들은 퇴근 후에 술집에서 시간을 보낸다.

We **hung around**, waiting for him.
우리는 그를 기다리고 있었다.

걱정하는 hang over

hang over는 '~위로(over) 매달다(hang), 매달려 있다'라는 뜻입니다. 문제나 고민거리가 위에 매달려 있다면 문제나 고민거리로 '걱정하다'라는 의미가 되겠죠?

매달다 **hang** 위로 **over**

▶▶▶ ~을 달다, ~을 덮다, (걱정 등이) 뇌리를 떠나지 않다

I **hung** the curtains **over** the window. 나는 창문에 커튼을 달았다.

Her hair **hangs over** her eyes. 그녀의 머리카락이 눈을 덮고 있어.

There are problems **hanging over** me. 날 걱정시키는 문제들이 있어.

6

뒤에 남는 hang back

hang back은 '뒤에(back) 매달려 있다(hang)' 즉 '앞으로 나가지 않고 뒤에 남아 있다'라는 뜻으로 '(~하는 것을) 주저하다, (다른 사람들이 떠난 뒤에도) 뒤에 남다'라는 의미로 쓰입니다.

매달려 있다 **hang** 뒤로 **back** ▶▶▶ 주저하다, 뒤에 남다

Never **hang back**. 주저하지 마.

Let's **hang back** from making the final decision. 최종 결정은 하지 말고 기다려 보자.

I **hung back** to talk to the principal. 나는 교장 선생님과 면담하기 위해 남았다.

7 바람 맞히는 **stand up**

stand up은 '위로(up) 세우다(stand)'라는 뜻입니다. '다른 사람을 세워놓다' 즉 '약속장소에 나오지 않다, 바람맞히다'라는 의미로도 쓰입니다. stand up for는 ~을 위해서 서니까 '~을 지지하다, 변호하다'라는 의미가 되고, stand up to는 ~을 향해서 서니까 '~에 맞서다'라는 의미가 됩니다.

서다, 세우다 **stand** 위로 **up** ▶▶▶ 일어서다, 바람맞히다, ~에 맞서다(to)

Stand up. 일어나.

He **stood** me **up**. 그가 날 바람 맞혔어.

Be brave and **stand up** to your bullies. 괴롭히는 애들에게 용감하게 맞서.

8 두드러지는 **stand out**

stand out은 말 그대로 '밖에(out) 서 있다(stand)'라는 의미로도 쓰이지만 주로 '밖으로 나와 서 있는 것처럼 돌출되어 있다' 즉 '눈에 띄다, 두드러지다'라는 의미로 쓰입니다. How do I make my application stand out?은 '어떻게 하면 내 지원서가 눈에 띌 수 있을까?'라는 말입니다. 여러분도 이런 생각해보신 적 있죠?

서 있다 **stand** 밖으로 **out** ▶▶▶ 눈에 띄다, 돋보이다, 두드러지다

I don't want to **stand out** in the crowd. 나는 사람들 사이에서 눈에 띄고 싶지 않아.

Putting on eyeliner will make your eyes **stand out**.
아이라이너를 바르면 네 눈이 돋보일 거야.

9 ~을 향해 서 있는 **stand for**

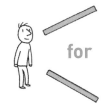

stand for는 '~을 향해(for) 서 있다(stand)'라는 뜻으로 '~을 나타내다'라는 의미로 쓰이기도 하고, not과 함께 '~을 허용하다, 참다'라는 의미로도 쓰입니다.

서 있다 **stand** ~을 향해 **for** ▶▶▶ ~을 나타내다, 참다(not ~)

What does I.T. **stand for**? IT가 뭘 의미하니?

I'm not going to **stand for** them talking like that. 난 그들이 저렇게 떠드는 걸 참지 않을 거야.

10 한쪽으로 비켜서는 stand aside

stand aside는 '한쪽으로(aside) 비켜서다(stand)'라는 뜻으로, '어떤 일에서 비켜서 있다' 즉 '방관하다, 상관하지 않다'라는 의미로도 쓰입니다. How can you stand aside when someone is in danger?는 '누군가가 위험에 빠졌는데 어떻게 상관하지 않을 수 있니?'라는 뜻이죠.

서다 stand 한쪽으로 aside ▶▶▶ 비켜서다, 상관하지 않다

Stand aside. Make way! 지나가게 비켜요.

Stand aside and let me handle it. 내가 처리할 테니 비켜서 있어.

11 옆에서 지켜주는 stand by

stand by는 '곁에(by) 서 있다(stand)'라는 뜻으로 '힘든 일이나 어려운 일을 겪을 때 ~의 옆을 지켜주다'라는 뜻입니다. 또 '어떤 선택이나 결정을 고수하다'라는 의미로도 쓰입니다. 그래서 I'll stand by my decision.이라고 하면 '나는 내가 결정한 대로 할래.'라는 뜻입니다.

서다 stand 옆에 by ▶▶▶ ~ 옆에 서 있다, 곁에서 지지해 주다, 선택을 고수하다

I was **standing by** the door. 나는 문 옆에 서 있었다.

He **stood by** me through thick and thin. 그는 언제나 변함없이 내 곁에 있어 줬어.

through thick and thin 좋을 때나 안 좋을 때나

2 물러나 있는 stand back

stand back은 '뒤로(back) 서다(stand)'라는 뜻으로, 말 그대로 '위험 등을 피해서 뒤로 물러서다' 혹은 '(어떤 상황에서) 뒤로 물러나다, 뒤로 물러나 생각해 보다'라는 의미로 쓰입니다.

서다 stand 뒤로 back ▶▶▶ 뒤로 물러서다, (어떤 상황에서) 뒤로 물러나다, 뒤로 물러나 생각해 보다

We **stood back** while my dad lit the campfire.
우리는 아빠가 모닥불을 피우실 때 뒤로 물러나 있었어.

I **stood back** to analyze the situation.
나는 상황을 분석하기 위해 한 발자국 물러섰다.

01 나는 더는 그걸 참지 않을 거야.　　　　I won't _____ it.

02 이 근처에서 있어 보자.　　　　Let's _____ here.

03 나는 친구네 집에서 10시간쯤
놀았다.

I _____ at my friend's house
for 10 hours.

04 난 친구랑 남을 거야.　　　　I'll _____ with my friends.

05 밧줄을 꼭 잡아.　　　　_____ tight to the rope.

06 식탁 위에 샹들리에를 달고 싶어.

I'd like to _____ a chandelier _____
a dining table.

07 그들은 공원 주변에서 시간을 보낸다.

They _____ the park.

08 옆으로 비켜서서 기다려.　　　　_____ and wait.

09 A : 학교의 몇몇 애들이 나를 괴롭혀.
　　어떻게 해야 하지?
　B : 용기 있게 맞서 봐.

Some of the kids at my school are
bullying me. What should I do?
Be brave enough to _____
to them.

정답 01 stand for 02 hang around 03 hung out 04 hang back 05 Hang on 06 hang, over
07 hang around 08 Stand aside 09 stand up

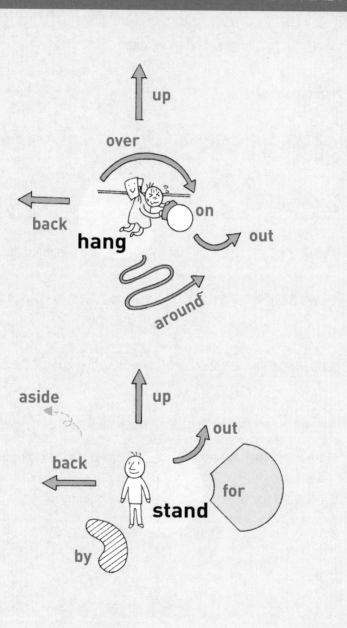

돈, 마음을 내는 **pay**,
일하고 작동하는 **work**

Verb26.mp3

---

pay

돈을 지급하다

마음, 신경을 쓰다

행동의 대가를 지급하다

1. 지급하다

pay의 기본 의미는 '돈을 지급하다'입니다.

· I'll **pay** for dinner. 저녁은 내가 살게.
· I'll **pay** in cash. 현금으로 계산할게요.

---

2. 마음, 신경을 쓰다

pay는 돈만 지급하는 것이 아닙니다. '마음을 지급하다' 즉 '~에 마음이나 신경을 쓰다'라는 의미로도 쓸 수 있습니다.

· Don't **pay** that any mind. 그 일에 신경 쓰지 마.
· **Pay** attention to me, please. 저에게 집중해 주세요.

---

3. ~의 대가를 지급하다

또 pay에는 '어떤 일의 대가를 지급하다'라는 뜻도 있어서, 나쁜 일이나 행동에 대한 대가로 '벌이나 보복을 받다', 열심히 노력하거나 일을 한 대가로 '좋은 결과를 가져오다, 보람이 있다'라는 의미로 쓰이죠.

· You'll **pay** for that! 너는 그 대가를 치르게 될 거야!
· Taking a risk **paid** off. 모험을 시도한 게 결과가 좋았어.

work

일하다   운동하다   효과가 있다

1. 일하다

work는 주어가 움직여서 어떤 기능을 발휘하는 것을 의미합니다. 따라서 주어가 무엇이냐에 따라 다양한 의미로 쓰이죠. 사람이 주어일 때 일반적으로 쓰이는 기본 의미는 '일하다'입니다.

· He **works** hard. 그는 일을 열심히 해.
· I **work** with him. 나는 그와 함께 일해.

2. 운동하다

사람이 일만 하는 것은 아니죠. 다음 예문처럼 '운동하다'라는 의미로도 많이 쓰입니다.

· I **work** out a lot. 난 운동 많이 해.

3. 작동하다, 효과(결과)가 있다

기계 등의 사물이 주어일 때는 기계가 기능을 발휘하니, 즉 기계가 일하니 '작동하다'라는 의미이고, 약이 일하면 '~에 효과가 있다'라는 의미지요. 또 일하면 결과가 있기 마련이라서 '~결과를 내다, 효력을 내다'라는 의미로도 많이 쓰입니다.

· It **worked**. 그게 효과가 있었어.(그렇게 하니까 됐어.)
· My cellphone is not **working**. 내 휴대전화기가 작동이 안 돼.
· This medicine **works** like magic. 이 약이 정말 잘 듣는다.

1　대가를 치르는 **pay for**

pay for는 '~의 대가로(for) 지급하다(pay)'라는 뜻입니다. 돈으로 지급하는 것뿐만 아니라 '실수 등의 대가를 치르다'라는 의미로도 쓰이죠.

지급하다 **pay** ~를 향해 **for** ▶▶▶ ~값을 내다, 지급하다, ~의 대가를 치르다

I **paid** 10,000 won **for** the book. 나는 책값으로 만 원을 냈다.

I'll **pay for** lunch. 내가 점심값을 낼 거야.

She **paid for** her mistake. 그녀는 실수의 대가를 치렀다.

2　받은 대로 되갚는 **pay back**

pay back은 '도로(back) 갚다(pay)' 즉 '되갚다'라는 뜻입니다. '월급날 갚을게.'라면서 돈 빌릴 때 있으시죠? 그럴 때는 I'll pay you back on payday.라고 하면 되죠. 돈뿐 아니라 '원한 등을 되갚다' 즉 '복수하다, 앙갚음하다'라는 의미로도 많이 쓰입니다.

지급하다 **pay** 도로 **back** ▶▶▶ (돈을) 갚다, 복수하다

I'll **pay** you **back** every penny. 한 푼도 남김 없이 다 너에게 갚을게.

I'm gonna **pay** him **back**. 나는 그에게 복수할 거야.

3　입금하는 **pay into**

pay into는 '~안으로(into) 지급하다(pay)'라는 뜻으로 '~에 돈을 넣다, 입금하다'라는 의미로도 쓰이고 '~에 돈을 보태다'라는 의미로도 쓰입니다.

지급하다 **pay** ~안으로 **into** ▶▶▶ 입금하다, 돈을 보태다

The money will be **paid into** your account. 돈은 계좌로 입금될 것입니다.

I will **pay into** your education. 내가 네 학비를 도와줄게.

4 빚을 청산하는 **pay off**

pay off는 '지급해서(pay) 없애다(off)'라는 뜻으로, '돈을 갚아서 빚을 없애다' 즉 '빚을 청산하다'라는 의미로도 쓰이고 '돈을 줘서 떼어내다' 즉 '매수하다' 혹은 '급료를 주고 해고하다'라는 의미로도 쓰입니다. 또 '힘든 일이 값어치를 하다' 즉 '성과를 가져오다, 이익을 가져오다'라는 의미로도 자주 쓰입니다.

지급해서 **pay** 없애는 **off** ▶▶▶ 청산하다, 매수하다, 보람이 있다

You need to **pay off** your credit card debt. 너는 카드빚을 청산해야 해.

He tried to **pay off** the police officer that pulled him over for speeding.
그는 자기를 과속으로 잡은 경찰을 매수하려고 했다.

5 일해서 해결해 나가는 **work out**

work out은 '문제 등을 해결하다, 풀어나가다'라는 뜻입니다. 일상 회화에서 잘 쓰는 말 중에 I hope things work out.이란 말이 있죠? '일이 잘되기를 바랍니다.'란 뜻입니다.

일하다 **work** 밖으로 **out** ▶▶▶ 일이 잘 풀리다, ~을 해결하다

Things didn't **work out** as planned. 일들이 계획대로 풀리지 않았어.

I **worked out** all the answers. 나는 문제를 다 풀었어.

6 효과 있는 **work for**

work for는 '~을 위해(for) 일하다(work)'라는 뜻입니다. '약 등이 ~에게 효과가 있다'라는 의미로도 쓰입니다. Tylenol, Viagra 등 구체적인 제품 이름을 들며 doesn't work for me라고 하면 '~가 나한텐 효과가 없어'라는 뜻이 되죠.

일하다 **work** ~을 향해서 **for** ▶▶▶ ~ 위해 일하다, (약이) ~에게 효과가 있다

I **work for** a big company. 나는 큰 회사에 다닌다.

I **work for** her. 나는 그녀를 위해 일해.

The medicine **worked for** me. 이 약이 나에게 효과가 있었어.

7 공들이는 **work on**

work on은 '~에 붙어서(on) 일하다(work)'라는 뜻으로 '~ 일을 계속하다, ~ 작업을 하다, ~에 노력을 기울이다'라는 의미로 쓰입니다. 사람에게 work on하면 공을 들여 자신이 원하는 바를 하게 한다는 의미입니다.

일하다 work ~에 붙어서 on

▶▶▶ ~ 작업을 하다, [해결·개선하기 위해] ~에 노력을 기울이다

I'm **working on** it. 내가 그거 하고 있어.

I need to **work on** my English. 나는 영어공부를 좀 해야 돼.

We need to **work on** our relationship. 우리는 우리 관계를 위해 노력할 필요가 있어.

8 일해서 없애는 **work off**

work off는 '일해서(work) 떼어내다(off)'라는 뜻으로 '운동, 상담 등 어떤 식으로든 노력을 해서 근심, 걱정, 분노 등을 없애다'라는 의미로 많이 쓰입니다. '육체적으로 노력해서 살을 빼다'라는 의미로도 쓰이고, '일해서 빚을 없애다' 즉 '빚을 갚다'라는 의미로도 쓰입니다.

일해서 work 분리시키는 off ▶▶▶ ~을 잊다, [울분 등을] 풀다, 살을 빼다

I **worked off** my breakup. 나는 실연의 아픔을 잊었어.

I went for a run to **work off** my anger. 나는 분을 풀려고 달렸다.

I'd like to **work off** this extra weight. 이 과체중을 빼고 싶어.

9 ~ 아래서 일하는 **work under**

work under는 '~ 밑에서(under) 일하다(work)'라는 뜻으로 '어떤 사람 밑에서 일하다'라는 의미로도 쓰일 수 있고 '어떤 상황에서 일하다'라는 의미로도 쓰일 수 있습니다. work under ~ circumstances라고 하면 '~ 환경에서 일하다'라는 의미입니다.

일하다 work ~ [상황]아래서 under ▶▶▶ ~ 밑에서 일하다, ~ 상황에서 일하다

I'm **working under** her. 그녀가 내 상사야.

Do you **work** better **under** pressure? 당신은 압력을 받으면 능률이 더 오르나요?

It's illegal to **work under** someone else's professional license.
다른 사람의 전문 자격증으로 일하는 건 불법이야.

work around는 '~주변에서(around) 일하다(work)'라는 뜻입니다. If you work around chemicals, follow all safety precautions.라고 하면 '만일 당신이 화학용품 주변에서 일을 한다면 모든 안전수칙을 따르세요.'라는 의미죠.

일하다 work 둥글게 따라가면서, **~주위에서 around**

▶▶ 주변에서 일하다, 열심히 일하다(the clock), ~에 따라 일하다

They **work around** the clock. 그들은 열심히 일해.

I **work around** his schedule. 나는 그의 일정에 따라 일해.

I feel uncomfortable **working around** men. 나는 남자들과 같이 일하는 게 불편해.

01 너는 이 일의 대가를 치르게 될 거야.　　You'll _____ _____ this.

02 요즘 운동하니?　　Have you been _____ _____?

03 열심히 일하면 보람이 있을 거야.　　Hard work will _____ _____.

04 나는 여자 상사 밑에서 일하는 게 더 좋아.　　I prefer to _____ a female boss.

05 그는 크로스 워드 퍼즐을 풀고 있어.　　He's _____ a crossword puzzle.

06 나는 책값으로 50파운드를 냈다.　　I _____ fifty pounds _____ the textbook.

07 내 꿈은 스포츠 채널에서 일하는 거야.　　My dream is to _____ ESPN.

08 나는 그에게 진 빚을 청산했다.　　I _____ him _____.

09 A : 애 낳고 찐 살을 어떻게 빼야 하나요? 특히 배랑 허벅지 살은 꼭 빼야 해요.　　How can I _____ _____ my baby weight? I need to _____ _____ my abs and thighs.
　　B : 일주일에 세 번씩 운동하시고, 탄수화물 섭취를 줄이세요.　　_____ 3 times a week and cut down on carbohydrates.

정답　**01** pay for　**02** working out　**03** pay off　**04** work under　**05** working on　**06** paid, for
07 work for　**08** paid, off　**09** work off, work on, Work out

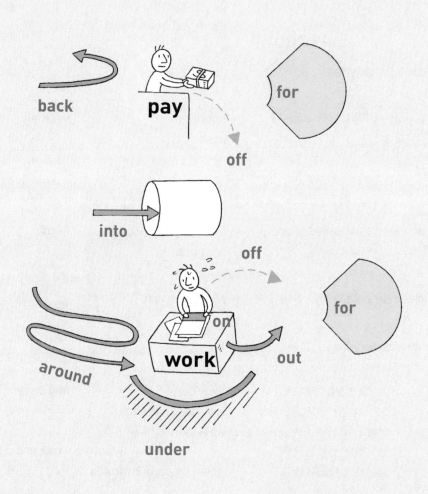

확인하는 **check**, 서명하는 **sign**

Verb27.mp3

---

check

확인하다 　　　　　　확인하고 들어가고 나가다

1. 확인하다

check의 의미는 '~을 확인하다, 점검하다'입니다. 뭔가를 살피고 제대로 되어 있는지 따져볼 때 쓸 수 있습니다.

· **I'll check it out.** 내가 확인해 볼게.
· **Check with him.** 그에게 확인해 봐.
· **Check it off the list.** 목록에서 대조표시를 하면서 확인해 봐.

---

2. 확인하고 들어가다(나가다)

특히 check은 '확인하고 들어가다', '확인하고 나가다'라는 의미로 많이 쓰입니다. 확인하고 들어오는 건 '호텔에 체크인하다', '병원에 입원하다', '짐을 부치다' 등의 뜻이 되고, 확인하고 나가는 건 '호텔 등에서 체크아웃하다', '도서관에서 책 등을 대출하다'라는 뜻이 되죠. 호텔에 투숙하는 것이나 병원에 입원하는 것, 도서관에서 책을 대출하는 것도 모두 확인 과정을 거치기 때문에 check으로 말하는 것입니다.

· **They checked in at the hotel.** 그들은 호텔에 투숙했다.
· **You have to check out of the hotel before 10.** 10시 전에는 체크아웃하셔야 해요.
· **I'd like to check out this book.** 이 책을 대출하고 싶은데요.

sign

서명하다   계약하다   온라인상에 접속·종료하다

1. 서명하다

sign의 의미는 '서명하다'입니다. 일반적으로 종이 위에 하는 서명 뿐만 아니라 눈짓, 손짓 등의 신호를 보내서 확인하는 것도 sign이라고 하죠.

· **Sign** here, please. 여기에 서명해 주세요.
· He **signed** his approval with a nod. 그는 고개를 끄덕거려서 찬성임을 표시했다.

2. 계약하다, 등록하다

'서명하다'라는 말은 '확인을 하다' 혹은 '동의를 하다'라는 표시입니다. 그래서 sign은 서명이나 확인이 필요한 일 즉 '계약하다, 등록하다, 고용하다, 양도하다' 등의 다양한 의미로 쓰입니다.

· I **signed** with Gilbut. 나는 길벗 출판사와 계약했다.
· I want to **sign** up at this gym. 나는 이 체육관에 등록할 거야.

3. 접속하다

방송이나 컴퓨터 용어로 '방송을 시작하다, 종료하다' 혹은 온라인에 '접속하다, 접속을 끊고 나가다'도 확인 과정을 거쳐야 하는 일이니까 sign을 써서 표현합니다.

· I will **sign** on. 나는 접속할 거야.
· I'm **signing** off now. 나는 접속을 끊을 거야.

1 절차를 밟고 들어가는 check in(to)

in(to)

check into는 '확인하고(check) 안으로(in(to)) 들어가다'라는 뜻입니다. 주로 '공항이나 호텔 등에서 절차를 밟고 들어가다, 가방이나 짐 등을 부치다'라는 의미로 쓰입니다.

확인하다 check 안으로 in(to)

▶▶ 절차를 밟고 들어가다, (비행기 등을 탈 때) ~을 부치다

She **checked into** the clinic. 그녀는 병원에 입원했어.

I need to **check in** to the hotel. 나 호텔에 체크인 해야 해.

I **checked in** my luggage. 나는 짐을 부쳤다.

2 지급하고 나가는 check out

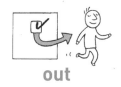

out

check out은 '확인하고(check) 밖으로(out) 나오다'라는 뜻입니다. '가게에서 계산하고 나오다, 호텔 등에서 체크아웃하다, 도서관에서 책을 대출하다' 등의 의미로 쓰이죠. 또 out은 바깥쪽이니까 '바깥쪽을 확인하다' 즉 '~를 찾아보다, ~를 살펴보다'라는 말도 되고, '무엇이 맞는지 틀리는지 조사해보다'라는 뜻으로도 쓰이죠.

확인하다 check 밖으로 out

▶▶ (호텔 등에서 비용을 지급하고) 나가다, 대출하다, 확인하다

I'm ready to **check out**. 나 체크아웃할 준비 됐어.

I'd like to **check out** this book. 이 책을 대출하고 싶은데요.

I **checked out** his alibi. 나는 그의 알리바이를 확인했다.

3 자세히 검토하는 check over

over

check over는 '전체적으로(over) 확인하다(check)' 즉 '실수나 잘못된 것이 있는지 자세히 검토하다'라는 뜻입니다. 회사원들이 제일 많이 하는 '서류를 검토하다'라는 말은 check over the documents라고 하면 됩니다.

확인하다 check 전체적으로 over ▶▶ 검사하다, 검토하다, 자세히 알아보다

I got my car **checked over**. 나는 차를 검사받았다.

You need to **check** the contract **over** before signing it. 계약하기 전에 계약서(contract)를 잘 검토해 봐야 한다.

Check over your work for any mistakes. 실수한 부분이 없는지 과제물을 자세히 살펴라.

4 딱 붙어서 확인하는 check on

check on은 '~에 딱 붙어서(on) 확인하다(check)' 즉 사람의 상태나 일의 진행 상태를 확인해 보는 것을 말합니다. 어떤 이야기의 진위를 확인할 때도 check on 을 써서 check on someone's story라고 합니다.

확인하다 **check** 착 붙어서 **on** ▶▶▶ (이상이 없는지를) 확인하다, 살펴보다

I **checked on** my kids. 나는 아이들이 괜찮은지 확인했어.

I'll go **check on** dinner. 내가 가서 저녁이 잘 되고 있는지 확인해 볼게.

5 서명해서 넘기는 sign away

sign away는 '서명해서(sign) 멀리(away) 보내다' 즉 계약서 등의 서류에 서명 해서 '재산이나 권리 등을 남에게 넘기다'라는 뜻입니다. He signed away his life savings.라고 하면 '그는 노후 대비 저축을 양도했다.'라는 의미죠.

서명해서 **sign** 멀리 **away** ▶▶▶ (재산·권리 등을) 서류에 서명하여 양도하다

He **signed away** his house. 그는 자기 집을 처분했다.

She **signed away** her parental rights to the baby.
그녀는 아기에 대한 친권(parental rights)을 포기했다.

6 서명해서 신청하는 sign up

sign up은 '서류에 서명을 해서(sign) 위로 올려(up) ~을 하기로 하다'라는 뜻 으로 '고용하다, 등록하다, 가입하다, 신청하다' 등의 의미로 쓰입니다. 또 트위터 (Twitter), 지메일(Gmail) 등의 사이트에 회원 가입할 때도 sign up이라는 표현 을 씁니다.

서명해서 **sign** 위로 **up** ▶▶▶ 고용되다, ~에 등록하다(for), ~로서 참가하다(as)

I **signed up** for a design course. 나는 디자인 과정에 등록했어.

I **signed** us **up** for a parenting class. 나는 우리를 육아 강습회에 등록시켰다.

I **signed up** as a volunteer. 나는 자원봉사자로 등록했다.

7 서명하고 들어가는 **sign in**

sign in은 '서명하고(sign) 안으로(in) 들어가다'라는 뜻으로 '손님이 입구에서 서명해서 자기가 온 것을 확인시키다' 즉 '참석 확인하다, 등록하다'라는 의미입니다. 병원에서 접수하기 위해 이름을 확인하거나, 메일을 읽기 위해 접속할 때 ID를 입력하는 것도 모두 sign in이라고 하죠.

서명해서 **sign** 안으로 **in** ▶▶ 접수하다, ~에 접속하다

You need to **sign in** before you can see the doctor.
진찰받으려면 접수하고 들어와야 해.

You have to **sign in** before you can access your e-mail.
이메일을 읽으려면 접속해서 들어와야 한다.

8 서명하고 나가는 **sign out**

sign out은 '서명하고(sign) 밖으로(out) 나가다, 내가다'라는 뜻입니다. 서명한다는 건 '본인임을 확인하다'라는 뜻이지요. 비디오를 대출하는 것도 본인의 이름을 대고 빌리는 거니까 sign out이라고 하죠.

서명해서 **sign** 밖으로 **out** ▶▶ 대출하다, 접속을 끊고 나가다

Can you **sign out** those videos for me? 저 비디오들 좀 대출해 줄래?
I **signed out** of the online messenger. 나는 메신저에서 나갔다.

9 계약하는 **sign on**

sign on은 '서명해서(sign) 붙다(on), 붙이다'라는 의미로 '회사가 서명해서 사람을 붙이다' 즉 '징식으로 계약해서 채용하다'라는 뜻입니다. 또 '~ 활동을 하기로 계약하다'라는 뜻으로도 쓸 수 있고 '인터넷 등에 접속하다'라는 의미로도 씁니다.

서명해서 **sign** 붙이다 **on** ▶▶ 고용하다, 가입하다, 접속하다

We've **signed on** a new English teacher this week. 우리는 이번 주에 새 영어 선생님을 채용했다.
I **signed on** to help out at the old folks' home. 나는 양로원을 돕기로 했다.
I can't **sign on** with my ID. 내 아이디로 접속이 안 돼.

sign off는 '서명해서(sign) 떨어뜨리다(off)'라는 뜻으로 '확인하고 어떤 활동에서 빼주다, 신호를 보내서 방송 등을 마치다, 인터넷의 접속을 끊다'라는 의미로 쓰입니다. 또 편지를 마칠 때도 서명을 하고 끝내니까 '편지 등에 서명해서 끝맺다'라는 말도 sign off라고 합니다.

서명해서 **sign** 마치는 **off**

▶▶ ~을 마치다, ~라고 말하고 전화를 끊다, 접속을 끊다

The anchor **signed off** with a smile. 앵커가 미소를 지으며 방송을 마쳤다.

I **signed off** by saying, "Bye!" 나는 "안녕!"하고 전화를 끊었다.

I forgot to **sign off**. 접속을 끊는 걸 깜박했어.

01 그가 우리를 체크인 시켜줬어.

He _____ us _____ .

02 우리는 새 직원 2명을 고용했다.

We've _____ _____ two new employees.

03 나는 변호사를 고용해서 계약서를 검토했다.

I hired a lawyer to _____ _____ the contract.

04 나는 이것에 관해 부모님께 확인해 봐야 해.

I need to _____ _____ my parents on this.

05 체크인하려고 합니다.

I'd like to _____ _____ .

06 나는 야간강좌에 등록했다.

I _____ for night classes.

07 나는 음반 회사와 계약했다.

I _____ a music company.

08 그는 우리 학교와 계약했다.

He's _____ _____ our school.

09 A : 이혼한 애 아빠가 양육비를 안 주려고 아이에 대한 친권을 포기하고 싶대.

B : 내가 너라면, 절대 그렇게 빠져나가게 두지 않을 거야.

My ex wants to _____ _____ his parental rights to keep from paying child support.
If I were you, I would never let him off the hook.

정답 **01** checked, in **02** signed on **03** check over **04** check with **05** check in **06** signed up
07 signed with **08** signed with **09** sign away

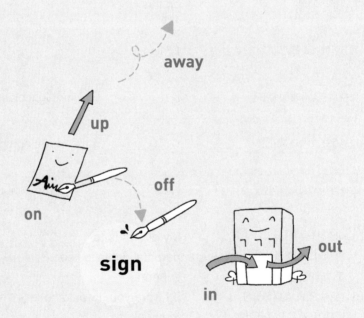

걸음을 내딛는 **step,**
걷는 **walk,** 발로 차는 **kick**

Verb28.mp3

step

걸음을 내딛다

차 등에서 내려서다

~ 상황에 빠지다

1. 걸음을 내딛다

step의 의미는 '걸음을 내딛다'입니다. 옆으로 비켜서고 뒤로 물러서는 동작 등도 모두 걸음을 내딛는 step으로 표현하죠. '걸음을 내딛다'라는 의미에서 '짧은 거리를 걷다'라는 의미로도 많이 쓰입니다.

· **Step** aside. 옆으로 비켜서.
· He **stepped** back to let me through.
  그는 내가 지나가도록 뒤로 물러섰다.

2. 내리다, 밟다

차 등에서 내리거나 발로 밟는 것도 step으로 표현할 수 있습니다.

· I **stepped** off the bus. 나는 버스에서 내렸다.
· He **stepped** on my feet. 그는 내 발을 밟았다.

3. ~한 상황에 빠지다

눈에 보이는 장소뿐만 아니라 '어떤 상황으로 걸어 들어가다' 즉 '~ 상황에 빠지다'라는 뜻으로도 쓰입니다.

· He **stepped** into a difficult situation. 그는 어려운 상황으로 빠졌다.

walk

걷다   데려다 주다, 끌고 다니다

1. 걷다

walk의 의미는 '걷다, 걸어가다'입니다.

· I **walked** home. 나는 걸어서 집에 갔다.
· I **walk** to school. 나는 학교에 걸어가.

2. 바래다 주다, 끌고 다니다

'~을 걸어서 데려다 주다, 끌고 다니다' 등의 의미도 있습니다.

· I'll **walk** you home. 집까지 걸어서 바래다줄게.
· He **walked** me home. 그가 나를 집까지 걸어서 바래다주었어.
· I **walk** my dog in the morning. 나는 아침에 개를 산책시켜.

3. 걸어 올라가다(내려가다)

여러 전치사와 결합해서 '걸어 올라가다, 내려가다, 돌아다니다' 등의 의미로도 쓰이죠.

· Please **walk** up the stairs quietly. 계단을 조용히 올라가세요.
· Please **walk** down the stairs slowly. 계단을 천천히 내려가세요.

kick

발로 차다

습관·버릇을 없애다

시작하다

1. 발로 차다

kick은 '발로 차다'라는 의미입니다.

· **Kick** the ball. 공을 차.
· He **kicked** my son in the head. 그가 우리 아들 머리를 찼어.

2. ~한 습관을 버리다

뭔가를 걷어차 버린다는 의미에서 '습관이나 버릇을 없애다'라는 의미로도 쓰이죠.

· It's difficult to **kick** a bad habit. 나쁜 습관은 버리기 어려워.

3. 시작하다

축구 시합할 때 공을 발로 차면서 시작하지요? 그래서 '시작하다'라는 의미로도 많이 쓰입니다.

· When is the game going to **kick** off? 경기가 언제 시작합니까?

안으로 내딛는 step in(to)

in(to)

step in(to)는 '~안에(in(to)) 발을 들여 놓다(step)'라는 뜻으로 '옷 등을 입다, 웅덩이 등에 빠지다'라는 의미로 쓰입니다. step in은 특히 '~을 해결하기 위해 개입하다'라는 의미로 많이 쓰입니다.

내딛어서 **step** 안으로 **in(to)** ▶▶ 입다, 빠지다, 개입하다

He **stepped into** his pants. 그는 바지를 입었다.

I **stepped in(to)** the puddle. 나는 물웅덩이에 빠졌다.

He **stepped in** and stopped the fight. 그가 끼어들어서 싸움을 말렸다.

2 **밖으로 내딛는 step out**

out

step out은 '~ 밖으로(out) 조금 걷다(step)'라는 뜻으로 '잠깐 외출하다'라는 의미로 많이 쓰입니다. 또 '탈것에서 내리다, 과거나 현실 등에서 벗어나다'라는 의미도 있습니다. for와 함께 쓰이면 '~하러 나가다'라는 뜻이 되죠.

내딛어서 **step** 밖으로 **out** ▶▶ 내리다, ~하러 잠깐 나가다(for), 벗어나다(of)

Please **step out** of the car. 차에서 내려 주세요.

He has **stepped out** for a cigarette. 그는 담배 피우러 잠깐 나갔다.

Step out of the past. 과거에서 벗어나.

3 **강도를 높이는 step up**

up

step up은 '위로(up) 걸어 올라가다(step)' 즉 '올라가다, ~에 접근하다, 앞으로 나서다'라는 뜻으로, '밟아서 힘이나 양을 올리다' 즉 '강도를 높이다, 양을 증가시키다'라는 의미로도 쓰입니다. Step up your game.이라고 하면 '좀 더 노력해 봐, 분발해 봐!'라는 뜻이 되죠.

내딛어서 **step** 강도, 양 등을 위로 **up** ▶▶ 분발하다, 강도를 높이다, 강화하다

You need to **step up**. 너는 좀 더 분발할 필요가 있어.

You need to **step up** your workout. 너는 운동(workout)의 강도를 높일 필요가 있어.

Airports are **stepping up** security. 공항에서 보안을 강화하고 있다.

4 사임하고 물러나는 **step down**

step down은 '걸어(step) 내려가다(down)'라는 뜻으로 '~자리에서 물러나다, 사임하다'라는 의미로 많이 쓰입니다. '어떤 직책에서 물러나다'라고 할 때는 post 를 써서 step down from one's post라고 합니다.

내딛어서 **step** 아래로 **down** ▶▶▶ 사임하다, 물러나다(from)

He **stepped down** as president. 그는 회장 자리를 사임했다.

He **stepped down** from the contest. 그는 대회에서 물러났다.

5 속도를 내는 **step on**

step on은 '~에 내딛어서(step) 붙는(on)'이라는 말이므로 '~를 밟다'라는 뜻입 니다. 목적어로 it을 사용하여 '가속기를 밟다' 즉 '속도를 내다'라는 의미로 많이 쓰 입니다.

내딛어서 **step** 붙는 **on** ▶▶▶ 밟다, 속도를 내다(it), ~에 오르다

You **stepped on** my foot. 네가 내 발을 밟았잖아.

Step on it. 속도를 내.

Step on the scale, please. 저울에 올라서세요.

6 내려서는 **step off**

step off는 '~에서 내딛어서(step) 떨어지는(off)'의 의미이므로 '~에서 내려서다, 내리다'라는 뜻입니다. 에스컬레이터(escalator)에서 내릴 때도 step off를 쓰면 됩니다. 탈 때는 step on을 쓰죠.

내딛어서 **step** 떨어지는 **off** ▶▶▶ (탈것에서) 내리다

I **stepped off** the train. 나는 기차에서 내렸다.

I **stepped off** the elevator. 나는 엘리베이터에서 내렸다.

7 걸어 들어가는 walk into

walk into는 '걸어서(walk) 안으로(into) 들어가다'라는 뜻입니다. 걸어서 문 안으로 들어가면 '문에 부딪히다', 회사 안으로 들어가면 '졸업 후에 쉽게 직장에 들어가다'라는 의미가 됩니다. He walked into a law firm straight out of college.라고 하면 '그는 대학 졸업 후 바로 법률회사에 취직했다.'라는 뜻이 되죠.

걸어서 **walk** ~안으로 **into**
▶▶ ~에 걸어 들어가다, (걸어가다가) ~에 부딪히다, (일자리를) 쉽게 얻다

I **walked into** a shop. 나는 상점 안으로 걸어 들어갔다.
I **walked into** a door. 나는 문에 부딪혔다.

8 걸어 나가는 walk out

walk out은 '걸어서(walk) 밖으로(out) 나가다'라는 뜻입니다. 직장을 걸어 나가면 '파업을 하다'라는 뜻이 되고, 사람으로부터 걸어 나간다는 건 '떠나다'라는 뜻이 되죠. 그럼 '날 떠나지 마!'는 Don't walk out on me!라고 하면 되겠네요.

걸어서 **walk** 밖으로 **out** ▶▶ 걸어 나가다, 파업하다, (사람을) 떠나다(on)

Some of the audience **walked out** halfway through the movie. 영화 중간에 몇몇 관객들이 나가버렸다.
The employees **walked out**. 직원들이 파업했다.
He **walked out** on his wife. 그는 부인을 떠났다.

9 멀리 가버리는 walk away

walk away는 '걸어서(walk) 멀리(away) 가버리다'라는 뜻으로 '어려운 상황을 피해서 가버리다' 혹은 '상 등을 휩쓸어 가버리다, 수월하게 차지하다'라는 뜻으로 쓰이죠. You cannot walk away from ~이라고 하면 '넌 ~에서 도망칠 수 없어.'란 말이죠. 여러분이 도망칠 수 없는 것은 뭘까요? 설마… 길벗?

걸어서 **walk** 멀리 **away** ▶▶ (힘든 상황을 외면하고) 떠나 버리다,
상 등을 휩쓸어 가버리다(with), 수월하게 차지하다(with)

Walk away before you get into trouble. 어려움에 빠지기 전에 도망쳐.
He **walked away** with a £1,000 prize. 그는 1,000파운드 상품을 수월하게 차지했다.

10 걸어서 배 꺼지게 하는 **walk off**

walk off는 '걸어서(walk) 떨어지다(off), 떨어뜨리다'라는 뜻입니다. 걸어서 떨어 뜨리니까 '두통이나 배부름 등을 걸어서 없애다'라는 의미로도 쓰입니다. 또 걸어서 있던 곳에서 떨어져 나오니까 '떠나다'라는 의미로도 쓰입니다.

걸어서 **walk** 떨어지는 **off** ▶▶▶ ~을 가지고 가버리다(with), 내려가다, (두통이나 배부름 등을) 걸어서 없애다(headache/lunch)

She **walked off** with my laptop. 그녀는 내 노트북을 가지고 가버렸다.
The singer **walked off** the stage to rest. 가수가 휴식을 취하러 무대를 떠났다.
I **walked off** my headache. 나는 산책으로 두통을 없앴다.

11 통과해서 걸어가는 **walk through**

walk through는 '걸어서(walk) 통과하다(through)'라는 뜻입니다. Walk me through the rules.라는 말은 '나(me)를 데리고 규칙(rules)을 끝까지 (through) 걸어서 통과해 주다' 즉 '~에게 …을 안내해 주다, 설명해 주다'라는 의 미가 되죠.

걸어서 **walk** 통과하는 **through** ▶▶▶ ~의 안을 걷다, (어떤 것을 배우거나 익힐 수 있도록 단계별로 차례차례) ~에게 …을 보여 주다

Walk through the metal detector, please. 금속 탐지기를 지나가 주세요.
The magician **walked through** fire. 마술사가 불을 뚫고 걸어갔어.
She **walked** us **through** the procedure. 그녀는 우리에게 절차를 설명해 주었다.

12 차올리는 **kick up**

kick up은 '위로(up) 걷어차다(kick)'라는 뜻입니다. 걷어차서 올리는 거니까 '발 로 차서 먼지를 일으키다', '소동을 일으키다', '바람의 강도가 세지다', '병의 상태가 나빠지다'라는 의미가 됩니다.

차서 **kick** 위로 **up**
▶▶▶ 차올리다, 아프기 시작하다, (소동·혼란 등을) 일으키다(a fuss)

I **kicked** him **up** in the butt. 나는 그의 엉덩이를 걷어찼다.
Why are you **kicking up** a fuss about such a small thing? 너는 왜 아무것도 아닌 일로 난리법석이니?
My asthma has **kicked up** again. 천식(asthma)으로 다시 아프기 시작했어.

13 차서 넘어뜨리는 **kick down**

kick down은 '차서(kick) 아래로(down) 넘어뜨리다'라는 뜻으로 '사람을 차서 넘어뜨리다', '문 같은 것을 차서 부서뜨리다'라는 의미로 쓰입니다. kick down the ladder라고 하면 '도움을 준 사람을 저버리다'라는 뜻입니다. 사다리의 기능을 생각하면 그 뜻이 이해되죠?

차서 kick 아래로 down ▶▶▶ 발로 차서 넘어뜨리다, 부수다

I'm going to **kick** the door **down**. 나는 문을 차서 넘어뜨릴 거야.

I was **kicked down**. 나는 차여서 넘어졌다.

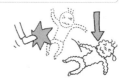

14 차서 넣는 **kick in**

kick in은 '안으로(in) 차(kick) 넣다'라는 뜻으로 특히 '약이나 호르몬 등이 안으로 차 넣다' 즉 '효력을 나타내다'라는 의미로 많이 쓰입니다. 이 책으로 공부하시면, It will kick in right away! '바로 효과가 나타날 겁니다!'

차서 kick 안으로 in
▶▶▶ (물건을) 차 넣다, (문 등을 밖에서) 차 부수다, 효력을 나타내다

I **kicked in** the door. 나는 문을 발로 차서 열었다.

The caffeine hasn't **kicked in** yet. 카페인이 아직 효과가 없어.

My maternal instinct **kicked in**. 나의 모성(maternal) 본능이 발동했다.

15 차내는 **kick out**

kick out은 '밖으로(out) 차내다(kick), 쫓아내다'라는 뜻입니다. 회사에서 kick out하면 '해고하다'가 되고, 축구에서 공을 kick out하면 '공을 라인 밖으로 차내다'라는 의미가 됩니다.

차서 kick 밖으로 out ▶▶▶ 차내다, 쫓아내다

My cat likes to **kick** her litter **out** of the box. 우리 고양이는 용변 상자의 모래를 차내는 걸 좋아해.

litter 애완동물 대소변 통에 깔아주는 깔개

They **kicked** me **out**. 그들이 나를 쫓아냈어.

16 차서 떨어뜨리는 kick off

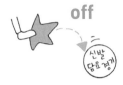

kick off는 '차서(kick) 떨어뜨리다(off)'라는 뜻으로 '부츠를 벗거나 이불을 걷어 차다'라는 의미가 됩니다. 공을 걷어차면서 시합을 시작하는 것처럼 '~을 시작하다' 라는 의미도 있습니다.

차서 **kick** 떨어뜨리는 **off** ▶▶ (신발을) 벗다, 걷어차다, 시작하다

I **kicked off** my boots. 난 부츠를 벗었다.

My baby **kicked off** the blanket. 아기가 이불을 걷어찼다.

We **kicked off** the game. 우리는 경기를 시작했다.

17 이리저리 차고 다니는 kick around

kick around는 '~을 이리저리(around) 차고(kick) 다니다'라는 뜻입니다. 사람을 이리저리 차고 다니면 '마구 대하다, 괴롭히다'가 되고, 제안 등을 이리 저리 하고 다니는 건 '토의하다, 상의하다'라는 의미가 됩니다.

차서 **kick** 여기저기로 **around**

▶▶ 이리저리 차고 다니다, 토의하다, 사람을 마구 대하다

My cat likes to **kick** litter **around**. 우리 고양이는 용변용 모래를 이리저리 차고 다니는 걸 좋아해.

Let's **kick around** this idea. 이 아이디어를 검토해 보자.

I was **kicked around**. 나는 심하게 다뤄졌다.

01　그의 일자리를 보존하려면
　　내가 나서야만 했다.

I had to ＿＿＿＿ ＿＿＿＿ to save his job.

02　그 최고 경영자는 추문 이후에
　　사임했다.

The CEO ＿＿＿＿ ＿＿＿＿ after the scandal.

03　그녀는 수월하게 1등을 차지했다.

She ＿＿＿＿ ＿＿＿＿ with first prize.

04　그는 내 돈을 가지고 가버렸다.

He ＿＿＿＿ ＿＿＿＿ with my money.

05　내가 나서서 상황을
　　처리했다.

I ＿＿＿＿ ＿＿＿＿ and handled the situation.

06　나는 쫓겨나기 일보 직전이다.

I am on the verge of being ＿＿＿＿ ＿＿＿＿ .

07　제발 날 떠나지 마.

Don't ＿＿＿＿ ＿＿＿＿ on me.

08　내가 프레젠테이션에 대해 너에게
　　설명해 줄게.

Let me ＿＿＿＿ you ＿＿＿＿ the presentation.

09　A : 내가 좋아하는 드라마가
　　　새 시즌을 시작한대. 정말 기대돼!

The new season of my favorite TV show is about to ＿＿＿＿ . I can't wait!

　　B : 난 내가 좋아하는 등장인물이
　　　잘린 다음부터 그 드라마 안 봐.

I stopped watching that show after my favorite character was ＿＿＿＿ ＿＿＿＿ .

정답 **01** step in **02** stepped down **03** walked away **04** walked off **05** stepped up[in] **06** kicked out **07** walk out **08** walk, through **09** kick off, kicked out

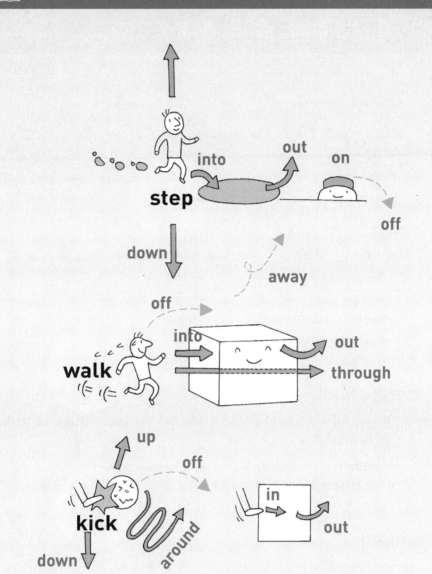

무엇이든 채우는 **fill,**
마시는 **drink,** 끓이는 **boil**

Verb29.mp3

---

fill

채우다

약을 조제하다

서류를 작성하다

1. 채우다

fill의 기본 의미는 '채우다'입니다. 차에 기름을 넣거나, 잔에 물을 채우는 것, 또 충치를 때우
거나 꽃향기가 방안을 채우는 것도 fill을 쓸 수 있습니다.

· **Fill** her up, please. 가득 넣어 주세요.(주유)
· I **filled** the glass with water. 나는 잔을 물로 채웠다.
· I need to have a cavity **filled**. 나 충치 때워야 해.

---

2. 조건을 만족시키다

또 '어떤 조건이나 요구 등을 만족하게 해 정해진 양을 채우다'라는 뜻으로 '조건을 만족하게 하
다', '처방약을 짓다' 등의 의미로도 쓰이죠.

· He couldn't **fill** her needs. 그는 그녀의 요구를 만족하게 할 수 없었다.
· I'd like to have this prescription **filled**. 처방전대로 약을 지어 주세요.

---

3. 작성하다

양식이나 지원서를 작성한다는 것은 서류의 빈칸들을 채워 나간다는 의미가 있으므로 '서류나
양식을 작성하다'라는 의미로도 많이 쓰입니다.

· **Fill** out this form, please. 이 양식을 작성하세요.

drink

마시다

술을 마시다

1. 마시다

drink는 '물이나 음료, 술 등을 마시다'입니다.

· You have to **drink** the medicine right away. 바로 약을 마셔야 해.
· My dog **drank** from the toilet bowl. 우리 집 개가 변기 물을 마셨어.

2. 술을 마시다

특히 술을 마시는 것에 대한 표현이 많죠.

· I don't **drink**. 나 술 안 마셔.
· I **drank** too much. 나 너무 마셨어.
· He **drinks** like a fish. 그는 술고래야.

boil

끓다, 끓이다   감정이 끓어오르다   요약하다

1. 끓다, 끓이다

boil은 '끓다, 끓이다, 삶다'입니다.

· **Boil** the eggs for ten minutes. 10분간 달걀을 삶아.
· The pot has **boiled** over. 냄비에 물이 끓어 넘친다.

2. 화를 내다

우리말에도 '감정이나 화가 끓어오르다'라는 말을 쓰는 것처럼 boil에도 '격분하다, 감정이 끓어오르다'라는 의미가 있습니다.

· He was **boiling** over with anger. 그는 화가 나서 부글부글 끓고 있었다.

3. ~로 요약되다

그 밖에 boil은 down과 함께 '끓여서 줄이다' 즉 '졸이다'라는 의미로 쓰이기도 하고, '부피가 큰 것을 끓여서 줄이다' 즉 '~로 요약하다, 요약되어 결과적으로 ~이 되다'라는 의미로도 쓰입니다.

· Success all **boils** down to the people. 성공은 결국 사람으로 귀결된다.

1 **~로 채우는 fill with**

with

fill with는 '~로(with) 채우다(fill)'라는 뜻으로 구체적인 사물뿐 아니라 감정이나 향기, 활동처럼 눈에 보이지 않는 것들도 마음, 장소, 시간에 채워 넣을 수 있습니다.

채우다 fill ~로 with ▶▶ ~로 채우다, ~에 차 있다

Fill the vase **with** water. 화병에 물을 채워.

She was **filled with** joy. 그녀는 기쁨에 차 있었다.

Fill your time **with** activities you enjoy. 좋아하는 활동들로 일과를 채우세요.

2 **가득 채우는 fill up**

up

fill up은 '위로 완전히(up) 채우다(fill)'라는 뜻입니다. '가득 채우다'라는 말이 죠. 엄마가 이런 소리 자주 하시죠. The fridge is almost empty, though I filled it up last week. '냉장고가 거의 비었네, 지난주에 가득 채워넣었는데도.'

채우다 fill 위로 완전히 up ▶▶ 가득 채우다, 가득 넣다, 채워 넣다

He filled up the bottle. 그는 병을 가득 채웠다.

Fill her **up**, please. (차에 기름을) 가득 넣어주세요.

3 **채워 넣는 fill in**

in

fill in은 '~안을(in) 채우다(fill)'라는 뜻으로 '구멍을 메우다, 공백을 채우다'라는 의미입니다. 서류의 공백을 채우면 '작성하다'가 되고, 사람의 빈자리를 채우면 '~을 대신해서 일하다'라는 뜻이 되죠. 또 '정보의 공백을 채워주다' 즉 '정보를 알려주다, 설명해 주다'라는 뜻으로도 많이 쓰입니다.

채우다 fill 안으로 in ▶▶ 채우다, [정보를] 알려주다, 대신 일하다

Fill in the blanks. 빈칸을 채우세요.

Fill me **in**. 나에게 알려줘.

I fill in for him. 내가 그를 대신해 일해.

4 마셔서 잊는 drink away

drink away는 '마셔서(drink) 멀리(away) 보내다' 즉 '술을 마셔서 슬픔을 잊다, 술 때문에 재산 등을 탕진하다, 술을 마시며 시간을 보내다'라는 의미로 쓰입니다.

마셔서 drink 멀리 away

▶▶▶ 술로 ~을 달래다, 술을 마시며 시간을 보내다, 술로 ~을 탕진하다

I **drank away** my sorrows. 나는 술로 슬픔을 달랬다.

He **drank** the night **away**. 그는 밤새도록 술을 마셨다.

I **drank away** my life savings. 나는 술로 평생 저축한 것을 탕진했다.

5 끝까지 마시는 drink up

drink up은 '끝까지(up) 마시다(drink)' 즉 '다 마셔서 비우다'라는 뜻입니다. 더위에 지친 여름날 호프집에서 Drink up. It's on me. '쭉 마셔. 내가 낼게.'하면 사랑받는 동료가 되겠죠?

마시다 drink 끝까지 up ▶▶▶ 다 마셔서 비우다, 다 마시다

Drink up. 다 마셔.

He's **drinking up** all the beer. 그가 맥주를 다 마시고 있어.

6 ~에 건배하는 drink to

drink to는 '~에(to) 건배하다(drink)'라는 뜻입니다. '그런 의미에서 한 잔!' 할 때는 Let's drink to that!이라고 하죠. 여러분은 무엇에 건배하고 싶으세요? <카사블랑카(Casablanca)>에서처럼 '그대 눈동자에?' 그 명대사가 원어로는 Here's looking at you, kid.라니 배신감 느껴지지 않으세요?

마시다 drink ~에 to

▶▶▶ ~을 축하하며 건배하다, ~을 위해 건배하다, ~에게 건배하다

Drink to their engagement. 약혼을 축하하며 건배.

Let's **drink to** our future. 우리 미래를 위해 건배.

Drink to the bride and groom. 신랑과 신부에게 건배.

7　끓어오르는 **boil up**

up

boil up은 '끓어(boil) 오르다(up), 끓이다'라는 뜻입니다. '물 등을 끓어오를 때까지 가열하다'라는 의미로도 쓰이고, '감정이나 상황이 거세지거나 격렬해지다'라는 의미로도 쓰이죠.

끓여서 boil 위로 up ▶▶ 끓이다, 감정이 끓어오르다

I **boiled up** some carrots for dinner. 나는 저녁으로 당근을 끓였다.

My feeling has **boiled up** inside of me. 내 안의 감정이 끓어올랐다.

8　끓여서 줄이는 **boil down**

down

boil down은 '끓여서 양을 down시키다' 즉 '끓여서(boil) 줄이다(down)'라는 뜻입니다. 부피가 큰 것을 줄이니까 '요약하다'라는 의미로도 쓰이고 to를 붙여서 '결국 ~이 되다, ~로 귀결되다'라는 의미로도 쓰입니다.

끓여서 boil 양을 아래로 down ▶▶ 졸이다, 요약하다, 결국 ~로 귀결되다

I **boiled down** the sauce. 나는 소스를 졸였다.

I **boiled down** his speech into one page. 나는 그의 연설을 한 장으로 요약했다.

At the end of the day, it all **boils down** to money.
결국 가장 중요한 것은(at the end of the day) 모두 돈 문제야.

9　끓어 넘치는 **boil over**

over

boil over의 뜻은 '끓어서(boil) 넘치다(over)'라는 뜻입니다. 냄비의 물이 끓는 것처럼 '사람의 성질이나 논쟁 등이 통제하기 어려울 정도로 끓어서 넘쳐 버리다' 즉 '노발대발하다, 사태가 위기에 이르다, 폭발하다'라는 뜻으로도 쓰입니다.

끓여서 boil 넘어가는 over ▶▶ 끓어 넘치다, 노발대발하다

The water has **boiled over**. 물이 끓어 넘쳤다.

My boss **boiled over** with anger. 상사가 화가 나서 노발대발했어.

01　잔 비우세요. 문 닫을 시간입니다.　　　_____ _____, please. It's closing
　　　　　　　　　　　　　　　　　　　time.

02　무슨 일이 일어나고 있는지 나에게　　Can you _____ me _____ on what is
　　알려줄래?　　　　　　　　　　　　happening?

03　이 문제를 정리할 시간이　　　　　　I don't have time to _____ _____
　　없어요.　　　　　　　　　　　　　this matter.

04　무연으로 가득 넣어주세요.　　　　　_____ it _____ with unleaded.

05　그것은 그의 생각에 달려 있다.　　　It'll _____ _____ to what he thinks.

06　컵에 커피를 채워.　　　　　　　　_____ _____ the cup with coffee.

07　내가 너한테 물 좀 데워줄게.　　　　I'll _____ you _____ some water.

08　모든 것이 이 시험에 달려 있다.　　　Everything _____ _____ to this test.

09　A : 나 대신 일해 줄 수 있니?　　　　Can you _____ _____ for me?
　　B : 미안해. 오늘 몸이 좀 안 좋아서.　Sorry, I can't. I'm not feeling very well
　　　　　　　　　　　　　　　　　　today.

정답 **01** Drink up　**02** fill, in　**03** boil down　**04** Fill, up　**05** boil down　**06** Fill up　**07** boil, up　**08** boils down
　　09 fill in

음식, 사람을 먹는 **eat**, 잠자는 **sleep**, 살아가는 **live**

Verb30.mp3

---

eat

먹다

괴롭히다

소비하다

1. 먹다

eat은 '먹다'라는 의미의 동사입니다. 주로 '음식을 먹다'라는 의미로 쓰이죠. 음식을 밖에서 먹으면 eat out '외식하다'가 되고, 집 안에서 먹으면 eat in이라고 하면 됩니다.

· He **eats** like a horse. 그는 엄청 먹는다.
· I'd like to **eat** out. 나 외식하고 싶어.

---

2. 괴롭히다, 걱정시키다

동사 eat은 음식뿐만 아니라 여러 가지를 먹을 수 있습니다. '고통이나 죄책감 등이 사람을 갉아 먹다' 즉 '괴롭히다, 걱정시키다'라는 뜻이 되기도 하고, '병이 장기 등을 갉아 먹다'라는 의미에서 '병이 장기를 침범해 들어가서 못쓰게 하다'라는 뜻으로도 쓰이죠.

· What's **eating** you? 무엇이 너를 먹고 있니? → 무슨 고민 있니?
· The cancer is **eating** away his lung. 암세포가 그의 폐를 망가뜨리고 있다.

---

3. 소비하다

우리말에도 자동차 등이 기름을 먹는다고 하는 것처럼 '차가 기름을 많이 먹다' 혹은 '돈 등을 다 써버리다' 등 '소비하다'라는 의미로도 쓰입니다.

· My car **eats** up gas. 내 차는 휘발유를 많이 먹어.(연비가 안 좋아.)
· Paying for day care **eats** up her income. 보육료로 그녀의 수입을 다 쓰고 있어.

sleep

자다

관계를 하다

감각이 없어지다

1. 잠자다

sleep은 '잠자다'라는 의미의 동사입니다. 남의 집에 가서 자는 건 '외박하다'라는 말이죠.

· **Sleep** tight. 잘 자.
· Did you **sleep** well? 잘 잤어?
· Let me **sleep** over. 자고 가게 해줘.

2. 관계하다, 잠을 못 잘 정도로 걱정하다

'사람과 같이 자다'는 '관계를 하다'라는 의미가 됩니다. '~로 잠을 잃다' 즉 '잠을 못 잘 정도로 ~에 대해 걱정하다'라는 표현도 알아 두세요.

· I **slept** with him. 나 그 남자랑 잤어.
· I'm not losing **sleep** over it. 난 그 일로 잠을 못 자진 않아.

3. 감각이 없어지다

다리에 쥐가 나는 등 '감각이 없어지다'라는 표현도 sleep이라고 합니다.

· My leg is **sleeping**. 다리가 저려.

live

살다   계속되다

1. 살다, 살아가다

live의 의미는 '살다'입니다.

- I used to **live** in this neighborhood. 나는 이 근처에 살았어.
- How can flowers **live** without water? 꽃이 물 없이 어떻게 살지?

2. 계속되다

어떤 사물의 존재나 상태 등이 '계속되다, 남아 있다'라는 의미로도 쓰입니다.

- The memory will **live** with me for many years.
  그 기억은 나에게 오랫동안 계속 남아 있을 것이다.
- His name will **live** on in history. 그의 이름은 역사 속에 남을 것이다.

3. ~한 삶을 살다

또 live의 명사형인 life를 목적어로 '~한 삶을 살다'라는 표현도 쓰죠.

- I want to **live** a healthier life. 난 더 건강한 삶을 살고 싶어.

1 다 먹어치우는 eat up

eat up은 '완전히(up) 먹다(eat)' 즉 '다 먹어치우다'라는 뜻입니다. 말 그대로 '음식을 다 먹어치우다'라는 의미로도 쓰이고, '자원이나 돈 등을 많이 잡아먹는다' 즉 '쓰다, 소비하다'라는 의미로도 많이 쓰이죠.

먹다 eat 완전히 up ▶▶ 다 먹어버리다, 소비하다

I ate it all up. 내가 그걸 다 먹어버렸어.

My car eats up petrol. 내 차는 휘발유(petrol)를 많이 먹어.

Paying for my mortgage has been eating up my income.
집 담보 대출금(mortgage) 갚느라 수입이 다 들어가.

2 돈도 시간도 먹어 들어가는 eat into

eat into는 '안으로(into) 먹어(eat) 들어가다, 파먹다'라는 뜻으로 '돈이나 시간을 먹어 들어가다' 즉 '돈을 조금씩 써서 없애다', '일 등이 시간을 빼앗아 가다'라는 의미로 쓰입니다. I have been eating into my savings since I got laid off.는 '나는 해고당한 이후로 저축한 돈을 쓰면서 살고 있다.'라는 뜻이죠.

먹어 eat 들어가는 into ▶▶ 먹어 들어가다, (돈·시간을) 쓰다

School fees have eaten into our savings. 저축한 돈을 학비 대느라 다 쓰고 있어.

My work began to eat into my family time.
일 때문에 가족과 지내는 시간이 없어지고 있어.

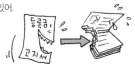

3 괴롭히는 eat away

eat away는 '먹어서 멀리 보내다' 즉 '먹어서(eat) 멀리 보내다(away), 먹어치우다'라는 뜻입니다. 병이 장기를 침범하거나 쇠가 녹슬어 가는 것, 바위가 깎이는 것처럼 '서서히 손상을 입혀서 파괴하다'라는 뜻입니다. '고통이나 죄책감 등이 사람을 서서히 파괴하다' 즉 '사람을 괴롭히다'라는 의미로도 쓰일 수 있죠.

먹어서 eat 멀리 away ▶▶ 마구 먹어대다, 먹어 들어가다, 괴롭히다

The disease is eating away his liver. 병이 그의 신장을 망가뜨리고 있어.

The guilt is eating away at me. 나는 죄책감에 괴로워하고 있어.

The pain is eating him away. 그는 고통으로 괴로워한다.

4　~에 붙어 자는 sleep on

sleep on은 '~에 붙어서(on) 자다(sleep)'라는 뜻으로 '신체의 부분을 바닥에 접촉시키면서 자다'라는 의미로도 쓰이고 특히 '고민거리에 착 붙어 자다' 즉 '하룻밤 자면서 고민거리에 대해 깊이 생각해 보다'라는 의미로 많이 쓰입니다.

자다 sleep ~에 대고 on
▶▶▶ ~쪽으로 자다, ~에 대해 하룻밤 자면서 생각해 보다

I always **sleep on** my side. 나는 언제나 옆으로 자.
I always **sleep on** my stomach. 난 언제나 엎드려 자.
Let me **sleep on** it. 하룻밤 자면서 생각해 볼게.

5　잠자면서 없애는 sleep off

sleep off는 '자면서(sleep) 떨어뜨리다(off)' 즉 '잠을 자서 고통이나 고민을 없애다'라는 뜻입니다. sleep off fat이라고 하면 '잠을 자서 지방을 없애다'란 말이죠.

자서 sleep 떨어뜨리는 off ▶▶▶ 자면서 ~을 떨쳐 버리다, 자서 ~을 없애다

I **slept off** my hangover. 나는 자서 숙취를 없앴다.
Sleep it **off**. 한 잠 자고 잊어버려.
I **slept off** the headache. 나는 자서 두통을 없앴다.

6　잠을 자서 멀리 보내는 sleep away

sleep away는 '자면서(sleep) 시간이나 문젯거리, 피로 등을 멀리 보내다(away)' 즉 '자면서 시간을 보내다, 자면서 문제, 피로 등을 없애다'라는 뜻으로 쓰입니다. 일요일을 sleep away하면서 보내는 분들 많으시죠?

자서 sleep 멀리 보내는 away
▶▶▶ 자면서 고민거리를 잊다, 잠으로 시간을 보내다

I **slept** my problems **away**. 나는 잠을 자면서 고민거리들을 잊었어.
I **slept away** my vacation. 나는 휴가 내내 잠만 잤다.

7 안에서 자는 sleep in

sleep in의 뜻은 '~ 안에서(in) 자다(sleep)'입니다. 특히 일요일 같이 직장이나 학교에 나가지 않는 날 '작정하고 늦게까지 자다'라는 의미로 많이 쓰이죠. 그렇다고 주말마다 I will sleep in on Sunday. '나는 일요일에 늦게까지 잘 거야.'라고 하면 안 되겠죠?

자다 **sleep** 안에서 **in** ▶▶ 작정하고 늦잠자다, 침대에서 자다

You can't **sleep in** Mommy and Daddy's bed anymore.
넌 엄마 아빠 침대에서 더는 잘 수 없어.

I can't **sleep in** unfamiliar places. 나는 낯선 장소에서는 못 자.

8 깨지 않고 자는 sleep through

sleep through의 뜻은 '중간에 깨지 않고 쭉(through) 자다(sleep)'입니다. 보통 '밤새도록 자다' 혹은 '알람 소리 등에도 깨지 않고 자다'라는 표현으로 많이 쓰이죠.

자다 **sleep** ~을 관통해서 **through** ▶▶ 깨지 않고 자다

I **slept through** the night. 나는 밤새도록 잤어.

I **slept through** my father's snoring. 나는 아버지의 코 고는 소리 속에서도 푹 잤다.

I can't believe you! You **slept through** my lecture. 도대체 너는 어떻게 내 수업시간 내내 잘 수가 있니?

9 같이 사는 live with

live with는 '~와 같이(with) 살다(live)'라는 뜻으로 같이 사니까 '견뎌내다, 상황을 받아들이다, 참을 만하다'라는 의미도 됩니다. 반대로 live without은 '~없이(without) 살다(live)'라는 뜻입니다.

살다 **live** ~같이 **with** ▶▶ ~와 함께 살다, 참다, 받아들이다, 참을 만하다
살다 **live** ~없이 **without** ▶▶ ~없이 살다

I **live with** my cousin. 나는 사촌과 함께 살아.

It's hard to **live with** the pain of losing a family member. 가족을 잃은 슬픔은 참기 어려워.

I can't **live without** my cellphone. 나는 휴대폰 없이는 못살아.

I want to **live without** regret. 나는 후회 없이 살고 싶어.

10 위해서 사는 live for

live for는 '~을 위해서(for) 살다(live)'라는 뜻으로 '~을 가장 중요하게 여기며 살다, ~에 헌신하다'라는 의미로 쓰입니다. 여러분은 What do you live for? 지금 '그저 웃지요.' 상태신가요?

살다 live ~을 향해 for

▶▶ ~에게 헌신하다, ~을 가장 중요시하다, ~을 위해 살다

She **lives for** her children. 그녀는 자식들에게 헌신적이야.

He **lives for** basketball. 그에게는 농구가 가장 중요해.

I **live for** enjoying a happy life. 나는 행복하게 사는 게 목표야.

11 충족시키는 live up

live up의 뜻은 '어떤 기준을 넘어서 위로(up) 살다(live)'라는 뜻으로 '돈을 많이 쓰며 즐기면서 살다'라는 의미로 쓰입니다. 또 뒤에 to를 붙여서 '기대나 기준 등을 충족시키다'라는 의미로도 쓰이죠. I hope I live up to my parents' expectations. '내가 우리 부모님의 기대를 충족시키기를 바라.' 모든 자식들의 마음이겠죠?

살다 live 위로 넘어서 up ▶▶ 즐기며 살다, ~에 따라 살다(to)

He can afford to **live** it **up** a bit. 그도 이제 약간 즐기며 살 여유가 있어.

The concert did not **live up** to my expectations.
콘서트는 내 기대에 못 미쳤어.

12 ~에 붙어사는 live on

live on의 뜻은 '~을 기반으로(on) 살다(live)'입니다. 보통 음식이나 돈이 따라와서 '~을 주식으로 먹다, ~만큼의 돈으로 생활하다'라는 말이 됩니다.

살다 live ~에 붙어서 on

▶▶ ~을 먹고 살다, (~로 기본적인 것들을 해결하며) 먹고 살다

She **lives on** fruits and vegetables. 그녀는 과일과 채소를 주로 먹어.

We **live on** 500,000 won a week. 우리는 일주일에 오십 만원으로 살아.

13 뜯어먹고 사는 live off

live off의 뜻은 '~로부터 자원 등을 떼어내어(off) 살다(live)'입니다. 사람에게서 떼어내어 살면 '그 사람에게 얹혀살다, 신세를 지다'라는 뜻이 되고 땅에서 떼어내서 살면 '땅에서 나는 것으로 살아가다'라는 뜻이 됩니다. I find it hard to live off the money that I've earned. '나는 내가 번 돈으로 생계를 잇기가 어렵다는 걸 알았어.' 아무도 이런 말을 하지 않을 날이 오겠죠?

살다 live ~로부터 떼어내어 off ▶▶▶ 얹혀살다, ~로 생계를 잇다

I **live off** my parents. 나는 부모님께 얹혀살아.

We **live off** the land. 우리는 농사짓고 살아.

14 옆에 사는 live by

live by의 뜻은 '~의 곁에(by) 살다(live)'입니다. '무엇을 가까이 두고 살다'라는 의미에서 '규칙이나 믿음을 따르다'라는 뜻으로도 쓰입니다. 성경에 '믿음으로 살라'는 말이 있죠. 이 말은 영어로 Let us live by faith.입니다. words to live by라고 하면 '살면서 따라야 할 말'이라고 하면 되겠죠? Do you have words to live by?

살다 live ~옆에 by ▶▶▶ ~옆에 살다, 규칙을 따르다

I **live by** the beach. 나는 해변 옆에 살아.

Live by my rules. 내 규칙에 따라라.

15 통과해서 사는 live through

live through는 '~을 통과해서(through) 살다(live)' 즉 '힘든 일을 겪다, 버티다, 살아남다'라는 뜻입니다. He will not live through the night.라는 말은 '그는 밤을 못 넘길 것이다.' 아침이 되기 전에 사망할 것이라는 뜻이죠.

살다 live 통과해서 through ▶▶▶ 살면서 ~을 겪다, 버티다, 살아남다

I don't know how to **live through** this week. 이번 주를 어떻게 버틸지 모르겠어.

I've **lived through** a lot of bad things in my life.
나는 많은 힘든 일을 이겨내며 살았다.

My grandmother **lived through** World War II.
우리 할머니는 2차 세계대전을 겪으셨어.

01 어디서 외식하고 싶어?

Where do you like to _____ _____?

02 나는 무슨 일이 있어도 잘 자.

I can _____ anything.

03 그 케이크는 내 기대에 못 미쳤어.

The cake didn't _____ _____ to my expectations.

04 나는 알람 소리에도 깨지 않고 잤어.

I _____ _____ the alarm.

05 나는 내가 해왔던 일들을 감수하고 살아야 해.

I have to _____ _____ what I have done.

06 잘 생각해 봤어?

Did you _____ _____ it?

07 다 안 먹으면 후식 안 줄 거야.

If you don't _____ _____ you won't get any dessert.

08 운송료와 재고가 없어서 처리 못한 주문 때문에 이익이 깎이고 있다.

Shipping costs and back orders are _____ _____ our profits.

09 A : 카드빚을 어떻게 갚을지 모르겠어.
B : 신용카드 없이도 잘 살 수 있어. 카드를 다 잘라 버리고 버는 월급만으로 살아봐.

I don't know how to pay off my credit card debt.
You can _____ _____ credit cards.
Cut up your all credit cards and just _____ _____ your salary.

정답 01 eat out 02 sleep through 03 live up 04 slept through 05 live with 06 sleep on
07 eat up 08 eating into 09 live without, live on

362

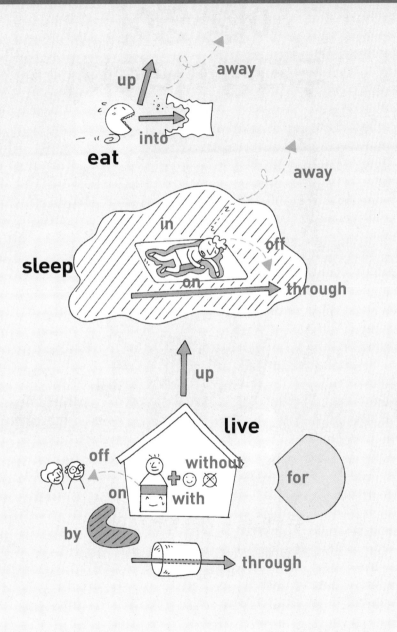

여행 영어
무작정 따라하기

라이언 지음 | 236쪽 | 13,000원

두 권으로 즐기는 완벽한 여행!

2주 전 '벼락치기 할 사람'도 '무작정 떠날 사람'도
이 책이면 됩니다

난이도	첫걸음 | 초급 | 중급 | 고급	기간	해외여행 D-2주, 하루 30분
대상	영어는 물론 현지의 문화와 에티켓까지 챙기고 싶은 예비 여행자	목표	현지에서 영어로 음식 주문하고 관광지 찾고 쇼핑해보기

비즈니스 영어회화 & 이메일 표현사전

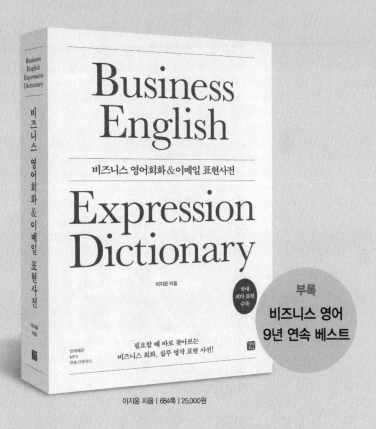

Business
English
Expression
Dictionary

Business English

비즈니스 영어회화&이메일 표현사전

Expression Dictionary

이지윤 지음

국내
최다 표현
수록

전체예문
MP3
무료 다운로드

필요할 때 바로 찾아보는
비즈니스 회화, 실무 영작 표현 사전!

부록
비즈니스 영어
9년 연속 베스트

이지윤 지음 | 684쪽 | 25,000원

필요할 때 바로 찾아보는 비즈니스 회화, 실무 영작 표현 사전!

난이도	첫걸음 초급 중급 고급

기간	다양한 비즈니스 상황에서 바로 찾아 쓸 수 있도록 목차를 구성

대상	업무상 영어를 쓰는 직장인

목표	필요할 때 맞는 표현을 찾아서 비즈니스 상황 적재적소에 사용

영어회화 핵심패턴 233

비즈니스편

영어회화 핵심패턴 233
- 비즈니스편 -

차형석 지음

단어만 갈아 끼우면 회화가 튀어나온다!

★
Business
English
Patterns
233
85만
독자의
선택

차형석 지음 | 344쪽 | 18,000원

학습동영상 샘플

단어만 갈아 끼우면 회화가 튀어 나온다!

85만 독자가 선택한 21년 연속 베스트셀러!

난이도	첫걸음 | 초급 | 중급 | 고급	**기간** 1일 1패턴 학습
대상	비즈니스 영어에 자주 쓰이는 패턴을 업무에 활용하고 싶은 직장인	**목표** 비즈니스 상황에서 배운 표현을 자유롭게 쓸 수 있는 상태